伊藤塾
呉明植 基礎本シリーズ
GO AKIO BASIC SERIES

5
Go!
Series

物権法・担保物権法

Civil Law

第2版

弁護士
伊藤塾首席講師
呉明植 著
GO AKIO

弘文堂

第2版　はしがき

　本書が対象としている分野のうち、共有と相隣関係に関する法改正が 2020（令和 3）年に成立し、2022（令和 5）年 4 月 1 日に施行された。そこで、この法改正に対応するべく、本書の第 2 版を刊行することとなった。なお、今回改正された箇所については、改正というマークを付した。

　また、この機会に、本書の記述を全体的に再検討し、適宜加筆・修正を加えた。

　引き続き、本書が、法律家を目指して日々誠実な学習を続けている受験生諸氏に対するささやかな一助となることを願う。

　　2024 年 6 月

呉　明植

初版　はしがき

　民法は、2017（平成29）年、債権法を中心に大きく改正された。また、2018（平成30）年には、相続法が大きく改正された。

　これらの改正は、本書の範囲である物権法・担保物権法の分野にも、いくつかの重要な影響を及ぼした。とりわけ「相続と登記」とよばれる一連の問題については、899条の2が新設されたことから、従来の説明を大きく変える必要が生じた。

　そこで、これらの改正に対応するべく、既刊の拙著『物権法』の改訂版を出版させていただくこととなったが、この機会を利用して、書籍のタイトルを『物権法』から『物権法・担保物権法』にあらためることにした。もとより、『物権法』は担保物権法をもその範囲としていたが、『物権法』というタイトルゆえに、担保物権法については範囲外であるとの誤解を受けることがしばしばあったからである。したがって、本書は、実質的には『物権法』の第2版である。

　本書の本文においては、試験対策上特に意識すべき重要な改正が加えられた項目について、その冒頭に 改正 というマークを付した。既に改正前の民法を学んだ方は、このマークが付された箇所を集中的に学習すると効率的であろうと思う。有効に活用してくださると嬉しい。

　また、法改正とは関係のない箇所についても、『物権法』の記述を全体的に再検討し、適宜、本文の加筆・修正や、図表の追加等を行った。さらに、細かい点ではあるが、巻末の事項索引も一新した。『物権法』よりも、さらに理解しやすく、学習しやすい一冊になったものと、密かに自負している。

　本書が、法律家をめざして日々誠実な学習を続けている受験生諸氏に対する、ささやかな一助となることを願う。

　　2019年7月

　　　　　　　　　　　　　　　　　　　　　　　　　　呉　明植

『物権法』初版　はしがき

　いきなりの私事ではあるが、昨年、私は 40 歳になった。司法試験講師としての生活も、気がつけば今年で 16 年目に入る。時折ではあるが、段々と人生の残り時間を気にするようにもなってきた。

　しかし、そんな私にできること、そして私がするべきことについての強い確信は、今も昔も変わらない。様々な困難に翻弄されつつも、それでも前を見続けて日々誠実に学習を続ける、そうした親愛なる受験生の方々に向けて、ささやかではあるけれども、しかし常に全力でアシストし続けること。ただそれだけである。

　本書は、そうした単純な動機に基づいて、講義と雑務に追われる日々の短い空き時間を縫いつつ、その 1 文字 1 文字を紡いでいった結果として完成した。法律家を志し、日々誠実な学習を続けている受験生の方々にとって本書が少しでも有用であれば、私はとても嬉しい。

　既刊の本シリーズと同様、本書は、伊藤塾での私の講義をベースとして、物権法についての全くの初学者、および学習上の壁に突きあたった中級者に向けて執筆した入門書である。実務を動かしている判例・通説で一貫している点も、既刊の本シリーズと同様である。

　本書が、各人の夢の実現へのささやかな一助となることを心から願う。

※　　　　※　　　　※

　最後に、本書は、多くの方々の協力がなければ刊行され得なかった。

　弘文堂編集部長の北川陽子さんは、いつもどおり、時として粘り強く執筆を待ってくださり、また時として強くかつ執拗に本書の執筆を要請してくださった。北川さんによる、そうしたきわめてタイムリーな働きかけがなければ、本書は日の目を見なかったに違いない。

　民法総則に引き続き、伊藤塾・呉クラス出身の司法試験合格者である星野大樹さんは、草稿を通読し、多くの有益な示唆を与えてくれた。

　伊藤塾の塾生の方々は、日々私に法を学ぶ喜びを教え続けてくれた。法律家を目指す彼ら・彼女らの真剣なまなざしこそが、今も昔も、私の活動の原動力である。

　そうした全ての方々に、心からの感謝とともに本書を捧げたい。

　　2015 年 6 月

呉　明植

1 本書の特長

(1) 必要な論点を網羅

本書は、法科大学院入試や司法試験をはじめとした各種資格試験対策として必要となる論点を全て網羅している。

民法上の論点は無数にあるが、法科大学院入試や司法試験をはじめとした各種資格試験対策としては、本書に掲載されている論点を押さえておけば必要十分である。

逆にいえば、本書に掲載されていない論点を知識として押さえておく必要は一切ない。万一それらの論点が出題された場合には、現場思考が問われていると考えてよい。

(2) 判例・通説で一貫

本書は、一貫して判例・通説の立場を採用している。

民法は、どの科目にも増して、合格後の実務に直結する科目である。そして、実務が判例・通説で動いている以上、実務家をめざす者として、判例・通説が最重要であることはいうまでもない。

また、司法試験や司法書士試験、公務員試験などの各種資格試験は、実務家登用試験である以上、やはり判例・通説が何よりも重要である。とある元司法試験考査委員が、私に対して「判例・通説以外で書かれた答案には丸をつけなかった」と述懐したこともある。

判例・通説と異なる最先端の議論を学習することも、「有効な無駄」として有用ではある。しかし、何事にも刻むべきステップがある。まずは、本書を通じて判例・通説をしっかりと理解・記憶してほしい。そして各種試験対策としては、判例・通説だけで必要十分である。

(3) コンパクトな解説とつまずきやすいポイントの詳述

試験対策として1つの科目に割くことのできる時間は限られている。とりわけ民法は、他の科目に比べて分量が多い。そこで、本書では、できる限りポイントを押さえたコンパクトな解説を心掛けた。

その結果、担保物権を含む物権の全領域を対象としながら、本文と論証をあわせて300ページを切る分量にとどめることができた。コンパクトな解説という狙いは一応達成できたものと自負している。

その一方で、民法独特の言い回しや思考方法、答案上での論点の取捨選択方法など、学習者がつまずきやすいポイントについては、講義口調で詳細な解説を付した。

また、試験対策として必要な場合には、一般的な講義では語られることのない踏み込んだ内容も適宜かみ砕いて詳述した。

本書のメリハリを意識して、限られた時間を有効に活用してほしい。

(4) 書き下ろし論証パターンを添付

試験は時間との戦いである。その場で一から論証を考えていたのでは、時間内にまとまった答案を仕上げることはとうていできない。典型論点の論証を前もって準備しておくことは、試験対策として必要不可欠である。

そこで、論述式試験での出題可能性が高い論点について、「予備校教育の代名詞」ともいわれる「悪名高き」論証パターンを巻末に添付した。

ただし、理解もせず、単に論証を丸暗記するのは、試験対策として全く意味がないばかりか、余事記載を生じさせる点で有害ですらある。ベースとなるのはあくまでも本文の記述の理解であることは忘れないでほしい。

また、私としては現時点で私に書ける最高の論証を書いたつもりであるが、もとよりこれらの論証だけが唯一絶対の論証であるはずもない。これらを叩き台として、各自でよりいっそうの工夫を試みてほしい。

なお、各論証の冒頭には、原則として簡単な事例ないし設問を付した。単なる暗記のツールにとどまらず、簡易ドリルとしても使用できるようにとの趣旨からである。ぜひ有効に活用していただきたい。

(5) ランク

本文中の項目や論点のまとめ、巻末の論証には、重要度に応じたランクを付した。時間の短縮に有効活用してほしい。

各ランクの意味は以下のとおりである。

A	試験に超頻出の重要事項。しっかりとした理解と記憶が必要。
B+	試験に超頻出とまではいえないが、Aランクに次ぐ重要事項。理解と記憶が必要。
B	最初は読んで理解できる程度でもよい。学習がある程度進んだら記憶しておくと安心。
B-	記憶は不要だが、一度読んでおくと安心。
C	読まなくてもよいが、余裕があれば読んでおいてもよい。

(6) 豊富な図

本文中、イメージをもちづらい事案や重要な事案については、適宜事案をあらわす図を用いた。

問題文を読み、わかりやすい図を描けるようにすることは、試験対策としてもきわめ

て重要である。本書の図の描き方を参考にして、自ら図を描く訓練も重ねていってほしい。

図中における、主な記号の意味は以下のとおりである。

A ―――――→ B ： AからBへの債権

A ――S――→ B ： AからBへの売買（sale）

A ――ℓ――→ B ： AからBへの賃貸借（lease）

A ―――――● ： Aが有する物権

： 土地　　　 ： 建物

： 登記

(7) 詳細な項目

　民法を理解・記憶し、自分のものとするには、常に体系を意識して学習していくことがきわめて重要である。そこで本書では、詳細な項目を付した。

　本文を読むときは、まず最初に必ず項目を読み、自分が学習している箇所が民法全体のなかでどの部分に位置するのかをしっかりと確認してほしい。また、復習の際には、項目だけを読み、内容の概略を思い出せるかをチェックすると時間の短縮になるであろう。

(8) 全体が答案

　いくら法律の内容を理解・記憶していても、自分の手で答案を書けなければ試験対策としては何の意味もない。そして、答案を書けるようになるための1つの有効な手段は、合格答案を繰り返し熟読することである。

　この点、本書は「物権法とは何か」という一行問題に対する私なりの答案でもある。接続詞の使い方や論理の運びなどから、合格答案のイメージを自ずと掴み取っていただけるはずである。

2 本書の使い方

(1) 論述式試験対策として

論述式試験は、各種資格試験における天王山であることが多い。たとえば司法試験において、いかに短答式試験の成績がよくとも、しっかりとした答案を書けなければ合格は絶対にありえない。

本書は、大別して①本文、②論点のまとめ、③論証という３つのパートからなる。これらのうち、論述式試験対策としては、①本文と③論証で必要十分である。これらを繰り返し通読し、理解と記憶のブラッシュアップに努めてほしい。また、その際には、常に体系・項目を意識することが重要である。

(2) 短答式試験対策として

短答式試験において必要な知識は、①条文と②最高裁判例に尽きる。

本書を何度も通読していくことに加えて、実際の過去問の演習を重ねることによって、日々これらの知識のブラッシュアップを図っていってほしい。

また、学習が進んだ段階では、条文の素読も有益である。特に判例付きの六法を用いた条文の素読は、知識の最終確認に役立つであろう。判例付きの六法としては、『判例六法』（有斐閣）がコンパクトで使いやすく、おすすめである。

(3) 学部試験対策として

法科大学院入試においては、学部成績が重視されることが多い。

まず、学部の授業の予習として本書を熟読してほしい。そのうえで先生の講義を聞けば、先生の講義を面白く聞くことができ、自ずと学習のモチベーションがあがるはずである。

また、先生が本書の立場と異なる学説を採っておられる場合には、先生とは異なる立場で執筆した答案に対する成績評価を先輩等から聞いておいてほしい。自説以外を認めない先生だった場合には、まさに「有効な無駄」として、先生の学説を学部試験前に押さえておけばよい。

先生の学説と本書の判例・通説との違いを意識すれば、よりいっそう判例・通説の理解が進むであろうし、学問としての民法学の深さ・面白さを味わうことができるであろう。

3 今後の学習のために

(1) 演 習

いくら法律の内容面を理解し記憶したとしても、実際に自ら問題を解くことを怠って

いては何の意味もない。

　演習問題としては、やはり司法試験の過去問が最良である。日本を代表する学者や実務家が議論を重ねて作成した司法試験の過去問を解くことは、理解を深め、知識を血の通ったものとするうえできわめて有用といえる。

　司法試験の過去問集は、短答式試験・論述式試験の過去問が複数の出版社から発売されているので、各過去問集を１冊入手しておいてほしい。ただし、論述式試験の参考答案は玉石混交であるから、批判的な検討が必要不可欠である。

(2) 判　例

　法律を学習するうえで、判例はきわめて重要である。手頃な判例集として、別冊ジュリスト『民法判例百選』（有斐閣）は必携の書である。

　『民法判例百選』に掲載されている判例を本文で引用した際には、**最判平成 2・3・4**というようにゴシック文字で表記し、かつ、**百選Ⅱ 1** というように百選の巻数と事件番号を付記した。ぜひ有効に活用していただきたい。

　また、判例のうち重要なものについては、原文を読むと勉強になる。法学部や法科大学院でインターネット上の判例検索サービスを利用することができる場合は、大いに活用してほしい。

　判例に対する解説としては、『民法判例百選』の解説のほか、『最高裁判所判例解説民事篇』（法曹会）が役に立つ。必要に応じて図書館で参照するとよい。

(3) 体系書・注釈書

　法学部や法科大学院の授業で、条文の趣旨や細かい学説等を調べる必要がある場合には、『注釈民法』・『新版注釈民法』・『新注釈民法』（ともに有斐閣）を図書館等で参照するとよい。

　通読用の体系書としては、佐久間毅『民法の基礎 2』（有斐閣）が最も読みやすく、おすすめであるが、残念ながら担保物権法は収録されていない。担保物権法については、松井宏興『担保物権法』（成文堂）をおすすめする。また、通読にはやや骨が折れるものの、道垣内弘人『担保物権法』（有斐閣）も面白い。辞書的にも使うことができるはずである。

参考文献一覧

　本書を執筆するにあたり多くの文献を参照させていただきました。その全てを記すことはできませんが主なものを下に掲げておきます。なお、本文中にこれらの文献の文章表現を引用させていただいた箇所もありますが、本書はいわゆる学術書ではなく、学習用の教材ですので、その性質上、学習において必要な部分以外は引用した文献名を逐一明記することはしませんでした。

　ここに記して感謝申し上げる次第です。

川井　健『民法概論2物権［第2版］』（有斐閣・2005）

我妻榮・有泉亨補訂『新訂　物権法（民法講義Ⅱ）』（岩波書店・1983）

我妻　榮『新訂　擔保物權法（民法講義Ⅲ）』（岩波書店・1968）

我妻榮・有泉亨・清水誠・田山輝明『我妻・有泉コンメンタール民法　総則・物権・債権［第8版］』（日本評論社・2022）

内田　貴『民法Ⅰ、Ⅱ、Ⅲ』（東京大学出版会・2005 ～ 2020）

佐久間毅『民法の基礎2物権［第3版］』（有斐閣・2023）

道垣内弘人『担保物権法［第4版］』（有斐閣・2017）

近江幸治『民法講義Ⅱ物権法［第4版］、Ⅲ担保物権［第3版］』（成文堂・2020、2020）

加藤雅信『新民法体系Ⅱ物権法［第2版］』（有斐閣・2005）

高木多喜男『担保物権法［第4版］』（有斐閣・2005）

松井宏興『担保物権法［第2版］』（成文堂・2019）

司法研修所編『改訂　新問題研究　要件事実』（法曹会・2023）

司法研修所編『4訂　紛争類型別の要件事実』（法曹会・2023）

岡口基一『要件事実マニュアル1総論・民法1［第6版］』（ぎょうせい・2020）

『注釈民法』・『新版注釈民法』・『新注釈民法』（有斐閣）

判例タイムズ（判例タイムズ社）

潮見佳男・道垣内弘人編『民法判例百選Ⅰ総則・物権［第9版］』（有斐閣・2023）

『最高裁判所判例解説　民事篇』（法曹会）

● 第1編 ● 物権法総論　　　　　1

第1章　物権とは————3

第2章　物権的請求権————10

第3章　物権変動総論————17

第5章　土地・建物の管理命令——————131

● 第5編 ● 　用益物権　　　　　　　　133

第6章　非典型担保————264

論証カード 一覧

物権法総論

　本書で学ぶ物権とは、いかなる権利なのだろうか。
　まずは、いろいろな物権に共通する事項を学んでいこう。

第 **1** 章

物権とは

---

1. 意義

　物権とは、物を直接的かつ排他的に支配する権利をいう。

　この定義からも明らかなように、物権には、①直接性と②排他性が認められる。

1 物権の直接性) Ｂ

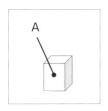

　　①直接性とは、他人を介在させることなく物を支配する、という物権の性質をいう。

　　たとえば、甲建物に対してＡが所有権という物権を有している場合、Ａは、他人を介在させることなく、ダイレクトに甲建物を支配していると考えていくわけである。

2 物権の排他性) Ａ

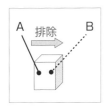

　　②排他性とは、同一の物に対する同一内容の他の物権を排除する、という物権の性質をいう。

　　たとえば、甲建物に対してＡが完全な所有権を有している場合、Ｂが甲建物に対して所有権を有することはあり得ない。Ａの所有権が、Ｂの所有権を排除するイメージである。

3　物権の絶対性　A

　さらに、通常は定義には織り交ぜられないものの、物権には③絶対性も認められる。

　③絶対性とは、物権は何人に対しても主張できるという物権の性質をいう。

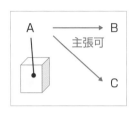

　　　　　たとえば、Aが甲建物の所有権を有する場合、Aは、対抗要件というものを備えている限り、誰に対してもその所有権を主張できる。

　　　　　また、たとえば甲建物に対するAの直接的・排他的支配が他人によって侵害されている場合、侵害者が何人であれ、Aは甲建物の返還等を請求できる（➡

10ページ、38ページ**イ**）。

4　物権と債権の異同　A

　以上の物権の各性質を理解するには、民法上のもう1つの権利である債権との異同を考えるとよい。

ア　直接性の有無

　まず、債権には直接性はない。

　物についての債権を有している債権者は、物を支配しているとはいえるが、その物に対する支配は、債務者の行為を通じた間接的な支配にとどまる。

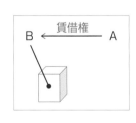

　　　　　たとえば、債権発生原因である賃貸借契約（601条➡総則［第3版］41ページ（**イ**）参照）に基づき、Aが甲建物をBから借りているとする。この場合、賃借人Aは、甲建物という物を支配しているものの、そのAの支配は、あくまでも賃貸人であるBの行為（Aに甲建物を使用・収益させるというBの債務の履行）を介

した間接的な支配にすぎない。

イ　排他性の有無

　次に、債権には排他性はない。

つまり、同一の債務者に対する同一内容の債権は、同時に複数存在しうる。

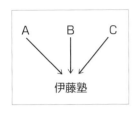

たとえば、伊藤塾で私のクラスを受講してくれている方々は、みな、伊藤塾に対して全く同じ内容の債権（伊藤塾に対して「呉の講義を聞かせろ」と請求する債権）をもっている。債権には排他性がないからこそ、こうした事態が生じうるわけである。

ウ　絶対性の有無

更に、債権には③の絶対性もないとされることがある。

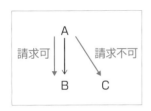

確かに、債権は特定の債務者にのみその履行を請求できる権利である。たとえば、B に対する 100 万円の金銭債権を有する A は、B に対してのみその支払を請求することができ、無関係の C に対してその支払を請求することはもちろんできない。

この意味では、債権は絶対的な権利ではなく、相対的な権利であるにとどまる。

しかし、債権が第三者によって侵害された場合、一定の要件をみたせば、債権者はその第三者に対して不法行為に基づく損害賠償を請求できると解されている（詳しくは債権法で学ぶ）。

たとえば、伊藤塾の受講生 A が伊藤塾に講義を聞きに行くのを X が意図的に妨害し、その結果 A が講義を聞けなかった場合、A は、伊藤塾に対する債権の侵害を理由として、X に対して損害賠償を請求しうるわけである。

よって、侵害との関係では、債権は相対的な権利ではない。

2. 物権の目的

物権の目的（対象）たる物には、①特定性と②独立性が要求される。

1 特定性 A

まず、物権の目的は特定されていなければならない。

たとえば、Aが酒屋を営むBに電話をかけ、「X社製ラガービール1本」を注文したとしよう。

この場合、「X社製ラガービール1本」に対するBの所有権は、最終的にはAに移転することになる。しかし、酒屋を営むBは、もちろん多数のX社製ラガービールを所有している。

よって、かかる売買契約が締結されただけの段階では、具体的にどの物に対する所有権がAに移転するのかがわからない。BからAへの所有権の移転（Aの所有権の取得）を観念するには、具体的にどの物が売買の対象となったのかが特定されなければならないのである。

2 独立性 A

ア 意義

次に、物権の目的は、1個の物としての独立性を有していなければならない。1個の物の一部だけをとりだして、その一部だけを物権の対象とすることは、原則として認められないわけである。

たとえば、Aが所有し、A名義で登録されている1個の自動車のうち、その助手席部分だけBの所有物であるとすることは認められない。このようなBの所有権を認める取引上の必要性は通常ないし、また、Bの助手席部分の所有権を第三者に明らかにする手段、すなわち公示する手段もないため、取引が混乱するからである（その自動車をAから買ったら、後日Bから助手席部分の所有権を主張され、「お前は助手席に座るな」とか「私（B）を座らせろ」などと請求されてしまったという事態を想定せよ）。

イ 例外

ただし、この独立性の原則には、取引上の必要性があり、公示の手段がある場合には、例外が認められる。

たとえば、土地に根をはった樹木は土地の一部であるが（86条1項➡総則［第3版］118ページ（ア））、かかる樹木に対して、土地の所有権とは別個の所有権

を設定することも認められている（➡ 66 ページ **1**）。

3　一物一権主義　Ⓐ

　かかる独立性と関連する基本原則として、一物一権主義がある。

　一物一権主義とは、物権の目的たる物には①独立性と②単一性が要求される、という原則である。

ア　独立性

　①の独立性は、上記 **2** で述べたとおりである。

　土地に根をはった樹木がその例外となりうる点に注意しよう。

イ　単一性

　②の単一性は、複数の独立の物、すなわち集合物に対して、1 個の物権を認めることはできない、という意味である。

　たとえば、A が自動車を 3 台所有している場合、A の自動車に対する所有権は自動車ごとに 3 つあるのであって、3 台の自動車に対する 1 個の所有権というものを考えることは許されない。あくまでも、所有権は 3 個であると考えていく。物と物権は、1 対 1 の関係で考えていくわけである。

　ただし、集合物を 1 個の物と扱うことも、場合によっては認められうる。後に学ぶ集合物譲渡担保（➡ 272 ページ **10**）がその例である。

> 　一物一権主義という用語は、以上の独立性と単一性という意味で用いられる場合に加えて、**物権の排他性**（➡ 3 ページ **2**）という意味で用いられることがあります。たとえば、「A の所有地に対する B の所有権を認めるのは一物一権主義に反する」という場合がその例です。
> 　文脈によって、その意味を正確に把握できるようにしましょう。

3. 物権の種類

1 物権法定主義) B

　物権は、直接性・排他性を有する強力な権利である。そのため、法の定めていない物権を認めてしまうと、取引の混乱が生じ、取引の安全が害される。

　そこで、物権は、民法その他の法律で定めるもののほかは、創設することができないとされている（175条）。この原則を、物権法定主義という。

2 民法上の物権) A

　民法が定める物権は、大きく①所有権、②制限物権、③占有権の3つに分かれる。概略を説明しておこう。

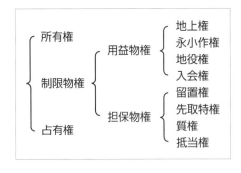

ア　所有権

　所有権は、物の使用・収益・処分の全てができるオールマイティな物権である（206条）。

イ　制限物権

　制限物権は、所有権の一部の機能だけを有する物権である。用益物権と担保物権とに分かれる。

（ア）用益物権

　用益物権とは、所有権の使用の面を制限し、他人の所有物を使用・収益することを内容とする物権である。

　地上権（265条）、永小作権（270条）、地役権（280条）、一定の入会権（294条）がこれにあたる。

（イ）担保物権

　担保物権とは、所有権の価値の面を制限し、債権の弁済があるまで他人の所

有物を手元に留置しておいたり、他人の所有物を売ってそこから優先弁済を受けたりすることを内容とする物権である。

留置権（295条）、先取特権（303条）、質権（342条）、抵当権（369条）がこれにあたる。

ウ　占有権

占有権は、人が物を事実上支配しているという状態の結果として認められる特殊な物権である（180条）。

すなわち、占有権は、事実的な支配の外形をそれ自体として保護するために認められる物権であり、いわば仮の権利にすぎない。

したがって、物に対する事実上の支配を有している限り、たとえ窃盗犯人であっても、盗品に対する占有権が認められる。

3　その他の物権　C

以上の物権のほか、特別法によって、漁業権（漁業法77条）や採石権（採石法4条）などが物権として認められている。

また、慣習法によって、譲渡担保権（➡264ページ1.）や温泉専用権などが認められている（法の適用に関する通則法3条参照）。

第 2 章

物権的請求権

1. 意義 　Ａ

物権は、債権とは異なり、人に対する権利ではない。

しかし、物権による物への支配が他人によって侵害されている場合に、その他人（侵害者）に対して物権を有する者が何も言えないと解しては、物権は画に描いた餅となってしまう。

そこで、解釈上、物権に基づき、侵害者に対してその侵害の排除を請求することが認められている。この権利を、物権的請求権（または物上請求権）という。

2. 種類

物権的請求権には、①物権的返還請求権、②物権的妨害排除請求権、③物権的妨害予防請求権の 3 つがある。

種類	問題となる場面	具体例
返還請求権	物権が占有によって侵害されている場合	不法占有
妨害排除請求権	物権が占有以外によって侵害されている場合	勝手に登記された
妨害予防請求権	物権が侵害されるおそれがある場合	隣地が崩れるおそれ

1 物権的返還請求権 ▲

物権的返還請求権とは、物権が占有によって侵害されている場合に、その物の返還を請求する権利をいう。

たとえば、土地の不法占有者Bや、土地の不法占有者Bからの賃借人Cに対して、土地の所有者Aが「その土地を返せ」と請求する場合が、その典型である。

> この返還請求権は、地上権や抵当権などに基づいても認められますが、最も重要なのは、所有権に基づく返還請求権です。
> 所有権に基づく返還請求権の民法上の要件は、①**自己**がその物を**所有**していること、②**相手方**がその物を**占有**していること、③相手方に**占有権原がない**ことです。これは早めに覚えておきましょう。
> ちなみに、所有権に基づく返還請求訴訟の原告は、①と②を主張・立証すれば足り、③の占有権原は被告が主張・証明責任を負います。この点は、民事訴訟法や要件事実論で詳しく学ぶことになります。

なお、この物権的返還請求権に基づき、具体的には目的物の①引渡しや②明渡しを請求することになる。

①引渡しとは、物の直接支配を移転することをいう。

たとえば、A所有の指輪を勝手に占有しているBに対し、Aが「その指輪をこっちによこせ」と請求する場合は、引渡請求にあたる。

②明渡しとは、引渡しの一態様であり、相手方が不動産に居住し、または不動産に物を置いて占有している場合に、その不動産から立ち退き、または物を引き払うことによって、回復者に物の完全な直接支配を得させることをいう。

たとえば、A所有の建物に勝手に居住しているBに対し、Aが「建物から出て行って建物をこっちによこせ」と請求する場合は、明渡請求にあたる。

2 物権的妨害排除請求権 ▲

物権的妨害排除請求権とは、物権が占有以外の方法で侵害されている場合に、その妨害の排除を請求する権利をいう。

たとえば、A所有の土地の登記名義が、勝手にB名義にされている場合に、Aが「B名義の登記の抹消手続をせよ」とBに請求する場合が、その典型である。

Aの所有地の登記名義が勝手にB名義にされている場合、土地に対するAの所有権が、B名義の登記という「占有以外の方法」によって侵害されていることになります。したがって、AはBに対して、物権的妨害排除請求権に基づいて、B名義の登記の抹消を請求することになるわけです。

3　物権的妨害予防請求権　Ｂ

物権的妨害予防請求権とは、物権が侵害されるおそれがある場合に、その予防を請求する権利をいう。

たとえば、隣地の崖がAの所有地へ崩れてきそうになっている場合に、Aが隣地の所有者に対して「予防工事をせよ」と請求する場合がこれにあたる。

3. 根拠　Ａ

物権的請求権を認める明文規定はないが、次の3点から認められると解されている。

①いわば仮の権利にすぎない占有権にも占有の訴えないし占有訴権（197条以下 ➡ 97ページ5.）が認められている以上、本来の権利である通常の物権にも当然に物権的請求権が認められるべきであること。

②202条が、「本権の訴え」（＝物権的請求権に基づく訴え）の存在を前提としていること。

③物権は直接性・排他性を有するところ、物権的請求権を認めない限り、かかる直接性・排他性は画餅に等しくなること。

4. 物権的請求権と費用 →論証1

→論証1

B⁺

以上の物権的請求権を行使するには、費用がかかることが多い。

では、その費用は誰が負担するべきか。

この問題については、物権的請求権の法的性質をいかに解するかとも関連して、見解が分かれている。

> たとえば、Aの土地にBが勝手に建物を建てて占有しているとします。
> この場合、AはBに対して、所有権に基づく返還請求権を行使して、建物収去・土地明渡しを請求することになりますが、その建物収去などにかかった費用を誰が負担するのかが問題となるわけです。

1 忍容（受忍）請求権説

第1の見解は、物権的請求権は、相手方に忍容（受忍）を請求する権利であるにとどまるとする。「私がやるから、あなたは黙って見ていなさい」と請求できる権利として、物権的請求権を捉えるわけである。

この見解からは、物権的請求権の行使にかかる費用は、相手方ではなく請求者が負担するべきことになる。

2 行為請求権説

第2の見解は、物権的請求権は、相手方に対して行為を請求する権利であるとする。

この見解からは、物権的請求権の行使にかかる費用は、請求者ではなく、行為をするべき相手方が負担するべきことになる。

しかし、これでは早い者勝ちになってしまうという難点がある。

> たとえば、甲の土地に勝手に乙の故障車が駐車されているとします。
> この場合、甲が先に土地の返還請求権を行使すれば、相手方である乙が故障車の撤去費用を負担することになりますが、乙が先に自動車の返還請求権を行使すれば、その相手方である甲が故障車の撤去費用を負担することになります。
> このように、行為請求権説に立つと、先に物権的請求権を行使した者が費用を負担しなくてよくなりますが、果たしてそれが妥当なのか、という問題点があるわけです。

3 修正行為請求権説（従来の通説）

　そこで、原則として行為請求権説に立ちつつも、物権的返還請求権については、例外的に忍容請求権説に立つべき場合があるとする見解がある（詳しくは下記 **Q** の C 説を参照）。

　従来は、この見解が通説とされた。

4 不法行為説（有力説）

　しかし、そもそも物権的請求権の行使のためにかかった費用は、物権の侵害に基づく損害といえる。

　そこで、現在では、費用の問題を、物権的請求権の法的性質とは切り離して、不法行為の問題として処理する見解が有力である。

　答案では、この見解が妥当であろう。

> 　たとえば、Aの土地にBが勝手に建物を建てて占有している事案で、Aが業者にお金を払ってBの建物を収去したとします。
> 　この場合、Aは、Bの不法占有という不法行為により、建物の収去にかかった費用分の損害を被ったことになりますから、Aは、その費用分のお金を、709条に基づいてBに対して請求することができます。
> 　他方、Aの返還請求にBが素直に応じ、Bが自分の費用で建物の収去をした場合は、Aは何ら不法行為をしたわけではありませんから、Bは誰にもかかった費用を請求することはできません。そして、その結論は妥当といえます。
> 　このように、物権的請求権の行使にかかった費用の問題は、不法行為で処理すれば十分だ、と考えていくのが不法行為説です。

Q 物権的請求権の行使に必要な費用は誰が負担すべきか　B⁺

A説 忍容請求権説

結論：物権的請求権は忍容請求権であるから、費用は請求者が負担するべきである。
理由：物権的請求権の行使の要件として、相手方の悪意・過失を必要としていない以上、相手方に費用を負担させるのは酷である。

B説 行為請求権説

結論：物権的請求権は行為請求権であるから、費用は相手方が負担するべきである。
理由：物権的請求権の沿革。

C説 修正行為請求権説（我妻等従来の通説）

結論：原則として行為請求権説に立つべきであるが、返還請求権については、相手方が目的物に対する自分の支配を解き、所有者が自分で目的物を持ち去ることを忍容しただけで所有者の目的を達する場合（たとえば相手方の庭に飛び込んだ

物や盗人が相手方の庭に置き去りにした自動車などの返還請求の場合）は忍容請求権説に立つべきである。

理由：返還請求権については、公平上、例外的に忍容請求権説に立つべき場合がある。

D説 不法行為説(川井・近江等有力説)

結論：費用の問題は、物権的請求権そのものの問題ではなく、別個の不法行為（709条）によって解決すれば足りる。

理由：物権的請求権の行使に必要な費用は、物権の侵害に基づく損害に他ならない。

5. 消滅時効　B

　物権的請求権は、その根拠となっている物権自体が消滅時効（➡総則［第3版］328ページ以下）にかからない限り、消滅時効にかからない（大判大正5・6・23民録22-1161、大判大正11・8・21民集1-493）。

　たとえば、地上権に基づく返還請求権は、地上権が消滅時効にかからない限り、消滅時効にかかることはない。

　また、所有権は消滅時効にかからないから（➡総則［第3版］334ページ **1**）、所有権に基づく返還請求権等は、およそ消滅時効にかからない。これは早めに覚えておこう。

6. 他の請求権との関係　B

　物権的請求権と債権とは、請求権競合の関係に立つ（通説）。物権的請求権と債権とを有する者は、そのいずれを行使してもよいわけである。

　たとえば、AがBに対してAの所有地を賃貸していたところ、その賃貸借契約が終了した場合、Aは、①所有権に基づく返還請求権という物権的請求権と、②賃貸借契約の終了に基づく目的物返還請求権（601条）という契約上の債

権とを有するが、A はそのいずれを行使してもよい。

　また、X の所有地を Y が不法占有している場合、X は、①所有権に基づく返還請求権と、②不当利得に基づく土地の返還請求権（703 条、704 条）という債権とを有するが、X はそのいずれを行使してもよい。

> 　物権的請求権については、以上のほかにも、物権的請求権の相手方という論点があります
> が、この論点については、177 条の箇所で学ぶことにします（➡ 42 ページ 5）。

第 3 章

物権変動総論

1. 物権変動とは

1 意義 ▲

　物権変動とは、物権の発生・変更・消滅をいう。

　たとえば、AがB所有の甲土地に対する抵当権を取得したり（発生）、その抵当権の順位が変わったり（変更）、抵当権が消滅したりする（消滅）。これらを指して、物権変動というわけである。

　XからYへの所有権の移転も、物権変動の典型である。

2 物権変動の原因 ▣

　物権変動は、①物権行為によって生じる場合と、②自然的事実によって生じる場合とがある。

　①物権行為は、次の2.で詳しく述べる。

　②自然的事実の典型は、相続（物権の移転）、建物の新築（所有権の発生）、建物の滅失（所有権の消滅）などである。

2. 物権行為

1 意義) B

　物権行為とは、物権変動を目的とする法律行為（➡総則［第3版］127ページ
1.）をいう。

　売買契約や贈与契約（所有権が移転する）、抵当権設定契約（抵当権が発生す
る）などが、物権行為の典型である。

2 意思主義) B

　この物権行為につき、176条は、「物権の設定及び移転は、当事者の意思表
示のみによって、その効力を生ずる」と定めている。

　このように、当事者の意思表示のみによって物権変動が生じるとする制度
を、意思主義という。日本のほか、フランスなどでも、この意思主義が採用さ
れている。

　これに対し、登記や引渡しといった形式をとらないと物権変動が生じないと
する制度を、形式主義という。ドイツなどでは、この形式主義が採用されてい
る。

	物権変動の要件	採用国
意思主義	意思表示のみ	日本、フランス等
形式主義	登記や引渡し等	ドイツ等

3 176条の「意思表示」の内容──独自性の肯否) ➡論証2 A

　176条の「意思表示のみによって」という文言から、物権変動が生じるには
「意思表示」があれば足りることは明らかである。この点につき争いはない。

　問題は、176条の「意思表示」の内容をいかに解するかである。見解は2つ
に分かれる。

ア　独自性肯定説

　少数説は、176条の「意思表示」は、債権法上の意思表示を指すのではなく、物権法上の意思表示（物権的意思表示）を指すとする。

　たとえば、AB 間で甲土地の売買契約が締結された場合、売買契約の成立要件たる意思表示（555条の意思表示）があっただけでは物権変動は生じず、別途、甲土地について「所有権を移転する」旨の意思表示があったことが必要だと考えていくわけである。

　この見解は、物権法独自の意思表示を認めることから、独自性肯定説とよばれる。

イ　独自性否定説（判例・通説）

　これに対し、判例（大判大正2・10・25民録19-857、**最判昭和33・6・20百選Ⅰ48**）・通説は、176条の「意思表示」が認められるには、債権法上の意思表示（債権的意思表示）があれば足りるとする。

　たとえば、売買契約の成立要件たる意思表示（555条の意思表示）があれば、176条の「意思表示」もあったことになり、物権変動が生じうると考えていくわけである。

　この見解は、物権法独自の意思表示を必要としない見解であることから、独自性否定説とよばれる。

　176条から素直に考えれば、この独自性否定説が妥当であろう。

> 🅠 **物権行為の独自性──物権変動にはいかなる意思表示が必要か　A**
>
> **A説** 独自性肯定説（近江）
>
> 結論：物権的意思表示が必要である。
>
> 批判：独自性肯定説はドイツ民法の解釈に由来するが、176条がフランス民法における意思主義を踏襲している以上、あえてドイツ民法の解釈を採用する必要はない。
>
> **B説** 独自性否定説（判例・通説）
>
> 結論：債権的意思表示で足りる。
>
> 理由：そのように解するのが、176条から素直である。

4　176条に基づく物権変動が生じる時期　→論証2　🅐⁺

　176条をめぐっては、以上の独自性肯定・否定の問題に加えて、176条に基づく物権変動が生じる時期という重要基本論点がある。

たとえば、AがBにAの所有地を売る旨の売買契約が締結された場合、176条に基づき、最終的には土地に対するAの所有権がBに移転するという物権変動が生じる。では、具体的にいかなる行為があった時点でかかる物権変動が生じるのだろうか。

以下、売買契約による所有権の移転という物権変動を例にとって、場合を分けて検討しよう。

ア　特定物の場合

まず、特定物（➡総則［第3版］17ページイ）の売買契約が締結された場合、所有権の移転はどの時点で生じるのか。

この点、契約時には所有権の移転は生じず、その後に登記や代金支払、目的物の引渡し等がなされた時点で、初めて所有権の移転が生じるとする見解もある。

> この見解も、176条が形式主義を採用していると解しているわけではありません。176条が「意思表示」があれば物権変動が生じるという意思主義を採用していることは明らかであり、この点につき異論はありません。
> ただ、①独自性肯定説の立場から、登記や引渡し等があった時点で初めて**物権的意思表示があったと認定できる**と解したり、②独自性否定説の立場から、176条の意思表示は債権的意思表示で足りるけれども、その債権的意思表示には「登記や引渡し等をしたら」という**停止条件**（➡総則［第3版］279ページ1.）**が付されている**と考えるのが妥当だと解したりすることにより、登記や引渡し等があって初めて所有権が移転するという結論を導いていくのです。

しかし、176条を素直に読めば、特約がない限り契約時に直ちに所有権の移転が生じると解するのが妥当であろう。

判例も同様の見解である（最判昭和33・6・20百選I 48）。

> この「特約がない限り契約時に直ちに所有権の移転が生じる」という結論は、売主に目的物の所有権がある場合（自己物売買の場合）を前提としています。いくら特定物売買でも、売主に所有権がない場合（他人物売買の場合）は、もちろん契約時には所有権は移転しません。その場合は、売主が目的物の所有者から所有権を取得した時点で、初めて買主に所有権が移転することになります。
> 当然のことではありますが、しっかりと理解しておいてください。

Q 176条により特定物の物権変動が生じる時期　A⁺

A説 登記時等説

結論：登記、代金支払、引渡しのいずれかの時点で物権変動が生じる。

理由：① （独自性肯定説から）その時点で初めて物権的意思表示を認定できる。

　　　② （独自性否定説から）176条の「意思表示」は、登記の移転等が停止条件として付されていると解するのが妥当である。

B説 契約時移転説（判例・通説）

結論：契約時に移転する。

理由：そのように解するのが176条から素直である。

イ　不特定物の場合

　次に、不特定物（➡総則［第3版］17ページ**イ**）の売買契約が締結された場合は、契約時には所有権は移転せず、目的物が特定（401条2項）した時に初めて所有権の移転が生じる（最判昭和35・6・24民集14-8-1528、最判昭和44・11・6判時579-49）。

　いくら176条が「意思表示」のみを要求しているといっても、目的物が特定されない限り、どの物に対する所有権が移転するか不明だからである（➡6ページ**1**参照）。

> 　では、いつ特定が生じ、所有権が移転するのでしょうか。この点については、詳しくは債権総論で学びますが、たとえばAが酒屋のBに「X社製ラガービール1本」を注文した事案では、原則として酒屋のBが「X社製ラガービール1本」をAの自宅まで持参した時点で特定が生じ、その所有権がAに移転することになります（401条2項前段、484条1項後段）。

3. 物権の消滅

　物権が消滅する一般的な原因としては、①物の滅失、②物権の混同、③物権の放棄、④消滅時効の4つがある。

1 物の滅失 B

ある物が滅失した場合、その物を目的とする物権も、原則として消滅する。

ただし、その例外として、担保物権（留置権を除く）における物上代位がある。

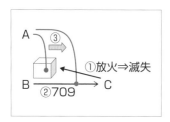

たとえば、A が B 所有の建物に対する抵当権を有していたところ、その建物が C の放火によって全焼してしまったとする。これにより、B の所有権は消滅する。

では、A の抵当権はどうか。確かに、A の抵当権の目的である建物は滅失したわけだが、この場合、実は A の抵当権は消滅しない。建物の所有者 B は、不法行為者である C に対する損害賠償請求権（709条）を取得するところ、抵当権者 A の抵当権は、この B の損害賠償請求権に及んでいくのである（372条・304条）。この現象を、物上代位という。

詳しくは担保物権の箇所で学ぶが（➡ 153 ページ **4**、207 ページ **4.** 等）、この物上代位のイメージは早めにもっておこう。

2 物権の混同 B⁺

物権の混同とは、ある物権 A と他の物権 B とが同一人に帰属した場合に、他の物権 B が消滅することをいう。

この混同は、試験対策上も重要である。場合を分けて検討しよう。

ア 所有権と他の物権との混同

まず、所有権と他の物権とが同一人に帰属した場合（179条1項）についてである。

（ア）原則

所有権と他の物権とが同一人に帰属した場合、原則として他の物権は消滅する（179条1項本文）。

たとえば、① A が所有する甲土地に対して、② B の地上権が設定されていたところ、③ B が A から甲土地を買ったとする。この場合、B はオールマイテ

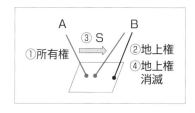

ィな物権である所有権を取得した以上、B
の地上権を存続させておく必要はない（➡
8ページ**イ**参照）。そのため、④地上権は消
滅することになるわけである。

　Bの地上権が、Bの所有権に吸収されて
消滅してしまうイメージをもっておこう。

（イ）例外

　ただし、この原則には例外がある。

　すなわち、その物または物権が第三者の権利の目的であるときは、例外的
に、他の物権は消滅しない（179条1項ただし書）。

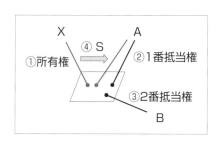

　たとえば、①Xの所有する甲土地に
対して、②Aの1番抵当権、③Bの2
番抵当権がそれぞれ設定されていたと
ころ、④A̠が甲土地を買ったとする。

　この場合、甲土地という「物」が、
所有権を取得したAではない「第三
者」Bの抵当権という「権利」の目的

となっているため、例外的にAの1番抵当権は消滅しないわけである。

　この例外が認められているのは、仮にAの1番抵当権を消滅させたうえで、
残ったBの抵当権が実行された場合、Aは土地の売却代金を優先的に回収で
きなくなってしまい、Aが害されるからである。

> 　たとえば、Aの抵当権の被担保債権額が100万円、Bの抵当権の被担保債権額が150
> 万円で、土地の価額は180万円だったとします。そして、Aが所有権を取得せず、抵当権
> が実行された場合、Aは土地の売却代金180万円から100万円の弁済を受け、Bは残金
> から80万円の弁済を受けるにとどまります。
> 　では、Aの所有権の取得により、仮にAの1番抵当権が消滅してしまったらどうなるで
> しょうか。この場合は、残ったBの抵当権の実行により、Bは土地の売却代金からまるま
> る150万円の弁済を受け、Aの手元には残金30万円が残るだけです。これでは所有権を
> 取得したAが害されてしまいますから、Aの保護のために、例外的にAの1番抵当権を残
> 存させておくわけです。

（ウ）例外の例外

　ただし、この179条1項ただし書には、さらに例外が認められる。

まず、①上記のAがXから抵当権の被担保債権の代物弁済として甲土地を取得した場合は、Bが2番抵当権を有していても、なおAの1番抵当権は消滅する。

　なぜなら、代物弁済によって、Aの1番抵当権の被担保債権が消滅したため（482条）、Aの1番抵当権も消滅における付従性（➡総則［第3版］31ページ（ウ）、本書152ページ**1**）によって消滅するからである。

　また、②Aの抵当権の被担保債権の債務者であるXが死亡し、AがXを相続したためにAが甲土地を取得した場合も、やはりAの1番抵当権は消滅する。

　なぜなら、相続によってAはXの債務も取得する結果、Aの1番抵当権の被担保債権は、債権者・債務者ともにAということになり、債権の混同（520条本文）によって、Aの抵当権の被担保債権は消滅する。そのため、Aの抵当権も消滅における付従性によって消滅することになるからである。

　さらに、③事案を少し変えて、Aではなく2番抵当権者のḄが甲土地を買った場合は、Bの抵当権は消滅する（大決昭和4・1・30民集8-41）。

　この場合は、特にBの利益は害されないからである。

イ　所有権以外の物権と他の物権との混同

　次に、所有権以外の物権と、これを目的とする他の権利とが同一人に帰属した場合（179条2項）である。

　この場合も、原則として他の権利は消滅する（179条2項前段）。

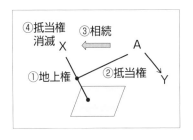

　たとえば、①Xの地上権に対して、②Yを債務者とするAの抵当権が設定されていた（369条2項）ところ、③Aが死亡し、AからXへの相続が発生した場合、④Aの抵当権は消滅する。

　相続によってAの有する抵当権がXに移転したところ、かかる抵当権はX自身の地上権を目的とするものであり、残存させる意味がないからである。

　ただし、この場合にも、179条1項ただし書が準用される（179条2項後段）。

　よって、たとえば上記の地上権にBの2番抵当権が設定されていた場合、A

の1番抵当権は消滅しない。

ウ　占有権の例外

　以上の物権の混同の規定は、占有権には適用されない（179条3項）。占有権は混同によっては消滅しないわけである。

　なぜなら、占有権は、物に対する事実上の支配を保護するための特殊な物権であり、所有権やその他の物権と本来的に両立する物権だからである。

3　物権の放棄　B

　物権の放棄によっても物権は消滅する。

　ただし、他人を害する物権の放棄は許されない（398条参照）。

　動産の所有権が放棄された場合、元の所有者の所有権は消滅し、その動産は無主物となる（239条1項参照）。

　不動産の所有権が放棄された場合、その不動産は国庫に帰属する（239条2項）。元の所有者の所有権は消滅するが、国に新たな所有権が発生するわけである。

4　消滅時効　B⁺

　所有権以外の物権は、20年で消滅時効にかかる（166条2項）。たとえば地上権は、20年間行使しないと、時効によって消滅する。

　他方、所有権は、消滅時効にかからない。所有権に基づく物権的請求権も同様である。これは覚えておこう。

　また、占有権も、消滅時効にかからないと解されている。占有権は、物を支配しているだけで当然に発生し（➡ 83ページ2.）、物の支配を失えば当然に消滅する特殊な権利だからである（➡ 102ページ1.）。

　担保物権は、被担保債権が消滅時効にかかれば消滅するが、被担保債権と別に消滅時効にかかることは原則としてない。

> 　担保物権は、被担保債権を担保するための物権です（➡ 151ページ1.）。被担保債権と担保物権とは、目的と手段の関係にあるわけです。
> 　したがって、目的である被担保債権が消滅時効によって消滅すれば、その手段にすぎない担保物権も消滅します（消滅における付従性）。

他方、被担保債権が消滅時効にかかっていないのに、その手段である担保物権だけを取り出して消滅時効にかかる、と考えるのはおかしな話ですから、そのような消滅時効は原則として認められないわけです。

　ただし、抵当権については、例外的に、被担保債権とは別に消滅時効にかかる場合があります。この点は、抵当権の箇所で再度学びましょう（➡ 256 ページ **2**）。

4. 公示の原則と公信の原則

1　公示の原則　Ａ⁺

　今まで見てきたとおり、物権変動は、自然的事実（相続など）や物権行為（176 条の意思表示）により生じる。

　ただ、これらの物権変動は、それを外界から認識できるようにしておかないと、取引が混乱し、取引の安全が害される。そこで、物権変動を目に見えるようにするべく採用されているのが、公示の原則である。

　公示の原則とは、物権変動につき、外界から認識しうるもの（公示）を要求する制度をいう。

　　たとえば、Ａ が Ｂ から土地を買ったとしても、Ｂ がその土地の所有者でない限り、Ａ は所有権を取得できません。また、Ｂ が本当に所有者だったとしても、その土地に Ｃ の抵当権が付着していたのであれば、将来的に競売にかけられてしまう可能性があります。そこで、買主 Ａ としては、誰が所有者なのか、また、抵当権が付着しているのか否か等を、土地を買う前に確認する必要があります。

　　しかし、所有権自体は目に見えませんから、現地に視察に行っても誰が所有者かわからないことが多々あります。ましてや、抵当権は占有を伴わない物権ですから（➡ 193 ページ **1**）、いくら現地に視察に行っても、抵当権の有無はまずわかりません。

　　そこで、誰が所有者なのか、また抵当権が付着しているのか否か等について、何らかのかたちで目に見えるようにしておく必要があります。そこで採用されたのが、公示の原則です。

　日本の民法は、物権変動自体には公示を要求していないものの（176 条参照）、不動産については登記を、動産については引渡しを対抗要件として要求するというかたちで、公示の原則を採用している（177 条、178 条）。

この公示の原則と、対抗要件主義（➡ 31 ページ第 2 編）とは、しばしば混同されがちですが、理念的には別の制度です。たとえば、公示はその性質上目に見えるものでなければなりませんが、対抗要件については、立法論としては目に見えないものを対抗要件とすることも可能です。

　ただ、日本の民法では、目に見える登記や引渡しが物権変動の対抗要件とされているため、対抗要件がそのまま公示の役割を果たすことになります。いいかえれば、177 条や 178 条は、対抗要件主義と公示の原則の両方を定めた規定ということができるわけです。

2　公信の原則　A⁺

　この公示の原則をさらに取引の安全の見地から推し進めた原則が、公信の原則である。

　公信の原則とは、真の権利状態と異なる公示が存在する場合に、その公示を信頼して取引した者に対し、公示どおりの権利状態があったと同様の保護を与える制度をいう。

　この公信の原則が採用されている場合、たとえば、虚偽の公示を信頼した他人物売買の買主は、その他人物売買によって所有権を取得しうるわけである。

　ただし、日本の民法においては、公信の原則は不動産については採用されておらず、動産についてのみ採用されている（192 条。即時取得という）。

　不動産について公信の原則が採用されなかった理由は、①真実の権利を反映していない登記が多く存在するため、登記に公信力を認めると真の権利者が害されること、②動産に比べて不動産の取引は頻繁ではないため、取引の相手方に慎重さを要求してもよいといえることにある。

　民法総則で学んだ 94 条 2 項類推適用（➡総則［第 3 版］159 ページ4.）は、この公信の原則に近い機能を有しています。しかも、94 条 2 項類推適用は、不動産の取引にも適用されます。

　しかし、94 条 2 項類推適用は、真の権利者の帰責性を不可欠の要件とするものであるのに対し、公信の原則は、真の権利者の帰責性を要件としていません（➡ 72 ページ2.）。この点で、両者は大きく異なっています。

3　保護される信頼の内容　A

　公示の原則と公信の原則は、ともに取引における信頼を保護する原則であるが、その信頼の内容において両者は異なる。

まず、公示の原則は、公示がない以上物権はない、という消極的信頼を保護する原則である。たとえば、「公示がない以上、抵当権はない」との信頼を保護する原則なわけである。

　これに対し、公信の原則は、公示がある以上物権がある、という積極的信頼を保護する原則である。たとえば、「公示がある以上、所有権がある」との信頼を保護する原則なわけである。

5. 承継取得と原始取得

　物権法総論の最後に、物権取得の類型として、承継取得と原始取得について説明しておく。

　これらの理解は、民法だけでなく、将来学ぶ手形法においても重要である。

1　承継取得　Ａ

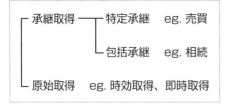

　承継取得とは、前主の権利を後主が引き継いで取得することをいう。

　この承継取得は、さらに特定承継と包括承継に分かれる。

　特定承継とは、前主の特定の権利だけを承継することをいう。売買契約による所有権の取得がその典型である。

　包括承継とは、前主の一切の権利・義務を承継することをいう。相続による権利の取得がその典型である。

2　原始取得　Ａ

　原始取得とは、前主の権利とは無関係に新たな権利を取得することをいう。

　民法総則で学んだ取得時効（162条、163条）のほか、本書で学ぶ即時取得

（192条）、無主物先占（239条1項）、遺失物拾得（240条）、埋蔵物発見（241条）、添付（242条以下）等が、この原始取得の原因である。

3 承継取得と原始取得の差異 A

ア 負担・瑕疵の承継

承継取得と原始取得の最も大きな違いは、権利に付着する負担や瑕疵が承継されるか否かである。

すなわち、承継取得の場合、原則として、権利に付着する負担や瑕疵も承継される。

たとえば、Aが所有する甲土地をBがAからの売買によって取得した場合、Bは所有権の取得に伴って、その甲土地に設定されている地上権や抵当権などの負担もそのまま引き継ぐことになる。

これに対し、原始取得の場合、取得者は、負担や瑕疵のないきれいな権利を取得するのが原則である。原始取得の対象となる権利は、前主が有していた権利ではなく、新たに誕生した権利だからである。

たとえば、Aが所有する甲土地をBが時効取得した場合、Bは、Aがその甲土地に設定していた地上権や抵当権などの負担のない、きれいな所有権を取得する。

イ 前主の権利の消滅

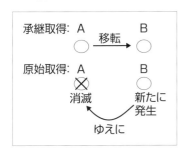

また、承継取得であれ原始取得であれ、前主がその対象となった物権を失う点では共通するものの、物権を失う理由が異なる。

すなわち、ある物権が承継取得された場合、前主は当然にその物権を失う。

これに対し、ある物権が原始取得された場合、前主は、一物一権主義ないし排他性（➡3ページ **2**）との関係ゆえに、反射的にその物権を失う。

> たとえば、Aの所有地をBが承継取得した場合、Aはその土地に対する所有権を失います。Aの所有権がBに移転した以上、これは当然です。

では、Aの所有地をBが原始取得した場合、Aの所有権はどうなるのでしょうか。

　そもそも、1つの物に対する同一内容の物権は、1つしかあり得ません（➡3ページ**2**）。この点、Bが土地の所有権を原始取得したにもかかわらず、その土地に対するAの所有権を残存させておくと、かかる原則に反してしまいます。そのため、Bの原始取得の反射的効果として、Aがもともと有していた所有権はあえなく消滅することになるわけです。

物権変動の対抗要件

　物権変動は、物権行為（176条）や自然的事実によって生じるが、物権変動が生じるということと、そのことを他人に対抗（主張）することができるかどうかということとは、実は別問題である。
　物権変動を対抗するための要件を、物権変動の対抗要件という。以下、この対抗要件を、不動産と動産に分けて学んでいこう。

第 1 章

不動産物権変動の対抗要件

1. 総論

1 対抗要件としての登記 **A+**

177条は、「不動産に関する物権の得喪及び変更は、……その登記をしなければ、第三者に対抗することができない」と定める。

すなわち、物権変動が生じていても、その物権変動は、登記を備えない限り、177条の「第三者」に対しては対抗（主張）することができないわけである。

不動産物権変動の第三者への対抗要件が登記であることを、しっかりと記憶しておこう。

> 登記というのは、土地や建物の権利者名簿のことだとイメージしておいてください。
> また、その登記を備えていない状態というのは、たとえば所有権を取得した人の口にチャックがかけられているイメージ、登記を備えた状態というのは、そのチャックが開けられたというイメージです。

なお、177条の登記は、不動産の物権変動を対抗（主張）するための要件であるから、第三者のほうから物権変動を承認することはもちろんできる（大判明治39・10・10民録12-1219）。

たとえば、次に学ぶAからB、AからCへの二重譲渡の事案で、Cが登記を備えていなくても、BがCの所有権を認めてあげることはできるわけである。短答式試験用に覚えておこう。

2　177条の適用範囲 　B

この177条は、176条による物権変動のほか、自然的事実による物権変動（➡ 17ページ **2**）にも適用される。177条が176条のすぐ後におかれていることから、177条は176条による物権変動にのみ適用されるとする見解もかつてはあったが、現在では支持されていない。

また、177条は、所有権のほか、抵当権や質権などの担保物権、地上権や地役権などの用益物権といった、ほぼ全ての物権に適用される。

ただし、留置権と占有権は、占有により発生し（➡ 157ページ **2.**、93ページ **1.**）、占有の喪失により消滅するというその性質上（➡ 168ページ **4**、102ページ **1.**）、登記することができない。不動産に対する一般先取特権については、177条の例外規定がある（336条 ➡ 172ページ **3**）。

3　不完全物権変動と二重譲渡 　A

以上のように、不動産の物権変動は、登記を備えない限り、177条の「第三者」に対して対抗することができない。その意味で、登記を備える前の物権変動は、不完全な物権変動であるにとどまる（不完全物権変動説）。

そして、登記を備える前の物権変動が不完全な物権変動であるにとどまると解する結果、二重譲渡が可能であると解することになる。

ア　二重譲渡の処理

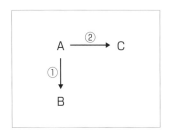

たとえば、① Aが所有する甲土地をBに譲渡したとする。この場合、AからBへの所有権の移転という物権変動が生じるが、その物権変動は未だ不完全なものにとどまる。したがって、売主であるAのもとにも、未だ所有権が残っていると考えていくことになる。

そのため、②Bが登記を備える前であれば、Aは同じ甲土地を、さらにCに譲渡することができることになるのである。このような譲渡を、二重譲渡という。

この二重譲渡がなされると、第1譲受人Bも、第2譲受人Cも、それぞれ

不完全な所有権を取得する。そして、登記を先に備えたほうが、原則として完全な所有権を取得することになるのである。

> たとえばCが先に登記を備えた場合、Cは完全な所有権を取得します。その反面、Bがそれまで有していた不完全な所有権は、Cの完全な所有権の排他性（➡3ページ**2**）により、消滅してしまうわけです。

イ　他人物売買

　なお、AがBに甲土地を売却し、Bがその登記を備えた後に、AがCに甲土地を売却した場合、AC間の売買は、二重譲渡ではなく他人物売買となる。Bが登記を備えた時点で、Bが完全な所有者となり、Aは完全に所有権を失うことになるからである。

　したがって、Cに94条2項が類推適用されない限り、Cは所有権を一切取得できない。二重譲渡との場面の違いをしっかりと理解しておこう（➡総則［第3版］24ページ**ウ**参照）。

4　登記の推定力　**B**

　不動産においては、公信の原則は採用されていない（➡27ページ**2**）。すなわち、登記には公信力がないわけである。

　ただし、登記にも推定力は認められる。すなわち、所有権の登記名義人は、所有権を有するものと推定される（最判昭和34・1・8民集13-1-1）。

　仮登記（➡65ページ**7.**）には、かかる推定力はない（最判昭和49・2・7民集28-1-52）。

> 　登記の推定力というのは、たとえば「甲土地についてA名義の所有権登記がなされている」という事実があれば、「甲土地は登記名義人のAが所有権を有しているのだろう」と裁判官に**事実上推定**してもらえる、という登記の効力のことをいいます。すなわち、甲土地についてA名義の所有権登記がなされている場合、裁判官は、特段の事情がない限り「Aが甲土地の所有権を有している」との心証を形成するのが判例上合理的とされており、実際の訴訟でもそのような心証が形成されるわけです。
> 　ただし、この登記による所有権の推定は、あくまでも事実上の推定にすぎないため、**証明責任の転換までは認められません**。この点で、証明責任の転換が生じる法律上の推定とは異なります。
> 　事実上の推定と法律上の推定の違いについては、民事訴訟法で証明責任という概念を学んだ後に、再度確認してみてください。

2. 177条の「第三者」の意義

1 問題の所在　Ａ

177条は、不動産に関する物権の得喪および変更は、その登記をしなければ「第三者」に対抗することができないとする。

そして、この177条の反対解釈により、177条のいう「第三者」以外の者に対しては、登記がなくても不動産に関する物権の得喪および変更を対抗できる（通説）。

そこで重要な問題となるのが、177条の「第三者」とはいかなる者をいうのかである。

2 制限説（判例・通説）　Ａ⁺

一般に、第三者という用語は、当事者もしくはその包括承継人以外の者を指すことが多い（包括承継につき ➡ 28ページ **1**）。

しかし、判例・通説は、177条の「第三者」の範囲を、より制限的に解している。

すなわち、177条の「第三者」とは、物権変動の当事者もしくはその包括承継人以外の者であって、不動産に関する物権の得喪・変更の登記の欠缺を主張する正当の利益を有する者をいう（大連判明治41・12・15民録14-1276）。この定義はＡ⁺で覚えておこう。

❓ 177条の「第三者」の意義　Ａ⁺

Ａ説 無制限説（旧判例）
結論：当事者もしくはその包括承継人以外の者をいう。
批判：不法占拠者等に対しても登記を備えない限り物権変動を対抗できなくなり、不当である。

Ｂ説 制限説（現判例・通説）
結論：物権変動の当事者もしくはその包括承継人以外の者であって、不動産に関する物権の得喪・変更の登記の欠缺を主張する正当の利益を有する者をいう。
理由：Ａ説への批判と同じ。

3 177条の「第三者」にあたらない者①) Ａ

　以上の定義からして、まず、物権変動の当事者もしくはその包括承継人は、177条の「第三者」にあたらない。

　たとえば、Aを売主、Bを買主とする甲土地の売買契約が締結された場合、BにとってAは物権変動の当事者であるから、177条の「第三者」にあたらない。よって、Bは登記がなくても、Aに対して甲土地の所有権の取得を対抗することができる。

　また、上記の売買契約が締結された後、Aが死亡し、Aの地位をCが相続した場合、BにとってCは物権変動の当事者の包括承継人であるから、やはり177条の「第三者」にあたらない。よって、Bは登記がなくても、Cに対して甲土地の所有権の取得を対抗することができる。

4 177条の「第三者」にあたらない者②) Ａ⁺

　次に、物権変動の当事者もしくは包括承継人以外の者であっても、その者が登記の欠缺を主張する正当の利益を有しない場合には、その者はなお177条の「第三者」にあたらない。

　では、具体的にいかなる者が「登記の欠缺を主張する正当の利益を有しない」者なのであろうか。

ア 不動産登記法5条の第三者
　まず、不動産登記法5条に定められた第三者は、登記の欠缺を主張する正当の利益を有しないため、177条の「第三者」にあたらない。

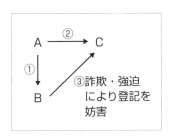

　具体的には、まず①詐欺または強迫により登記の申請を妨げた第三者は、177条の「第三者」にあたらない（不動産登記法5条1項）。

　たとえば、Aが、自らが所有する甲土地をBとCに二重譲渡したところ、Cに対して詐欺や強迫を行ってCの登記申請を妨げたBがこれにあたる。この場合、Cは登記なくしてBに甲土地の所有権の取得を対抗できる。

また、②他人のために登記を申請する義務を負う第三者は、原則として177条の「第三者」にあたらない（不動産登記法5条2項本文。例外につき同ただし書参照）。

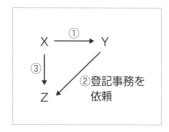

たとえば、Xが、自らが所有する乙土地をYに売却し、YがZにその登記事務を依頼していたところ、ZがXから乙土地の二重譲渡を受け、Z名義の登記を備えた場合のZがこれにあたる。この場合、Yは登記なくしてZに乙土地の所有権の取得を対抗できる。

イ 無権利の登記名義人

次に、無権利の登記名義人は、登記の欠缺を主張する正当の利益を有しないため、177条の「第三者」にあたらない。

たとえば、Aの所有する甲土地につき、何ら権利がないのにBが所有権の登記名義を保有しているとする。この場合、Aにとって、Bは177条の「第三者」にあたらない。よって、Aは、登記なくしてBに甲土地の所有権を対抗できる。具体的には、Bに対して所有権に基づく妨害排除請求権（➡ 11ページ **2**）を行使し、B名義の登記の抹消手続を請求することになろう。

ウ 不法行為者・不法占有者

さらに、不法行為者や不法占有者も、登記の欠缺を主張する正当の利益を有しないため、177条の「第三者」にあたらない。

たとえば、Aが所有する未登記建物をBが放火し滅失させた場合、Aは登記なくしてその建物の所有権があったことをBに対抗できる。具体的には、所有権侵害を理由とする不法行為に基づく損害賠償（709条）を請求することになろう（大判大正10・12・10民録27-2103）。

また、Xから土地を買ったYは、その土地の不法占有者Zに対し、登記なくして所有権を対抗できる。具体的には、所有権侵害を理由とする不法行為に基づく損害賠償（709条）を請求したり（**最判昭和25・12・19百選Ⅰ56**）、所有権に基づく返還請求権を行使することとなろう。

エ　悪意者　➡論証３

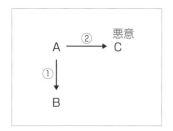

　では、Aが所有する土地をBとCに二重譲渡し、Cが登記を備えたものの、CがBへの第１譲渡につき悪意だった場合、Cは177条の「第三者」にあたるか。

（ア）原則

　この問題は、177条の「第三者」にあたるか否かにつき、その者の善意・悪意を考慮するべきか否かという問題である。では、どう考えるべきか。

　そもそも、177条の文言が善意・悪意を区別していない。また、不動産取引の安全の観点からも、主観を考慮しない画一的処理が妥当である。

　さらに、民法は自由競争を前提としているところ、かかる自由競争のもとでは、悪意者もなお保護に値するというべきである。

　そこで、悪意者は、なお原則として登記の欠缺を主張する正当の利益を有し、177条の「第三者」にあたる（最判昭和32・9・19民集11-9-1574等）。

（イ）背信的悪意者の例外

　ただし、これには重大な例外がある。

　すなわち、第１譲受人へのいやがらせ目的を有していた場合など、単純な悪意者の範囲を超えた背信的悪意者は、自由競争の範囲を逸脱しているといえることから、信義則（1条2項）上、登記の欠缺を主張する正当の利益を有しないというべきである。

　よって、背信的悪意者は、177条の「第三者」にあたらない（最判昭和43・8・2百選Ⅰ57等）。

Q 悪意の第三者は177条の「第三者」にあたるか　**A⁺**

A説 悪意者排除説（少数説）

結論：あたらない。

理由：悪意者を保護する必要はない。

批判：①民法は自由競争を前提としている。

　　　②取引の安全上、主観を考慮しない画一的処理が必要である。

　　　③177条の文言が善意・悪意を区別していない。

B説 背信的悪意者排除説（判例・通説）

結論：単なる悪意者はあたるが、背信的悪意者は信義則上あたらない。

理由：①A説への批判と同じ。

　　　②背信的悪意者は、自由競争の範囲を逸脱している。

（ウ）背信的悪意者の具体例

　この背信的悪意者の典型例は、①第1譲受人に対するいやがらせ目的や、②第1譲受人に当該不動産を高く売りつける目的で、当該不動産を取得し登記を備えた第2譲受人である。

　また、③第1譲渡の際の立会人だった第2譲受人も、背信的悪意者にあたる（最判昭和43・11・15民集22-12-2671参照）。

（エ）背信的悪意者からの転得者　➡論証4

　以上を前提として、背信的悪意者からの転得者が「第三者」にあたるかという問題を検討してみよう。

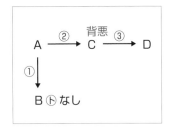

　たとえば、AがBとCに甲土地を二重譲渡したところ、Cは背信的悪意者だったとする。この場合、BにとってCは177条の「第三者」にあたらないから、Bは登記なくしてCに所有権を対抗できる。

　問題は、その後、さらにCがDに甲土地を譲渡した場合、Bは転得者Dに対しても登記なくして所有権を対抗できるのかである。

　実は、背信的悪意者といえども、完全な無権利者ではない。その物権取得も一応有効であり、ただ信義則上、相手方の登記の欠缺を主張することが許されないだけである。

　そうだとすれば、背信的悪意者からの転得者は、背信的悪意者から物権を取得することができると解するべきである。

　そして、転得者は物権を取得している以上、転得者自身が背信的悪意者でない限り、第1譲受人の登記の欠缺を主張する正当の利益を有するといえる。すなわち、背信的悪意者からの転得者は、その転得者自身が背信的悪意者でない限り、第1譲受人にとって177条の「第三者」にあたると考えていくわけである（**最判平成8・10・29百選Ⅰ58**）。

　よって、Dが背信的悪意者でない限り、Bは登記なくしてDに所有権を対抗できない。

確かにＣはＢの登記の欠缺を主張することはできないのですが、それはＡからＣへの物権変動自体が無効だからではありません。ＡからＢへの物権変動と同様に、ＡからＣへの物権変動も不完全ながら有効であり、Ｃも不完全な所有権を取得しているということ自体は認めたうえで、なお背信的悪意者であるＣはＢの登記の欠缺を主張できないと考えていくのです。

　そうすると、Ｂが登記を備える前は、Ｃも不完全な所有権を有していますから、ＣはこれをＤに譲渡することができます。そして、Ｃが有する不完全な所有権をＤが取得した結果、ＢもＤも不完全な所有権を有することになり、それぞれが相手方の登記の欠缺を主張する正当の利益を有すると考えていくわけです。

❓ 第２譲受人たる背信的悪意者からの転得者に対し、第１譲受人は登記なくして物権を対抗できるか　Ａ

結論：転得者自身が背信的悪意者でない限り、対抗できない（相対的無効説。判例・通説）。

理由：①背信的悪意者も完全な無権利者ではなく、その物権取得も一応有効であり、ただ信義則上登記の欠缺を主張することが許されないだけである。
　　　②転得者の取引安全を図る必要がある。

（オ）転得者のみが背信的悪意者の場合　➡論証５

　次に、177条の「第三者」にあたるか否かの問題ではないものの、関連する問題として、転得者のみが背信的悪意者だった場合について検討しよう。

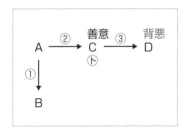

　たとえば、ＡがＢとＣに甲土地を二重譲渡したところ、善意（または単純悪意）のＣが登記を備えたうえで、Ｄへ甲土地を転売した。ところが、転得者Ｄが背信的悪意者だったとする。

　この場合、Ｂは登記なくしてＤに甲土地の所有権を対抗できるかが問題となるが、法律関係の早期安定と簡明さの観点から、177条の「第三者」たるＣが登記を備えた時点で、Ｃは確定的に権利を取得し、Ｂは確定的に権利を喪失すると解するのが妥当であろう。

　したがって、Ｂは無権利者にすぎず、甲土地の所有権をＤに対抗できない。

Q 登記を備えた善意の(または単純悪意の)第 2 譲受人からの転得者が背信的悪意者だった場合、第 1 譲受人は転得者に対して登記なくして所有権を対抗できるか　**B⁺**

結論：対抗できない（絶対的構成説）。

理由：法律関係の早期安定と簡明さの観点。

オ　承役地の譲受人　**B⁺**

　最後に、承役地の譲受人につき、承役地の譲渡の時に①承役地が要役地の所有者によって継続的に通路として使用されていることがその位置、形状、構造等の物理的状況から客観的に明らかであり、かつ②そのことを認識していたかまたは認識することが可能であった場合、承役地の譲受人は、地役権設定登記の欠缺を主張する正当の利益を有せず、地役権者にとって 177 条の「第三者」にあたらないとした判例がある（**最判平成 10・2・13 百選Ⅰ 59**）。

　この判例は短答式試験用に重要だが、学習の便宜上、地役権の箇所で説明する（➡ 141 ページ **2**）。

【177 条の「第三者」にあたらない者のまとめ】

①物権変動の当事者、その包括承継人

②登記の欠缺を主張する正当の利益を有さない者

　・不動産登記法 5 条

　・無権利の登記名義人

　・不法行為者、不法占有者

　・背信的悪意者　∵自由競争の範囲を逸脱

　　cf. 単純悪意者

　　cf. 背信的悪意者からの転得者は原則「第三者」

　・一定の承役地の譲受人

5　物権的請求権の相手方　**B**

　4 ウで述べた不法占有者に関連して、物権的請求権の相手方が問題となることがある。やや応用的な問題だが、検討してみよう。

ア　前提

　まず、前提を確認する。

たとえば、Xが所有する甲土地にAが勝手に建物を建築し、その建物を所有している場合、Xは、土地の所有権に基づく返還請求権を行使して、建物収去・土地明渡しを請求することになる。

　かかる請求の相手方は、当然、建物を所有することによって土地を占有しているAである。

　そして、①その建物が未登記のままAからBに譲渡された場合、Aは確定的に所有権を失い、Bが確定的に所有権を取得するため、Xの請求の相手方はAではなくBとなる。

　また、②建物が本当はA所有なのに、1度も建物の所有権を取得したことがないC名義で登記されている場合、その登記がCの意思に基づくか否かを問わず、Xの請求の相手方はあくまでも建物の所有者Aであり、登記名義人Cではない。Cは建物を所有しておらず、したがって甲土地を占有していないからである。

イ　かつて所有権を有し、その意思に基づいて登記した登記名義人　➡論証6

　問題となるのは、③1度建物の所有権を取得し、その後に建物の所有権を喪失したものの、なお登記名義人となっている者への請求の可否である。

（ア）問題の所在

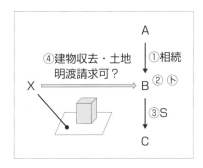

　たとえば、Xが所有する甲土地にAが勝手に建物を建てて所有していたところ、Aが死亡し、Bが建物を相続したため、Bはその意思に基づき建物の所有権登記を備えた。その後、BがCに対してその建物を譲渡したが、建物の登記名義は、従来どおりBのままだったとする。

　この場合、Bは、少なくともCとの関係では、既に建物所有権を失っている。にもかかわらず、Xは、登記名義人Bに対して、土地の所有権に基づく返還請求権を行使し、建物収去・土地明渡しを請求することができるのだろうか。

（イ）検討

> Xの主張　「Xが甲土地所有、Bが建物所有により甲土地占有」
> Bの反論　「BC間Sゆえに *建物所有権喪失* → not 甲土地占有」
>
> ⬆
>
> B名義の登記が残存している（C名義への移転登記がない）状態で、
> BはこれをXに対抗できるか？

　確かに、少なくともCとの関係では、Bは既に建物の所有権を失っている。したがって、Bは甲土地を占有していないことになり、Bに対する請求は否定されるとも思える。

　しかし、判例は、土地所有者Xと請求の相手方Bとは、「あたかも建物についての物権変動における対抗関係にも似た関係」にあるとし、したがって、「他人の土地上の建物の所有権を取得した者が自らの意思に基づいて所有権取得の登記を経由した場合には、たとい建物を他に譲渡したとしても、引き続き右登記名義を保有する限り、土地所有者に対し、右譲渡による建物所有権の喪失を主張……できない」とする（**最判平成6・2・8百選I 47**）。

　上記の事案で、Bは自らの意思に基づいて所有権取得の登記を経由している（前ページの図の②）。したがって、Bは建物所有権の喪失をXに対抗することができず、その結果、XはBに対して建物収去・土地明渡しを請求することができる。

　土地所有者Xの保護の必要性や、登記名義人Bの帰責性、建物所有者Cの保護の必要性の低さに照らして、この判例は妥当であろう。

　少し細かい点ですが、この判例は、BにとってXが177条の「第三者」にあたるとはしていません。それはなぜでしょうか。

　そもそも、「登記の欠缺を主張する正当の利益を有する者」といえるためには、相手方に当該物権変動を対抗されると当該不動産に関する権利を失い、または当該不動産に関する負担を免れることができなくなる者であることが必要です。たとえば、甲から乙・丙への建物の二重譲渡の場合、丙の所有権取得を丙から対抗されると、乙はその建物に関する権利を失います。また、Pから建物を譲り受けたQは、その建物への抵当権の設定をRに対抗されると、その建物に関する抵当権の負担を免れることができなくなります。したがって、これらの乙やQは、丙やRの登記の欠缺を主張する正当の利益を有する者といえ、丙やRにとって177条の「第三者」にあたります。

　ところが、本文のXは、Bから建物所有権の喪失を対抗されても、当該建物に関する権利を失うわけでは全くありません。Xは、当該建物については、全く権利を有していないか

らです。

　そのため、この判例は、BにとってXが177条の「第三者」にあたるとはしなかった（つまり177条を直接適用しなかった）のでしょう。

　ただし、そのうえで、Xは建物の所有権の帰属先に重大な利害関係があることから、XとBとは「あたかも建物についての物権変動における対抗関係にも似た関係」にあるとし、なおBが建物所有権の喪失をXに対抗するには登記をCに移したことが必要としたわけです。

❓ 土地所有権に基づく建物収去・土地明渡請求の相手方はだれか　Ｂ

結論：①建物を実際に所有し土地を占有している者を相手方とすべきである。

　　　②ただし、建物の所有権を取得した者が、自らの意思に基づいて所有権取得の登記を経由した場合は、その者が建物を他に譲渡したとしても、引き続き上記登記名義を保有する限り、その者を相手方とすることができる。

理由：②の場合の土地所有者と建物の登記名義人は、あたかも建物についての物権変動における対抗関係にも似た関係にあるため、登記名義を保有する限り、土地所有者に対し、譲渡による建物所有権の喪失を対抗できないというべきである。

3. 登記をめぐる具体的問題

　94条2項と登記をめぐる問題や、取消しと登記をめぐる問題は、民法総則で学んだ（➡総則［第3版］155ページウ、同176ページ3.等）。また、契約の解除と登記をめぐる問題は、債権各論で学ぶ。

　ここでは、取得時効と登記をめぐる問題、および相続と登記をめぐる問題について検討しよう。これらは、いずれも重要基本論点である。

1　取得時効と登記 ） Ａ

ア　取得時効の当事者 ➡論証7

　まず、Aの所有する甲土地につき、Bが占有を継続し、取得時効が完成した（➡総則［第3版］317ページ1.）とする。

　この場合、取得時効を援用したBは、登記なくしてAに対して甲土地の所有権の取得を対抗できる。BにとってAは物権変動の当事者である以上、177条の「第三者」にあたらないからである。

イ　時効完成前の譲受人

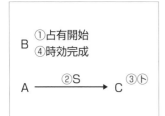

B　①占有開始
　　④時効完成

A ────②S──→ C　③㋣

　　　　　次に、A所有の甲土地につきBが占有を開始した後、その取得時効が完成する前に、Aが甲土地をCに売却し、Cが登記を備えたとする。その後、取得時効が完成し、取得時効を援用したBは、登記なくしてCに対して所有権の取得を対抗できるか。

　　　　　この場合も、BにとってCは物権変動の当事者であるから、177条の「第三者」にあたらないというべきである。

　よって、Bは登記なくしてCに対して所有権の取得を対抗できる（大判大正7・3・2民録24-423、最判昭和41・11・22民集20-9-1901等）。

Q 第三者のなした登記後に時効が完成した場合、時効取得者は登記なくして所有権の取得を対抗できるか　**B⁺**

結論：対抗できる（判例・通説）。
理由：時効完成時の登記名義人は、時効取得者にとっては物権変動の当事者である。

ウ　時効完成後の譲受人　→論証8

B　①時効完成

A ────②S──→ C　③㋣

　　　　　では、A所有の甲土地についてBの取得時効が完成した後に、Aが甲土地をCに売却し、Cが登記を備えた場合、その後に取得時効を援用したBは、登記なくしてCに対して所有権の取得を対抗できるか。

　　　　　この問題については、見解が分かれている。

（ア）逆算説

　まず、現在の占有を起点として取得時効の完成に必要な占有期間を逆算し、その期間をみたしている限り、Bは登記なくしてCに所有権の取得を対抗できるとする見解がある。

　この見解は、時効の起算点につき、援用権者が任意に選択することを認める見解といえる。

　　　この逆算説によれば、現在から10年または20年さかのぼった時点が時効の起算点にな

（イ）二重譲渡類似説（判例）

しかし、このように解しては、時効取得が事実上登記を要しない物権変動となってしまい、公示の原則の要請に反する。したがって、時効の起算点は占有の開始の時に固定するべきである（最判昭和 35・7・27 民集 14-10-1871）。まずはこの点をしっかりと覚えておこう。

とすると、Ｂの時効取得と、時効完成後のＣへの譲渡は、Ａを起点としたＢ・Ｃへの二重譲渡に類似するといえる。

よって、Ｂにとって、時効完成後の譲受人Ｃは、177 条の「第三者」にあたり、登記なくして所有権の取得を対抗できないと解するべきである（最判昭和 33・8・28 民集 12-12-1936 等）。

ただし、時効完成後の譲受人Ｃが、Ａから甲土地を譲り受けた時点において、Ｂが多年にわたり甲土地を占有している事実を認識しており、Ｂの登記の欠缺を主張することが信義則に反すると認められる事情があるときは、Ｃは背信的悪意者（⇒ 39 ページ（イ））にあたる。よって、この場合は、Ｂは登記なくして所有権の取得を対抗できる（**最判平成 18・1・17 百選Ⅰ54**）。

（ウ）再度の取得時効

さらに、ＡがＣに甲土地を売却し、背信的悪意者でないＣが登記を備えた後も、Ｂが甲土地の占有を続けた場合は、Ｃの登記時を起算点とした新たな取得時効が進行する（最判昭和 36・7・20 民集 15-7-1903）。

そして、この新たな取得時効が完成し、これをＢが援用すれば、Ｂは登記なくして所有権の取得をＣに対抗できる。この場合のＣは、Ｂにとって物権変動の当事者だからである（⇒ 45 ページ**ア**）。

> **Ｑ** 時効完成後に目的不動産が譲渡された場合、譲受人に対し、時効取得者は登記なくして取得時効による所有権の取得を対抗できるか　**A**
>
> **A説** 逆算説（末松など）
>
> **結論**：現在の占有を起算点として逆算し、時効取得に必要な占有期間をみたしている

限り、対抗できる。

理由：①永続した事実状態の尊重という時効制度の趣旨に照らし、占有が継続しているという事実を重視するべきである。

②時効制度の趣旨は、起算点がいつかを詮索することではない。

批判：時効取得が事実上登記を要しない物権変動となってしまう。

B説 二重譲渡類似説（判例・通説）

結論：①対抗できないが、譲受人が目的不動産を譲り受けた時点において、時効取得者が多年にわたり目的不動産を占有している事実を認識しており、時効取得者の登記の欠缺を主張することが信義則に反すると認められる事情があるときは、譲受人は背信的悪意者にあたる。

②対抗できない場合も、時効取得者が占有を続ける場合は、新たな時効取得が進行する。

理由：時効取得と、時効完成後の目的不動産の譲渡とは、二重譲渡に類似する。

エ　取得時効と抵当権の設定

次に、取得時効と抵当権の設定との関係について検討しよう。

（ア）時効完成前の抵当権設定

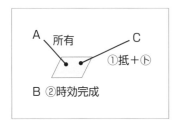

まず、時効完成前に抵当権が設定された場合についてである。

たとえば、A所有の甲土地につき、CがAから抵当権の設定を受け、その旨の登記を備えた。そしてその後に、甲土地についてBの取得時効が完成したとする。

この場合、Bが取得時効を援用すれば、Bは抵当権の負担のない所有権を取得し、Cの抵当権は消滅する。なぜなら、取得時効による所有権の取得は、原始取得だからである（➡28ページ**2**）。

（イ）時効完成後の抵当権設定その1

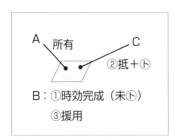

では、時効完成後に抵当権が設定された場合はどうだろうか。

たとえば、A所有の甲土地につき、Bが占有を継続して取得時効が完成した。しかし、Bが所有権登記を備える前に、CがAから抵当権の設定を受け、その旨の登記を備えたとする。

この場合、抵当権者CはBの登記の欠缺を主張する正当の利益を有するから、BにとってCは177条の「第三者」にあたる。よって、登記を備えていないBは、抵当権設定当時のBの所有権の取得（ないしAの所有権の喪失）をCに対抗できない。

したがって、AC間の抵当権設定契約は有効であり、かつCはその対抗要件を備えていることから、CはBに抵当権を対抗できる。Bが取得時効を援用したとしても、Bは、抵当権の負担付の所有権を取得するにとどまるわけである。

（ウ）時効完成後の抵当権設定その2——再度の完成と再度の援用

では、Bが取得時効を援用した後に、Cの抵当権設定登記の時を起算点とする再度の取得時効期間が経過した場合、Bは取得時効を再度援用し、抵当権の消滅を主張することができるのだろうか。

> 取得時効による権利の取得は、原始取得です。したがって、仮に再度の援用が認められるのならば、上記（ア）と同様に、Bは抵当権の負担のないきれいな所有権を取得し、Cの抵当権は消滅することになります。
> では、こうした再度の援用は認められるのでしょうか。

判例は、かかる再度の援用は認められないとする（最判平成15・10・31判時1846-7）。

Bは1度取得時効を援用したことにより、既に土地の所有権を確定的に取得している。とすれば、抵当権の消滅だけを目的とした再度の取得時効の援用を認める必要はない。判例は妥当であろう。

（エ）時効完成後の抵当権設定その3——再度の完成と初めての援用

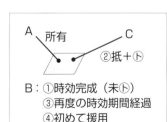

では、Cの抵当権設定登記時から起算して再度の取得時効期間が経過した後に、Bが初めて取得時効を援用した場合はどうか。

判例は、Bが抵当権の存在を容認していた等の特段の事情がない限り、初めての取得時効の援用を認め、その取得時効の結果、Cの抵当権は消滅するとする（**最判平成24・3・16百選I55**）。

上記（ウ）の事案と異なり、Bは再度の時効期間の経過以前に1度も時効を

援用していないため、時効を援用できるのは時効制度の趣旨に照らして当然といえる。しかも、取得時効による権利の取得は原始取得であることや、時効完成後の譲受人との関係で再度の時効完成による所有権の対抗が認められることとの均衡（➡ 47 ページ（**ウ**））をも考えれば、C の抵当権は消滅するとした判例は妥当であろう。

2 相続と登記 Ａ

平成 30 年改正前の民法では、相続による不動産の承継があった場合の対抗要件についても、ここまで学んできた177条が適用されるものと解されていた。

しかし、平成 30 年改正により、相続による権利の承継があった場合の対抗要件については、新たに 899 条の 2 が制定された。そのため、相続による権利の承継については、177 条ではなく、899 条の 2 が適用されることとなった。

ただし、この 899 条の 2 は、177 条と異なる趣旨を定めた規定ではない。

そこで、学習の便宜上、177 条に関連する問題として、ここで相続と登記とよばれる 899 条の 2 をめぐる一連の問題を検討していこう。

ア 前提知識

相続と登記とよばれる一連の問題を理解するには、その前提として、相続法に関する基礎的な知識が必要である。簡単に説明しておこう。

（ア）単純承認・相続放棄

まず、人が死亡すると、相続が開始される（882 条）。

その際、相続人がとりうる対応としては、①単純承認、②相続放棄、③限定承認の 3 つがある。このうち、今知識が必要なのは、①と②である。

①単純承認をすると、その相続人は、被相続人（死亡した者）の権利および義務を包括承継する。プラスの財産であれ、マイナスの財産（債務）であれ、その全てを承継するわけである。

また、相続財産を処分した場合など、一定の場合には、この単純承認がなされたものとみなされる（法定単純承認・921 条各号）。

②相続放棄をすると、その相続人は、初めから相続人ではなかったものとみなされる（相続放棄の遡及効・939 条）。たとえば X が死亡し、その相続人としてA と B がいるところ、A が相続放棄をした場合、相続人は初めから B だけだっ

たことになり、A は一切権利も義務も承継しなかったことになるわけである。

　ただし、相続放棄には、相続の開始を知った時から 3 か月以内にしなければならないという期間制限があり（915 条 1 項）、かつ、家庭裁判所に行って相続を放棄する旨を申述しなければならない（938 条）。また、法定単純承認の事由に該当する場合は、相続放棄は認められない。

（イ）共同相続と遺産分割

　相続人となるのは、配偶者に加え（890 条）、子、直系尊属、兄弟姉妹などである（887 条、889 条 ➡ 総則［第 3 版］95 ページ **1**）。

　相続人が複数いる場合を、共同相続という。

　共同相続がなされた場合、遺産たる不動産については、まずは共同相続人による共有（➡ 総則［第 3 版］110 ページ（ア）、本書 118 ページ第 4 章）となり（898 条）、その後の遺産分割により、権利関係が終局的に確定する（906 条以下）。

　遺産分割が成立すると、相続開始のときにさかのぼってその効力を生じる（遺産分割の遡及効・909 条本文）。

　たとえば、土地と建物を有する X が死亡し、その相続人として A と B がいる場合、とりあえずは土地も建物も AB の共有となるが、土地は A が、建物はB が取得する旨の遺産分割が成立すると、相続開始の当初から、土地は A が、建物は B が、それぞれ単独で所有していたものとみなされるわけである。

　ただし、この遺産分割の遡及効には制限があり、第三者の権利を害する場合は、遺産分割の遡及効は認められない（909 条ただし書）。この 909 条ただし書は、95 条 4 項や 96 条 3 項などと同様に、遺産分割の遡及効から第三者を保護する趣旨の規定である（➡ 総則［第 3 版］170 ページア参照）。

（ウ）相続と対抗要件

　前述したとおり、相続による権利の承継の対抗要件については、899 条の 2 が適用される。

　したがって、「次条及び第 901 条の規定により算定した相続分を超える部分」、すなわち法定相続分を超える部分については、登記等の対抗要件を備えなければ、その取得を第三者に対抗することができない（899 条の 2 第 1 項）。

イ　共同相続と登記　➡ 論証 9

　以上を前提として、まずは、共同相続と登記とよばれる問題を検討しよう。

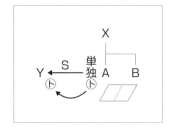

たとえば、甲土地を所有するXが死亡し、その相続人としてXの子であるAとBがいるとする。ところが、遺産分割前に、Aが勝手に単独名義の登記をして、甲土地を第三者Yに売却し移転登記をしたとしよう。

この場合、甲土地の所有権関係は、どうなるのだろうか。ABの各持分ごとに分けて考えてみよう。

（ア）Aの持分

民法総則でも学んだとおり、共有者は、その持分を自由に譲渡することができる（➡総則［第3版］110ページ（ア）、本書118ページ**3**）。

したがって、AからYへの売買により、Aの持分については、当然にYに移転する。

なお、その後のAB間の遺産分割により甲土地がBの単独所有とされても、Yは、遺産分割の遡及効の制限規定である909条ただし書によって保護される。つまり、Yとの関係では、Aがかつて持分を有していたことは否定されず、YはAの持分につき権利を失わないのである。

（イ）Bの持分

では、Bの持分についてはどうか。

売主Aは、Bの持分については完全な無権利者である。したがって、AY間の売買は、Bの持分については他人物売買にあたる。

しかも、登記に公信力はない（➡35ページ**4**）。

よって、94条2項類推適用の要件をみたす場合を除き、買主YはBの持分を取得することはできない。

（ウ）Bの対抗の可否

そして、Bは、登記なくして、その持分をYに対して対抗することができる。

なぜなら、相続による権利の承継の対抗要件について定めた899条の2は、1項で「次条及び第901条の規定により算定した相続分を超える部分」、すなわち法定相続分を超える部分については、という留保をつけて、登記等の対抗要件を要求するにとどまっている。したがって、法定相続分を超えない部分（Bの持分はBの法定相続分を超えない部分である）の承継を対抗するためには、

登記等の対抗要件の具備は不要と解されるからである。

　以上の結果、甲土地は、Y と B の共有となるわけである。

> 　A は、B の持分については無権利者です。したがって、A から甲土地を買った Y も、B の持分についてはやはり無権利者です。とすると、Y は B の持分については B の登記の欠缺を主張する正当の利益を有しませんから、177 条の「第三者」にあたりません。したがって、仮に 177 条しか規定がなかったとしても、B は登記なくして Y に B の持分を対抗することができるということになります（➡ 38 ページイ）。古い判例も、B は登記なくして Y に B の持分を対抗することができるとしています（**最判昭和 38・2・22 百選Ⅲ 77**）。
>
> 　899 条の 2 第 1 項が「［法定］相続分を超える部分（＝ A の持分）については」という留保をつけて登記等を要求し、法定相続分を超えない部分（＝ B の持分）については登記等を不要としているのは、177 条に関するこうした従来の議論を受け継ぐことを明らかにする趣旨なのです。

（エ）差押えの場合

　以上の考え方は、A が Y に甲土地を売却したのではなく、A の債権者 Y が甲土地を差し押さえた、という事案においても、同様にあてはまる。

　すなわち、① A の持分については Y の差押えは有効だが、② B の持分については、Y の差押えは他人物差押えであり、無効である。③ B は、その持分を Y や競売の買受人に登記なくして対抗することができる（899 条の 2 第 1 項参照）。

ウ　遺産分割と登記

　次に、遺産分割と登記とよばれる問題を検討する。

（ア）遺産分割前の第三者との関係

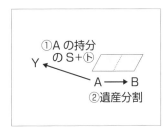

　まず、甲土地を所有する X が死亡し、その相続人として X の子である A と B がいたとする。そして、① A は自ら申請して A と B の持分の割合を各 2 分の 1 とする共同相続登記を得たうえで、A の持分を Y に譲渡し登記を経由したが、その後、② AB 間で甲土地は B の単独所有とする旨の遺産分割が成立したとしよう。

　この場合、仮に遺産分割の遡及効（909 条本文）を徹底すると、AY 間でなされた A の持分の譲渡は遡及的に他人物売買となり、Y は遡及的に持分を失うことになる。

しかし、それでは第三者Yを害してしまう。そこで、909条ただし書は、遺産分割の遡及効を制限して第三者を保護している。

そして、この909条ただし書の第三者として保護されるためには、善意・悪意は不問だが、対抗要件の具備は必要と解されている（通説）。

上記のYは、遺産分割の前にAから持分を譲り受け、かつ登記も経由していることから、909条ただし書の第三者として保護される。

したがって、Yとの関係では、AB間でなされた遺産分割の遡及効は制限され、かかる遡及効はYには及ばないことになる。AY間でなされたAの持分の譲渡が遡及的に他人物売買となることはなく、Yは遡及的に持分を失うこともないわけである。

以上の結果、甲土地はYとBの共有となる。

（イ）遺産分割後の第三者との関係　➡論証10

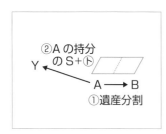

②Aの持分のS+Ⓣ
Y
A → B
①遺産分割

では、AY間の譲渡とAB間の遺産分割の時系列が逆だった場合はどうか。

すなわち、甲土地を所有するXが死亡し、その相続人としてXの子であるAとBがいたところ、①遺産分割の結果、甲土地はBの単独所有となったが、②Bが登記を備える前に、Aが自ら申請してAとBの持分の割合を各2分の1とする共同相続登記を得たうえで、Aの持分をYに譲渡し登記を経由した場合、Bは、遺産分割による甲土地の所有権の取得を、登記なくしてYに対抗できるのだろうか。

a　909条ただし書の「第三者」

まず、（ア）の場合と異なり、Yは909条ただし書の「第三者」にあたらず、同ただし書は適用されない。

なぜなら、909条ただし書の趣旨は、遺産分割の遡及効を制限して第三者を保護する点にある以上、909条ただし書にいう「第三者」は、95条4項や96条3項などの「第三者」と同様に、遺産分割前の第三者に限定されるべきだからである（➡総則［第3版］170ページ**ア**、同178ページ**ア**参照）。

b　対抗の可否

では、Bは、登記なくして遺産分割による甲土地の所有権の取得をYに対抗

できるか。

この問題は、かつては重要な論点だった。しかし、現在では立法解決済みである。

すなわち、このような遺産分割による権利の取得の場合にも、899 条の 2 が適用される。このことは、同条 1 項が「遺産の分割によるものかどうかにかかわらず」としていることから明らかである。

したがって、B は、B の持分については登記なくして Y に対抗できる反面（899 条の 2 第 1 項反対解釈）、A の持分の取得については、登記なくして Y に対抗することができない（同条 1 項）。

以上の結果、甲土地は Y と B の共有となるわけである。

> 仮に遺産分割の遡及効を徹底すれば、B は相続の当初から甲土地の全部を相続していたということになり、甲土地の取得は B の法定相続分を超えない取得ということになりますから、法定相続分を超える場合についての規定である 899 条の 2 が直接適用されることはない、ということになるはずです。
> ところが、899 条の 2 第 1 項は、わざわざ「遺産の分割によるものかどうかにかかわらず」と定め、遺産分割の場合にも 899 条の 2 が直接適用されることを明示しています。
> ということは、この「遺産の分割によるものかどうかにかかわらず」という文言は、909 条ただし書と同様に、遺産分割の遡及効を徹底しないという趣旨の文言であると理解することができると思います（私見）。

（ウ）差押えの場合

以上の（ア）・（イ）で述べた考え方は、A が Y に A の持分を売却したのではなく、A の債権者 Y が甲土地を差し押さえた、という事案においても、同様にあてはまる。

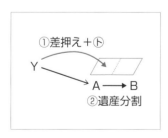

すなわち、① A の債権者 Y が A の持分を差し押さえて登記を得た後、② AB 間で甲土地は B の単独所有とする旨の遺産分割が成立した場合（➡ 53 ページ（ア）参照）、遺産分割前の差押債権者である Y には、909 条ただし書が適用される。

したがって、Y の差押えが、その後の遺産分割によって遡及的に他人物に対する差押えとなることはなく、Y の差押えは有効なままである。

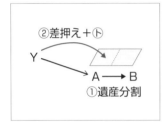

他方、①AB間で甲土地はBの単独所有とする旨の遺産分割が成立した後、②Bが登記を備える前にAの債権者YがAの持分を差し押さえて登記を得た場合（➡54ページ（イ）参照）、遺産分割後の差押債権者であるYには、909条ただし書は適用されない。

しかし、Bは、もともとのBの持分については登記なくしてYに対抗できるものの（899条の2第1項参照）、Aの持分の取得については登記なくしてYに対抗することができない（同条1項）。したがって、Bが登記を備える前になされたYの差押えは有効である。

エ　相続放棄と登記　➡論証11

次に、相続放棄と登記とよばれる問題を検討する。

（ア）相続放棄前の第三者との関係

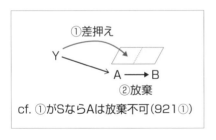

まず、甲土地を有するXが死亡し、その相続人としてXの子であるAとBがいたところ、①Aの債権者Yが甲土地のAの持分を差し押さえた。その後、②Aが相続放棄をしたとする。

この場合、相続放棄の遡及効（939条）によって、Yの差押えが遡及的に他人物に対する差押えとなるかが問題となるが、**相続放棄の遡及効を徹底し、遡及的に他人物差押えとなると解するのが通説である。**

なぜなら、遺産分割の場合と異なり、**債務超過の相続財産の負担から相続人を保護する**という相続放棄の趣旨を実現するべく、相続放棄の遡及効は徹底されるべきだからである。相続放棄については第三者保護規定が存在しない（939条参照、909条ただし書対照）のも、相続放棄の遡及効を徹底するという法の趣旨のあらわれであると解される。

では、Bは、登記なくして甲土地の所有権をYに対抗できるのだろうか。

まず、相続放棄の遡及効によって、Bは相続の当初から甲土地の全部を相続していたということになる。とすれば、Aの相続放棄によって、Bの甲土地の

取得は「次条及び第901条の規定により算定した相続分」［＝法定相続分］を超えない取得であるということになる。

　したがって、Bは、登記なくして甲土地の所有権の取得をYに対抗することができる（899条の2第1項反対解釈）。

> 　つまり、899条の2第1項との関係でも相続放棄の遡及効を徹底し、同項のいう「次条及び第901条の規定により算定した相続分」［＝法定相続分］とは、**相続放棄を受けて定まる相続分**をいう、と解するわけです。
> 　以上のように、相続放棄の遡及効を徹底すると、確かにYのような第三者を害することになります。しかし、相続放棄には相続の開始を知った時から3か月以内にしなければならないという期間制限があること（915条）や、相続放棄の有無は家庭裁判所で確認できること（938条）からすれば、第三者を害する可能性は比較的少ないといえます。本文で述べた相続放棄の趣旨にも照らせば、遡及効を徹底するという解釈は正当といっていいでしょう。

（イ）相続放棄後の第三者との関係

　では、差押えと相続放棄の順番を逆転させた場合はどうか。

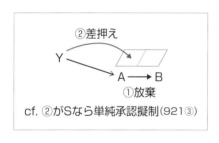

　すなわち、甲土地を有するXが死亡し、その相続人としてXの子であるAとBがいたところ、①Aが相続放棄をした後、②Bが登記を備える前に、Aの債権者Yが甲土地のAの持分を差し押さえた場合、Bは登記なくして権利の取得をYに対抗できるのだろうか。

　この場合も、債務超過の相続財産の負担から相続人を解放するという相続放棄の趣旨に照らし、相続放棄の遡及効（939条）は徹底されるべきであるという点に変わりはない。

　よって、Yの差押えは、他人物に対する差押えであり、無効である。

　また、Bは最初から甲土地の全部を相続していたことになるから、Bは登記なくして甲土地の所有権の取得をYに対抗することができる（899条の2第1項反対解釈）。

（ウ）AがYに持分を譲渡した場合

　以上の（ア）・（イ）と異なり、Aの相続放棄の前や相続放棄の後に、Aがその持分をYに譲渡した場合は、どうなるのか。

この場合、相続放棄の前の譲渡は921条1号に、相続放棄の後の譲渡は921条3号に、それぞれあたり、単純承認が擬制されるため、Aによる相続放棄は認められない。

したがって、相続放棄をめぐる（**ア**）や（**イ**）と同様の問題は、もちろん生じない。

オ　特定の遺産を特定の相続人に「相続させる」との遺言と登記

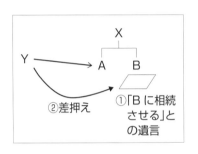

②差押え

①「Bに相続させる」との遺言

最後に、少し特殊な事案を検討しよう。

まず、甲土地等の財産を有するXが死亡し、その相続人としてAとBがいたところ、①Xは「甲土地はBに相続させる」との遺言をしていたとする（このような遺言を特定財産承継遺言という。1014条2項）。ところが、②Bが甲土地の登記を備える前に、Aの債権者であるYが、甲土地のA

の持分を差し押さえたとしよう（Aが持分をYに譲渡した場合も同様の問題が生じる）。

この場合、Bは、甲土地の取得を、登記なくしてYに対抗できるのか。

この点について、平成30年改正前、すなわち899条の2が定められていなかった当時の判例は、Bは登記なくしてその権利を第三者Yに対抗することができると解していた（最判平成14・6・10判時1791-59）。

しかし、「甲土地はBに相続させる」との遺言による、共同相続人の1人であるBの甲土地の取得も、「相続による権利の承継」（899条の2第1項）にあたる以上、現在では899条の2第1項が適用されることになる。

したがって、Bは、その「[法定]相続分を超える部分」であるAの持分については、登記なくしてその取得を第三者Yに対抗することができない（899条の2第1項）。Aの持分に対するYの差押えは有効である。

他方、もともとのBの持分については、Bは登記なくしてその取得をYに対抗することができる（899条の2第1項反対解釈）。

4. 登記請求権

1 意義 B

たとえば、AからBへ甲土地の売買がなされた場合、BはAに対して、甲土地の所有権登記をB名義に移転する手続をするよう請求することができる。

また、X所有の土地にY名義の抵当権設定登記がなされているところ、この抵当権が被担保債権の弁済によって消滅した場合、XはYに対して、Y名義の抵当権設定登記を抹消する手続をするよう請求することができる。

このように、登記の移転や登記の抹消の手続を請求する権利を、登記請求権という。

2 性質 A

これらの登記請求権には、①債権的登記請求権、②物権的登記請求権、③物権変動的登記請求権、という3つの種類があると解されている（通説）。

ア 債権的登記請求権

債権的登記請求権とは、当事者間の契約ないし特約の債権的効果として発生する登記請求権をいう。

たとえば、Aがその所有地をBに売り渡した場合、買主Bは売主Aに対して、売買契約（555条）上の債権として、登記の移転手続を請求する権利を有する（560条）。これが、債権的登記請求権の典型である。

この債権的登記請求権は、債権であるから、消滅時効（166条1項）にかかる点に特徴がある。

イ 物権的登記請求権

物権的登記請求権とは、現在の実体的な物権関係と登記が一致しない場合に、この不一致を除去するため、物権そのものの効力として発生する登記請求権をいう。

たとえば、上記の買主Bは、売買契約により、土地の所有権を取得している（176条）。したがって、Bは、かかる所有権に基づき、Aに対してその土地の登記の移転手続を請求することができる。これが、物権的登記請求権の典型である。

　この物権的登記請求権は、物権的請求権のうち、妨害排除請求権（➡11ページ**2**）にあたる。

　なお、物権的登記請求権のうち、所有権に基づく登記請求権は、消滅時効にかからない（➡107ページ2.）。債権的登記請求権と対比して、この特徴は覚えておこう。

ウ　物権変動的登記請求権

　物権変動的登記請求権とは、物権変動の過程、態様と登記とが一致しない場合に、その不一致を除去するために、物権変動の過程を登記面に忠実に反映させるべきであるとの要請に基づいて認められる登記請求権をいう。

　たとえば、A所有の不動産が、AからB、BからCへと順次譲渡されたが、登記は未だAのもとにあるとする。

　この場合、BのAに対する登記請求権は、物権的登記請求権ではあり得ない。Bは既に物権を失っているからである。また、Bにも債権的登記請求権は認められるが、消滅時効完成後はこれを行使し得ない。

　しかし、BのAに対する登記請求権を認めることは、物権変動の過程を登記面に忠実に反映させるという要請にかなう。そこで認められるのが、物権変動的登記請求権である。

　この物権変動的登記請求権は、Bのような物権を失った者にも認められる点に特徴がある。この特徴も覚えておこう。

エ　代位行使の可否

　登記請求権の最後に、登記請求権の代位行使について簡単に説明しておく。

　登記請求権も、代位行使が認められている（423条の7）。

　そしてこの場合は、いわゆる債権者代位権の転用の場面であるから、債務者の無資力要件は不要である。

　たとえば、AからB、BからCへと不動産が順次譲渡されたところ、未だ登

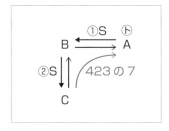

記がＡのもとにある場合、Ｃは、Ｂの資力の有無を問わず、ＣからＢに対する登記請求権を被保全債権として、ＢのＡに対する登記請求権を代位行使することができるわけである。

　この代位行使については、詳しくは債権総論で学ぶ。

5. 中間省略登記

1　意義　B

　たとえば、Ａ所有の不動産が、ＡからＢ、ＢからＣへと順次譲渡されたところ、その不動産の登記が、Ｂを経由せず、ＡからＣに移転されたとする。
　このような登記を、中間省略登記という。

2　中間省略登記の効力　B⁺

　この中間省略登記は、その有効性ないし対抗力の有無が問題となる。

ア　全員の同意に基づく場合

　まず、中間省略登記が、ABC全員の同意に基づいてなされた場合は、その登記は完全に有効であり、第三者に対して対抗力をもつ。
　確かに、かかる中間省略登記は、不動産物権変動の過程を忠実に再現した登記ではないものの、現在の権利を反映したものではあるうえ、全員が同意している以上、これを無効とする必要はないからである。

イ　中間者の同意を得ていない場合　➡論証12

　では、中間者Ｂの同意を得ずになされた中間省略登記はどうか。
　まず、かかる登記についても、現在の権利を反映してはいる以上、とりあえ

ずは有効であり、第三者に対して対抗力をもつと解するのが妥当である。

Q 中間者の同意を得ずになされた中間省略登記の効力　B⁺
結論：有効であり、第三者に対して対抗力をもつ。
理由：少なくとも現在の権利関係に合致している。

　もっとも、かかる中間省略登記につき、これに同意していない中間者Bが抹消手続を請求できるか否かという問題は残る。

　この問題につき、判例は、同意していない中間者Bが抹消手続を請求する正当の利益を有するか否かで分けて考えていく（最判昭和35・4・21民集14−6−946）。

　すなわち、中間者Bが抹消手続を請求する正当の利益を有する場合は、中間者Bは抹消手続を請求できるが、かかる利益を有しない場合は、中間者Bは抹消手続を請求できないと考えていくわけである。

　この「抹消手続を請求する正当の利益」の典型として、**同時履行の抗弁権**（533条）があります。
　たとえば、Bが未だCから代金の支払を受けていない場合、Bに中間省略登記の抹消請求権を認めないと、BがCに対して同時履行の抗弁権を行使する利益が害されてしまいます。「代金を払ってくれないと、登記は移転しないよ」とBがCに主張することができなくなってしまうわけです。したがって、Bは抹消手続を請求する正当の利益を有するといえ、同請求をなし得ます。
　他方、既にBがCから代金を受け取っている場合は、中間省略登記を抹消せずとも、Bの利益は害されません。よって、Bは抹消手続を請求する正当の利益を有せず、同請求をなしえないわけです。

Q 中間者の同意を得ずになされた中間省略登記につき、中間者は抹消手続を請求できるか　B⁺
結論：抹消手続を請求する正当の利益を有する場合はできるが、かかる利益を有しない場合はできない。
理由：中間者の利益が害されない場合には、既になされた中間省略登記を抹消させる必要性がない。

3　中間省略登記請求の可否　→論証13　B⁺

　AからB、BからCへと不動産が順次譲渡されたところ、未だ登記がAのもとにあるとする。

　この場合、Cは、中間者Bを省略して、Aに対してCへの移転登記手続を請求することができるか。

　確かに、かかる登記請求は、実体的な権利変動の過程と異なる登記の請求であるから、当然には認められないというべきである（最判平成22・12・16民集64-8-2050参照）。

　しかし、ABC全員の合意（いいかえれば登記名義人Aと中間者Bの同意）がある場合は、現在の権利関係には合致していることにも照らし、これを認めるのが妥当である。

　判例も、同様の条件のもと、これを認めている（**最判昭和40・9・21百選Ⅰ49**）。

Ｑ **中間省略登記請求が認められるか**　**B⁺**

結論：当然には認められないが、全員の合意（登記名義人と中間者の同意）がある場合には認められる。

理由：かかる登記請求は、実体的な権利変動の過程と異なる登記の請求であるが、全員の合意がある場合は、正当な利益を有する者を害するものではない。

6. 登記の手続

　細かい内容であるが、登記の手続を、ポイントだけに絞って簡単に説明しておこう。

1　登記権利者と登記義務者　　**B**

　まず、登記簿上、登記がされることにより利益を受ける者を登記権利者といい、不利益を受ける者を登記義務者という（不動産登記法2条12号、13号）。

　たとえば、買主Aと売主Bとの間で不動産の売買契約が締結された場合、A

が登記権利者、Bが登記義務者である。

2 当事者共同申請主義 ） Ⓑ

登記の申請は、原則として当事者共同申請主義が採用されている（不動産登記法60条）。**1**の例では、AとBが共同して登記を申請しなければならないのが原則なわけである。

ただし、司法書士による双方代理が認められているため（最判昭和43・3・8民集22-3-540参照）、実務ではその例が多い。

3 登記官の審査権限 ） Ⓑ

登記官は、登記申請に対し、申請書の形式上の要件が具備されているか否かを審査する権限（形式的審査権限）のみを有し、実体的権利や物権変動の有無を審査する権限（実質的審査権限）は有しない。

たとえば、「必要事項が書かれていないから登記は受け付けない」と言うことはできるが、「この売買契約は無効だから登記は受け付けない」と言うことはできないわけである。

この点は、刑法各論で必要な知識である。早めに覚えておこう（➡刑法各論［第3版］261ページのコラム）。

4 真正な登記名義の回復を原因とする所有権移転登記 ） Ⓑ

不実な所有権登記がある場合に、その抹消に代えて、真実の所有者への所有権移転登記をすることが認められている（最判昭和30・7・5民集9-9-1002、最判昭和34・2・12民集13-2-91）。

たとえば、A所有の土地につき、無権利者B名義で勝手に登記がなされ、さらにB名義からC名義へ登記が移転している場合、Aは、C名義の登記とB名義の登記の各抹消登記に代えて、CからAへの所有権移転登記をすることができるわけである。

これを、真正な登記名義の回復を原因とする所有権移転登記という。

7. 仮登記

　今まで述べてきた登記（本登記）に対し、仮登記という登記がなされること
がある。この仮登記は、債権の担保のためや（➡ 280 ページ **2**）、売買の効力が
未だ生じていない時点であらかじめ本登記を予約しておくために行われること
が多い。試験に必要な限度で説明しておこう。

1　順位保全効　B

　まず、仮登記を有する者は、その仮登記に基づいて本登記をすることができ
る。そして、当該本登記の順位は、仮登記の順位による（不動産登記法106条）。
　たとえば、A が所有する土地を A から B が譲り受け、4 月 1 日付けで仮登記
を備えたところ、A がさらに C に二重譲渡し、C が 5 月 1 日付けで本登記を備
えたとする。この場合でも、B は、たとえば 6 月 1 日付けで、仮登記に基づい
て本登記をすることができる。そして、その場合、B は C に対して 4 月 1 日の
時点での順位を主張できる。よって、所有者は結局 B となるのである。
　このように、仮登記には、順位保全効がある。この点は覚えておこう。

2　対抗力　B

　一方で、仮登記自体には、対抗力は認められない。仮登記を備えているだけ
では、177 条の「第三者」に対して、物権の取得等を対抗できないわけであ
る。この点も覚えておこう。
　仮登記後に本登記した場合、本登記の有する対抗力が、仮登記がなされた
時点まで遡及するかが問題となるが、遡及しないとするのが判例（最判昭和
36・6・29 民集 15-6-1764）・通説である。

8. 立木の物権変動

1 立木の対抗要件 B

土地に生えている樹木の集団を、立木という。

この立木は、原則として土地の一部である（86条1項）。

しかしながら、意思表示により、立木を土地から分離し、立木に対する土地とは別個の所有権を認めることができる（大判大正12・7・26民集2-565）。たとえば、Aが所有する甲土地に生えている立木につき、Aは立木のみをBに譲渡することができるわけである。

立木の譲受人が第三者に立木の取得を対抗するには、対抗要件を備えなければならない。

立木の対抗要件としては、①立木法による登記のほか、②慣習法上、明認方法が認められている。これらのうち重要なのは、②の明認方法である。

木の皮を削って名前を書く、立札を立てるなどの方法が、明認方法の典型である。イメージをもっておこう。

2 明認方法の存在時期 B

この明認方法は、第三者が利害関係を取得した時点で存在していなければならない（最判昭和36・5・4百選I 61）。

たとえば、Aから立木を譲り受けたBが、立木の皮を削って自分の名前を墨で書いておいたところ、風雨によって墨が消えてしまった後、AがCに立木を譲渡した場合、Bは立木の所有権をCに対抗することができないわけである。

この結論は、短答式試験用に覚えておこう。

3 土地所有権の取得と明認方法 B⁺

ア 立木のみの二重譲渡の対抗要件

明認方法は、立木のみの取引がなされた場合の対抗要件である。

したがって、立木のみがAからB、AからCへと二重譲渡された場合、BC

間の優劣は、明認方法の先後で決せられる（大判昭和11・7・21民集15-1514）。

イ　立木を含めた土地の二重譲渡の対抗要件

　他方、立木を含めて土地がAからB、AからCへと二重譲渡された場合、BC間の優劣は、土地の所有権移転登記の先後で決せられる（177条）。

　たとえば、Bは、土地の所有権移転登記さえ備えれば、土地はもとより立木についても、その取得をCに対して対抗できる。原則として立木は土地の一部である以上、この結論は当然であろう。

　同様の土地の二重譲渡の事案で、Bが、土地の所有権移転登記を備えず、立木の明認方法だけ備えた場合は、土地はもとより立木についても、Bはその所有権の取得をCに対抗することができない（大判昭和9・12・28民集13-2427）。土地の対抗要件は登記である以上、この結論も当然といえよう。

4　立木の所有権の留保　　➡論証14　**B⁺**

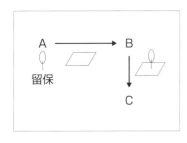

　土地の所有者Aが、その土地に生えている立木の所有権はAに留保しつつ、土地だけをBに譲渡したとする。その後、Bが立木を含めて土地をCに譲渡した場合、Aは立木の所有権をCに対抗できるか。

　そもそも、原則として立木は土地の一部である（86条1項）。よって、立木の所有権の移転は、土地の所有権の移転に従うのが原則である。

　とすれば、立木の所有権を留保して土地を譲渡するのはその例外である以上、取引安全の見地から、その旨の公示が必要と解するべきである（➡26ページ **1**参照）。

　そこで、立木の所有権の留保も物権変動の一部と解し、立木の所有権をAがCに対抗するには、対抗要件たる明認方法が必要と解するべきであろう。

　判例も、明認方法を必要としている（最判昭和34・8・7民集13-10-1223）。

5　立木の伐採と即時取得の可否　　**B⁺**

　①立木をA所有と無過失で信じたBが、Aからその立木を買い受けたうえ、

②立木を伐採したとする。ところが、その立木はCの所有物だったとしよう。

この場合、Bに即時取得（192条）が認められるか。

まず、立木は動産ではなく、不動産である（➡総則［第3版]118ページ（ア））。したがって、①BがAから立木を買い受けた段階では、「動産」の取得という要件（192条）をみたさない。

また、②Bが立木を伐採した時点では、土地から分離した以上、その伐木は「動産」であるが、伐採は取引行為ではない以上、動産を「取引行為によって」取得したという要件（192条）をみたさない。

よって、およそ即時取得は認められない。

第 2 章

動産物権変動の対抗要件

1. 総論

　動産の物権変動についても、不動産の物権変動と同様に、176条が適用される。すなわち、動産の物権の設定・移転は、当事者の意思表示のみによって効力を生じる。

　しかし、不動産と同様に、かかる物権変動を第三者に対抗するには対抗要件が必要である。

　動産物権変動の第三者に対する対抗要件は、「引渡し」（占有移転）である（178条）。

　なお、178条の「第三者」は、177条と同じく、制限的に解されている。すなわち、物権変動の当事者もしくはその包括承継人以外の者であって、引渡しの欠缺を主張する正当の利益を有する者をいう（大判大正8・10・16民録25-1824）。

2. 引渡しの方法

　では、いかなる場合に、178条の「引渡し」が認められるのか。

　民法は、以下の4つの方法を定めている（182条から184条）。これらの規定は占有権の箇所の規定であるが、学習の便宜上、ここで説明しておこう。

1 現実の引渡し B

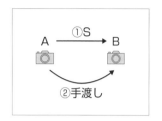

現実の引渡し（182条1項）とは、物に対する現実的支配を移転することをいう。

たとえば、売主Aの手から買主Bの手へと動産を引き渡す場合がこれにあたる。

これは、最も単純な引渡し方法といえる。

2 簡易の引渡し B

簡易の引渡し（182条2項）とは、譲受人またはその代理人が現に占有物を所持する場合に、当事者の意思表示によってなす引渡しをいう。なお、「代理人」とは、占有代理人のことである（➡88ページ **1**）。

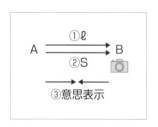

たとえば、AがBにカメラを賃貸していたところ、Bがこのカメラを気に入ったため、Aから買う旨の売買契約が締結されたとする。この場合、カメラは既に譲受人Bが所持しているため、Bがそのまま占有することによりAからBへの引渡しがなされたものとするのが、この簡易の引渡しである。

3 占有改定 A

占有改定（183条）とは、代理人（占有代理人）が自己の占有物を以後本人のために占有すべき意思を表示することによりなされる引渡しをいう。試験対策としては、これが最も重要である。

たとえば、AからBへ中古のカメラの売買契約が締結されたが、Bがたくさんの荷物を有していたため、とりあえず売主Aがそのカメラを預かっておくことにしたとする。この場合、売主A（「代理人」）が、当該中古のカメラを以後買主B（「本人」）のために占有するという意思を表示した

といえ、AからBへの引渡しがなされたものとするのが、この占有改定である。

この占有改定は、物自体は移動せず、従来の占有状態に変化がないため、178条の「引渡し」にあたらないとする見解もあるが、「引渡し」にあたるとするのが判例（大判明治43・2・25民録16-153）・通説である。

その他、これから学ぶ内容を含めて、占有改定が「引渡し」などにあたるか否かを表にまとめておくので、学習が進んでから再度確認してほしい。

	占有改定があたるか
動産物権変動の対抗要件（178）	○
即時取得（192）	× ∵外形変更なし→権利者保護の必要
動産を目的とする先取特権の追及力喪失（333）	○ ∵公示がない→第三取得者保護の必要
質権設定（344）	× （345）

4 指図による占有移転 B+

指図による占有移転（184条）とは、代理人（占有代理人）によって占有をする場合において、本人がその代理人に対して以後第三者のためにその物を占有することを命じ、その第三者がこれを承諾したときに認められる引渡しをいう。この指図による占有移転は、占有改定に次いで重要である。

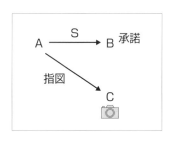

たとえば、AがCに預けているカメラをBに売却した際、「本人」Aが「代理人」Cに対して、以後「第三者」Bのためにそのカメラを占有することを命じ、「第三者」Bがこれを承諾した場合、カメラはCのもとにありながら、AからBへの引渡しがなされたものとするのが、この指図による占有移転である。

指図を受けるCの承諾は必要でなく、引渡しを受けるBの承諾が必要である点に注意しておこう。

5 自動車の対抗要件 A

なお、自動車については、引渡しではなく登録が対抗要件とされている（道路運送車両法5条）。この点は覚えておこう。

第 3 章

動産物権変動における公信の原則──即時取得

1. 意義 　A

　既に学んだとおり、動産の取引については、公信の原則が認められている（➡ 27 ページ **2**）。

　すなわち、取引行為によって、平穏に、かつ、公然と動産の占有を始めた者は、その者が善意無過失であるときは、即時にその動産について行使する権利（たとえば所有権）を取得する（192 条）。これを、即時取得という。

　動産について公信の原則が採用された理由は、不動産に比べて動産の取引は頻繁であり、その取引の安全を図る必要性が高い点にある（➡ 27 ページ **2** 参照）。

2. 要件

　即時取得の要件は、①動産の②取引行為によって③平穏・公然・善意・無過失で④占有を始めたことである（192 条）。

　この要件はしっかりと記憶したうえで、それぞれを検討していこう。

1 動産 　A

　即時取得の対象は、動産に限られる。不動産や債権の取引には、192 条は適用されない。

ア　自動車

　動産のうち、自動車は、登録制度がある点で不動産に近い。そのため、自動車が即時取得の対象たる「動産」にあたるかについては争いがある。

　判例は、①未だ登録がされていない自動車は「動産」にあたるが（最判昭和44・11・21判時581-34、最判昭和45・12・4民集24-13-1987）、②既に登録されている自動車は「動産」にあたらないとする（最判昭和62・4・24判時1243-24）。

　この結論は、短答式試験用に覚えておこう。

イ　金銭

　金銭は、通常、物としての個性をもたず、単なる価値そのものといえる。

　そこで、金銭の所有権は、原則として金銭の占有の移転とともに移転すると解されている。金銭は、その占有者に常に所有権が認められるわけである。

　したがって、金銭に即時取得が適用される余地はない。

> 　たとえば、債権者Aが債務者Bから1万円札を渡され、債務の弁済を受けたとします。ところが、その1万円札は、BがCから盗んできたものだったとしましょう。
> 　この場合でも、Aは常にその1万円札の所有権を取得します。Cが気の毒だと思うかもしれませんが、Cは不当利得返還請求権（703条、704条）や不法行為に基づく損害賠償請求権（709条）を有していますから、特に不都合はありません。
> 　このように、金銭については、物権レベルでは原則として常に占有と所有とを一致させ、後は債権で処理すればよい、と考えていきます。それによって、金銭の流通に関する動的安全を図ろうとしているわけです。

2　取引行為　🅐

ア　意義

　192条が取引安全をその趣旨としている以上、動産の取得は、「取引行為」によってなされたことが必要である。

　取引行為には、売買のほか、贈与、弁済、代物弁済、質権設定などが含まれる。競売も同様である（最判昭和42・5・30民集21-4-1011）。

　他方、相続は、取引行為ではないため、192条は適用されない。立木の伐採も同様である。

イ　有効性

　192 条の「取引行為」は、有効な取引行為でなければならない。

　たとえば、他人物売買は、債権的に有効な取引行為であるから（561 条 ➡ 総則［第 3 版］25 ページ（イ））、「取引行為」にあたる。

　これに対し、取引行為が心裡留保や虚偽表示、無権代理により無効な場合、および錯誤や詐欺・強迫、制限行為能力により取り消された場合は、これらの取引行為は「取引行為」にあたらず、192 条は適用されない。しっかりと覚えておこう。

　ただし、その後にさらに行われた取引については、192 条が適用されうる。

　たとえば、甲の無権代理人 A が甲所有のカメラを B に売却し、B が善意無過失の C に転売し引き渡した場合、C は 192 条により保護される。AB 間の売買は無権代理であり無効であるから、その後の BC 間の売買は他人物売買にあたるものの、他人物売買はなお有効な取引行為だからである（561 条）。

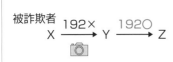

cf. 取消し後の第三者は 178 条で処理

　また、Y の詐欺により X が Y に X 所有のカメラを売却し、Y が善意無過失の Z にこれを転売した後、X が XY 間の売買契約を取り消した場合、Z は、96 条 3 項はもとより、192 条によっても保護される。YZ 間の行為は、原則として遡及的に他人物売買となるものの（121 条本文）、やはり有効な取引行為といえるからである（561 条）。

> 　ちなみに、上記の被詐欺者 X が XY 間の売買を取り消した後に、YZ 間の売買がなされた場合は、取消し後の第三者の問題（➡総則［第 3 版］178 ページ **2**）となりますから、96 条 3 項や 192 条ではなく 178 条で処理することになります。場面設定の違いをしっかりと意識しておいてください。

3　平穏・公然・善意・無過失　B+

「平穏」とは、暴行・強迫によらないことをいい、「公然」とは、隠匿によらないことをいう。

「善意」とは、前主の権利を信じることをいい、「無過失」とは、善意である点に過失がないことをいう。

これらのうち、平穏、公然、善意は、取得時効の場合と同様、186条1項によって推定される。

また、無過失は、取得時効においては推定されないのと異なり、即時取得においては188条により推定される（最判昭和41・6・9民集20−5−1011 ➡ 93ページ1.）

推定されるということと、それぞれの根拠条文を、早めに押さえておこう。

4　占有を始めた　A

現実の引渡し（182条1項）や簡易の引渡し（182条2項）により占有を開始した場合、「占有を始めた」といえる。

問題は、占有改定（183条）や指図による占有移転（184条）により占有を開始した場合に、「占有を始めた」といえるか否かである。

ア　占有改定と即時取得の可否　➡論証15

まず、占有改定により占有を開始した時点で、「占有を始めた」といえるか。

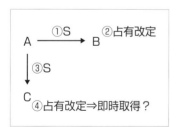

たとえば、①A所有の動産を、AがBに譲渡し、②Bが占有改定を備えたとする。その後、③Aが同じ動産をCにも譲渡し、④Cも占有改定を備えたとしよう。

この場合、②の時点で、178条の「引渡し」がなされたといえ、Bが完全な権利者、Aは完全な無権利者となる。よって、③の売買は他人物売買にあたるが、④の占有改定によって、Cは動産を即時取得できるのだろうか。

（ア）否定説（判例・通説）

この問題につき、占有改定により占有を開始しただけでは、192条の「占有を始めた」とはいえないとするのが判例（**最判昭和35・2・11百選Ⅰ64**）・通説である。

占有改定は、占有の外観に一切変化がない。にもかかわらず、これによる即時取得を認めては、あまりに静的安全（真の所有者Bの安全）を害する。判例・通説が妥当であろう。

> **【静的安全と動的安全】**
> 　静的安全というのは、真の権利者の安全のことです。たとえば他人物売買がなされたときに、真の権利者（所有者）の所有権を失わせない＝所有権を動かさない、というのが、静的安全の要請です。そして、民法は私的自治の原則（➡総則［第3版］49ページ）を採用していることから、この静的安全を保護するというのが民法の原則となっています。
> 　これに対し、譲受人に所有権を取得させる＝所有権を動かす、というのが、動的安全ないし取引安全の要請です。たとえば今学んでいる即時取得の規定は、動的安全＝取引安全を保護するための規定の典型です。

（イ）肯定説・折衷説（少数説）

なお、少数説として、①占有改定も「占有を始めた」といえるとする肯定説や、②占有改定も「占有を始めた」といえるが、それだけでは即時取得は認められず、その後の現実の引渡しが必要とする折衷説がある。

これらの見解も、短答式試験用に一応理解しておこう。

> 　この論点は少しややこしいので、①他人物買主Aが**善意無過失で占有改定**を受け、②その後に**悪意で現実の引渡し**を受けた、という具体例を使って、各見解の違いを説明しておきます。
> 　否定説からは、①の占有改定は「占有を始めた」にあたりません。また、②の現実の引渡しは「占有を始めた」にはあたるものの、その時点でAは悪意ですから、即時取得は認められません（192条が「占有を始めた」時点での善意無過失を要求していることを、条文を読んで再確認してみてください）。したがって、およそ即時取得は認められません。
> 　肯定説からは、①の占有改定は「占有を始めた」にあたります。しかも、その時点でAは善意無過失ですから、①の占有改定の時点で即時取得が成立します。
> 　折衷説からは、①の占有改定は「占有を始めた」にあたります。しかも、その時点でAは善意無過失ですから、192条の条文上の要件は充足します。しかし、解釈上、即時取得が成立するためにはその後の現実の引渡しが必要と解していきますから、②の現実の引渡しの時点で、初めて即時取得が成立することになります。

Q 占有改定が 192 条の「占有を始めた」にあたるか　**A**

A説 否定説（判例・通説）

結論：あたらない。

理由：占有改定は、占有の外観に一切変化がない。

B説 肯定説（金山）

結論：あたる。

理由：取引の安全を重視するべきである。

C説 折衷説（我妻）

結論：あたるが、即時取得が成立するには、さらに現実の引渡しが必要である。

理由：動産の二重譲渡で、各譲受人がそれぞれ占有改定を受けた場合、両者は同等に
　　　扱われるのが妥当である。

イ　指図による占有移転と即時取得の可否　➡論証 16

　以上の占有改定と異なり、判例は、指図による占有移転（184 条）は「占有を
始めた」にあたるとする（最判昭和 57・9・7 民集 36−8−1527）。

　指図による占有移転は、占有改定と比べて、外部から占有移転を認識しやす
いといえる以上、判例は妥当であろう。

Q 指図による占有移転が 192 条の「占有を始めた」にあたるか　**A**

結論：あたる（判例）。

理由：指図による占有移転は、占有改定と比べて外部から占有移転を認識しやすい。

> 以上で学んだ即時取得の要件は、どれも重要基本知識です。特に重要な点をまとめてお
> きますので、しっかりと理解・記憶しておきましょう。

①動産	・未登録自動車は○
	・既登録自動車は×
	・金銭は×（常に占有と所有が一致）
②取引行為	・相続や立木の伐採は×
	・有効な取引行為である必要
③平穏・公然・善意・無過失	・全て推定される（平穏・公然・善意は 186 I、無過失は 188）
④占有を始めた	・占有改定は×
	∵占有の外観に一切変化がない
	・指図による占有移転は○
	∵外部から占有移転を認識しやすい

3. 効果

1 原則) A

　即時取得が成立すると、即時取得者は動産の上に「行使する権利」を取得する（192条）。

　わかりづらい規定だが、具体的には、①所有権の取得と、②質権の取得とがありうる。②は忘れがちなので注意しておこう。

　即時取得による所有権や質権の取得は、原始取得（➡28ページ **2**）である。この点も覚えておこう。

> 　質権の即時取得について、具体例で補足しておきます。
> 　たとえば、X所有の腕時計を占有するAが、その腕時計をA所有と偽り、Aの債権者Bとの間で、その腕時計に対するBの質権を設定する旨の契約（質権設定契約）を締結し、Aが腕時計をBに現実に引き渡したとします。
> 　この質権設定契約は、他人物についての質権設定契約ですから、無効であり、Bは質権を取得できないのが原則です（➡20ページ下のコラム参照）。
> 　しかし、Bが善意無過失であれば、Bはその腕時計に対する質権を即時取得します。その結果、所有者Xからの返還請求に対し、Bは、質権に基づいて「Aが債務を弁済するまでは腕時計を留置する」旨の抗弁をXに対して主張できますし、場合によっては腕時計を競売にかけて優先弁済を受けることもできるわけです。

2 盗品・遺失物の例外) B⁺

ア　回復請求権（193条）

（ア）意義

　以上の即時取得には、重大な制限がある。

　すなわち、192条の要件をみたす場合であっても、占有物が盗品または遺失物であるときは、被害者または遺失者は、盗難または遺失の時から2年間、占有者に対してその物の回復を請求することができる（193条）。

　たとえば、X所有のカメラをAが善意無過失のBに売却し、現実に引き渡した場合であっても、そのカメラが盗品や遺失物であった場合は、Xは、盗難や遺失の時から2年間、Bに対してそのカメラを返せと請求できるわけである。

この 193 条の趣旨は、即時取得を制限することによって、その意思に基づかずに動産の占有を失った所有者を保護する点にある。

（イ）盗品・遺失物

かかる趣旨ないし取引安全の見地から、この回復請求権が認められるのは、「盗品」または「遺失物」に限定されている。

「盗品」とは、窃盗または強盗によって、占有者の意思に反して占有を奪われた物をいう。詐取された物や横領された物は、これに含まれない（大判明治35・11・1 民録 8-10-1、大判明治 41・10・8 刑録 14-827）。喝取された物も含まれない（通説）。

「遺失物」とは、窃盗または強盗以外の方法で、占有者の意思によらずにその占有を離れた物をいう。

（ウ）2 年間の期間制限の法的性質

2 年間の期間制限は、除斥期間である（通説）。

その起算点が、譲渡等がなされた時点ではなく、盗難または遺失の時点であることに注意しておこう。

（エ）回復請求の相手方

193 条による回復請求の相手方は、「占有者」である。

「占有者」は、盗品・遺失物を即時取得して占有する者のほか、その包括承継人や特定承継人をも含む（通説）。

（オ）回復請求期間中の所有権の帰属

回復請求権を行使できる 2 年間の間、その目的物の所有権が誰に帰属しているのかについては争いがある。

この点、占有者に所有権があるとする見解も有力である。

しかし、即時取得によりいったん移った所有権が回復請求により原権利者に戻る、という複雑な構成をあえて採用する意味は乏しい。

そこで、端的に、所有権は原権利者である被害者・遺失者に帰属していると解するのが妥当であろう。判例も同様の結論に立つ（大判大正 10・7・8 民録 27-1373）。

イ　代価の弁償（194 条）

以上の 193 条による回復請求権の行使には、一定の場合、代価の弁償という

要件が追加される。

　すなわち、占有者が、盗品または遺失物を、競売もしくは公の市場において、またはその物と同種の物を販売する商人から、善意で買い受けたときは、被害者または遺失者は、占有者が支払った代価を弁償しなければ、その物を回復することができない（194条）。

　その趣旨は、これらの買受人は、通常、当該動産が盗品・遺失物とは考えないであろうことに照らし、かかる買受人に金銭的な損害が生じることを回避する点にある。

　以下、ポイントを絞って、この194条を説明しよう。

（ア）競売・公の市場・同種の物を販売する商人

　「競売」は、民事執行法上の、強制執行や担保権の実行による競売のほか、私的な競売をも含む。

　「公の市場」は、いわゆる市場に加えて、広く一般公衆を相手とする普通の店舗をも含む。

　「同種の物を販売する商人」とは、店舗をもたないで同種の物を販売する商人をいう。行商人がその典型である。

（イ）善意で買い受けた

　「善意」は、善意無過失を意味する。これは、本条が192条・193条の特則である以上、当然である。文言上、単に「善意」とされているのは、立法上のミスと解されている。

　「買い受けた」ことが必要であるから、贈与を受けた場合などは、本条の適用はない。

（ウ）代価弁償の提供があるまでの使用収益

　本条が適用される場合、被害者・遺失者からの代価弁償の提供があるまで、占有者は盗品・遺失物の使用収益権をもち、その使用利益の返還義務を負わない（最判平成12・6・27百選I65）。

第 **3** 編

占有権

本編から、物権法の各論に入っていく。
　まずは、非常に特殊な物権である占有権を学ん
でいこう。

第 1 章

占有権総論

1. 意義　B

　占有権とは、自己のためにする意思をもって物を所持することにより取得する権利をいう（180条）。

　占有権は、所有権等の他の物権と異なり、自己のためにする意思をもって物を支配しているという事実状態に基づいて、いわば仮の権利として認められる特殊な物権といえる。後述するように、所有者等にはもとより、たとえば窃盗犯人にも盗品に対する占有権が認められる。

2. 占有権の成立要件

　占有権の成立要件は、「自己のためにする意思」と「所持」である（180条）。

1 所持　B

　所持とは、物に対する事実上の支配をいう。

　必ずしも物を直接的に支配している必要はなく、他人を通じて間接的に支配している場合にも所持が認められる（代理占有 ➡ 88ページ **1**）。

2 自己のためにする意思 B⁻

自己のためにする意思とは、自己の利益のために物を支配する意思をいう。占有意思ともよばれる。

他人のためにする意思が認められる場合であっても、自己のためにする意思が併存していれば、なお占有意思は肯定される。

たとえば、子の財産を管理している親権者は、子のためにする意思とともに、自己のためにする意思をもって子の財産を管理しているといえるため、子の財産に対する占有意思が認められる（大判昭和6・3・31民集10-150参照）。

3 占有・本権・準占有 B

以上の占有権と区別するべき概念として、占有、本権および準占有がある。

占有とは、所持と自己のためにする意思（占有意思）により成立する事実をいう。この占有が認められると、占有権が認められることになる。

本権とは、占有を正当化する権利をいう。所有権のほか、地上権、賃借権なども本権にあたる。

> いわゆる泥棒は、盗品に対する本権を有していません。しかし、その泥棒は盗品を事実上支配していますし、自己のためにする意思も認められますから、なお占有という事実は認められ、したがって占有権は有しています。このように、占有権という権利は、泥棒にも認められるきわめて特殊な物権なわけです。
> ちなみに、本権のことを、占有権原とか正権原という場合もあります。権限ではなく権原という字を使いますので、答案で書き間違えないように注意しましょう。

準占有とは、物以外の他人の財産権（たとえば債権）を事実上支配することをいう。

準占有には占有の規定が準用される（205条）。

3. 占有補助者 (占有機関)

1 意義 A

　占有補助者 (占有機関) とは、物を支配しているものの、他人の手足として物を補助的に支配しているにとどまり、独自の占有が認められない者をいう。

　たとえば、店舗の店員は、店主の手足としてその店舗の商品を支配しているにとどまるから、占有補助者にあたる。

　また、会社の代表者は、会社の手足として会社財産を支配しているにとどまり、占有補助者にあたるとされることが多い (**最判昭和32・2・15百選Ⅰ62**、**最判昭和32・2・22判時103-19**。ただし、大判明治43・5・7民録16-350は代理占有とする)。

　これらの具体例は、しっかりと覚えておこう。

2 特徴 A

　占有補助者には、独自の占有が認められない。

　したがって、物の占有が奪われた場合等も、占有補助者は占有の訴えを行使する権限を有しない。占有の訴え (➡97ページ5.) は、占有権を有する者に認められる権限だからである。

　また、占有補助者は、物権的返還請求権の相手方たり得ない。その相手方たる適格を有するのは、自ら目的物を占有している者だからである (➡11ページ1参照)。

　これら2つの特徴も、しっかりと覚えておこう。

　たとえば、Xが経営する古道具屋で商品が万引きされた場合、その犯人に対して占有の訴えを行使できますが、その占有の訴えを行使するべき人は、その古道具屋の経営者のXであって、たまたま万引き時に店にいた店員Yではありません。

　また、Aが同じ古道具屋を覗いてみたところ、その店の商品棚にAが先日盗まれたカメラが置かれていた場合、Aは所有権に基づく返還請求権を行使できますが、その相手方となるべき人は、古道具屋の経営者Xであって、たまたまその店にいた店員Yではありません。

　これらの結論は、感覚的にも当然といえますが、その理由 (店員Yは占有補助者にすぎないから) をしっかりと理解しておきましょう。

第 **2** 章

占有権の承継

1. 態様

占有ないし占有権（以下、単に「占有」と表記する）が承継される場合として、特定承継と包括承継がある。

1 特定承継 B

占有の特定承継とは、個々の占有の譲渡に伴う占有のみの承継をいう。物の売買がなされた場合の引渡しによる占有の承継がその典型である。

この占有の特定承継の方法については、178条の箇所で学んだとおりである（➡69ページ2.）。

2 包括承継 A ➡論証17

占有の包括承継とは、占有者の地位の承継に伴う占有の移転をいう。相続による占有の承継がその典型である。

民法総則でも学んだとおり、占有も相続の対象となること（最判昭和28・4・24民集7-4-414、最判昭和44・10・30民集23-10-1881）、相続人が相続の開始を知らなくても占有の相続は肯定されることを、再確認しておこう（➡総則［第3版］318ページ（ア））。

> **Q** 相続により占有ないし占有権が承継されるか B
> 結論：承継される（判例）。相続人の知・不知は問わない。
> 理由：従来の被相続人の取得時効のための占有が相続開始によって無意味なものになってしまうのは妥当でない。

2. 効果

1 187条 A

　占有者の承継人、すなわち前の占有者から占有を承継した者は、その選択に従い、自己の占有のみを主張し、または自己の占有に前の占有者の占有をあわせて主張することができる（187条1項）。

　ただし、前の占有者の占有をあわせて主張する場合は、その瑕疵をも承継する（187条2項）。

　これらも、民法総則で学んだ基礎知識である（➡総則［第3版］319ページ（エ））。

2 相続の場合 ➡論証18 B

　占有の分離主張を認める187条1項前段が、相続の場合に適用されるかについては争いがある。

　この点、187条1項の適用を否定し、相続人は自己の占有のみを主張することはできないとする見解もあるが、判例は、187条1項の適用を肯定し、相続人が自己の占有のみを主張することをも認める（最判昭和37・5・18民集16-5-1073）。

　187条1項が単に「占有者の承継人」とだけ規定している以上、判例の立場が妥当であろう。

Q 187条1項は相続の場合にも適用されるか B

A説 **否定説**

理由：相続人は被相続人の占有を包括承継するので、自己の占有を切り離してこれを選択する余地がない。

B説 **肯定説**（判例・通説）

理由：187条1項は単に「占有者の承継人」とだけ規定し、特定承継と包括承継とを区別していない。

第 3 章

占有の種類と推定

---

1. 占有の種類

占有の種類に関する用語は、少々ややこしい。無理に急がず、1つ1つ確実に押さえていこう。

1 自己占有（直接占有）・代理占有（間接占有） B⁺

自己占有とは、占有者が他人を通さずに自ら占有することをいう。直接占有ともいう。

代理占有とは、他人に占有させることにより自らも占有することをいう（181条）。間接占有ともいい、この場合の他人を、占有代理人という。

この代理占有関係は、占有代理人が本人に対して物を返還すべき地位にある場合に認められる。

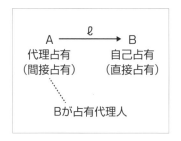

たとえば、AがBに建物を賃貸してBが建物に居住している場合、Bの占有は自己占有（直接占有）、Aの占有は代理占有（間接占有）にあたり、BはAの占有代理人にあたる（601条参照）。

なお、占有代理人は占有補助者に似ているが、独自の占有が認められる点で占有補助者とは異なる。

この占有代理人というのは、民法総則で学んだ代理人（本人に代わって意思表示をする者）とは全く異なり、本人のために占有をする者を指します。

ちなみに、簡易の引渡しを定めた182条2項や、占有改定を定めた183条、指図による占有移転を定めた184条の「代理人」は、それぞれ占有代理人を指しています。混乱しないよう注意しましょう。

2 自主占有・他主占有 ） A

自主占有・他主占有の区別は、所有権の取得時効（162条）との関係できわめて重要である。

以下、民法総則で学んだ内容も含めて、重要事項を確認していこう。

ア 意義

自主占有とは、所有の意思のある占有をいい、他主占有とは、所有の意思のない占有をいう。

所有権を時効取得するには、自主占有の継続が必要だったことを思い出しておこう（162条1項➡総則［第3版］320ページ**イ**）。

イ 所有の意思の有無の判断

所有の意思の有無は、占有の取得原因から客観的に判断される。「所有の意思」という用語を用いながら、占有者の主観（内面）は判断基準とされないわけである。

したがって、たとえば賃借人や使用借人、受寄者などの占有は、その主観を問わず、所有の意思のない他主占有とされる。

他方、たとえば他人物売買の買主の占有は、所有の意思のある自主占有とされる。不法占拠者や窃盗犯人の占有も、所有の意思のある自主占有とされる。

ウ 所有の意思の推定

占有者は、所有の意思をもって占有するものと推定される（186条1項）。

したがって、所有権の時効取得を主張する占有者は、占有者であること（占有の事実）さえ証明すれば足り、さらに所有の意思を証明する必要はない。相手方によって、占有者に所有の意思がなかったことが証明（反証）されない限

り、所有の意思はあるものとして扱われることになる。

エ　他主占有から自主占有への転換　B⁺

他主占有であっても、自主占有への転換が認められる場合がある（185条）。これは、物権法で初めて学ぶ重要基本事項である。

（ア）要件

かかる転換の要件は、①その占有者が、自己に占有をさせた者に対して所有の意思があることを表示したこと、または②新たな権原によりさらに所有の意思をもって占有を始めたことである（185条）。

たとえば、賃借人Bが賃貸人Aに対して「今後は所有の意思をもって占有する」と述べた場合は①の表示にあたる。また、賃借人Yが賃貸目的物の所有者である賃貸人Xから賃借物を買い受けた場合は②の新たな権原の取得にあたる。よって、その後のBやYの占有は自主占有となる。

（イ）相続と「新たな権原」　➡論証19

この自主占有への転換に関して重要基本論点となるのが、相続が「新たな権原」にあたるか否かである。

　a　問題の所在

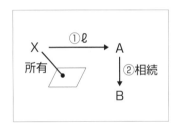

たとえば、Aが、Xの所有する甲土地をXから賃借して占有していたところ、Aが死亡し、Bが相続したとする。

この場合、Aの占有は他主占有であるから（➡89ページイ）、BがAの占有をあわせて主張した場合は、Bは他主占有の瑕疵を承継する（187条2項）。したがって、そのままではBが甲土地を時効取得する余地はない。

では、BがB固有の占有を主張した場合（187条1項➡87ページ1）はどうか。

この場合も、Bの占有取得原因はAの他主占有の相続であるから、やはりB固有の占有も他主占有とされる（➡89ページイ）。したがって、やはりそのままではBが時効取得する余地はない。

そこで問題となるのが、相続が185条の「新たな権原」にあたるか否かである。

b 判例

　この問題につき、判例は、①相続人が新たに相続財産を事実上支配することによって占有を開始し、②その占有に所有の意思が認められる場合は、相続も「新たな権原」にあたるとする（最判昭和46・11・30民集25-8-1437）。

　真の権利者保護の要請と、相続人保護の要請の調和の見地から、この判例は妥当であろう。

> 　占有も相続の対象となりますから（➡86ページ**2**）、相続人Bが実際に甲土地を事実上支配していなくても、Bには甲土地の占有が認められます。しかし、自主占有への転換のためにはそれだけでは足りず、実際にBが甲土地を事実上支配することが必要です（①）。
> 　また、Bの占有に所有の意思が認められる必要がありますが（②）、たとえばBが甲土地の固定資産税を支払っていた場合には、所有の意思を認めてよいでしょう。

3　善意占有・悪意占有　Ｂ

　善意占有とは、本権がないのに本権があると確信して占有している場合をいい、悪意占有とは、本権がないことを知り、またはその有無につき疑いをもちながら占有している場合をいう。

　このように、占有に関する善意・悪意の意味は、通常のそれ（単なる知・不知）とは異なるので、注意しておこう。

2. 占有と推定　B⁺

1　占有の態様の推定

　占有者には、所有の意思・平穏・公然・善意が推定される（186条1項）。この推定規定は、取得時効や即時取得との関係で重要である。

　さらに、即時取得においては、188条の適用により、無過失まで推定される（➡93ページ）。取得時効との違いに注意しよう。

2 占有の継続の推定

　前後の両時点において占有が認められる場合は、その間占有が継続していたものと推定される（186条2項）。

　この推定規定は、取得時効との関係で重要である（➡総則［第3版］319ページ（**ウ**））。

第 **4** 章

占有権の効力

---

1. 権利適法の推定 B

　占有者が占有物について行使する権利は、適法に有するものと推定される（188条）。

　わかりづらい規定だが、要するに、占有者には本権（➡ 84ページ **3**）があるものと推定する、という意味である。

　したがって、占有者の所有権の有無が問題となる場合は、占有者に所有権がないと主張する者が、占有者に所有権がないことを証明する責任を負うことになる。

　また、動産の占有者Xから当該動産を買い受けたYの占有は、平穏・公然・善意（186条1項）のほか、無過失まで推定される。Xの所有権が本条により推定されていたからである。

---

2. 果実収取権

　たとえば、自分に所有権があると信じて土地を占有するAが、その土地をBに貸して賃料を得ていたとする。ところが、後日、その土地がX所有であることが判明したとしよう。

　この場合、土地の果実である賃料は、占有者A（Aにも代理占有が認められる

点に注意）と所有者 X のいずれに帰属するのか。

	善意	悪意
果実収取権 (189)	・あり ・本権の訴えで敗訴したら起訴時から悪意擬制	・なし ・果実ないし代価を償還 (190)
滅失・損傷の損害賠償義務 (191)	・自主：現存利益 ・他主：全損害	全損害
費用償還請求権 (196)	・必要費：あり。ただし果実収取者は、通常の必要費は× ・有益費：価格の増加が現存すればあり	・必要費、有益費ともに善意者と同じくあり ・ただし、有益費につき相当の期限の許与がありうる

1 善意占有者の果実収取権 Ａ

　民法は、善意の占有者は、占有物から生じる果実を取得する権利（果実収取権）を有すると定める（189条1項）。

　したがって、善意の A は B からの賃料を取得でき、これを後日 X に返還しなくてよいわけである。しっかりと覚えておこう。

　その趣旨は、善意占有者は、占有物から生じた果実を消費するのが通常であり、その返還義務を負わせるのは酷であるとの点にある。

　なお、「善意」とは、果実を収取する機能を含む本権を有すると誤信することをいう（通説）。無過失は不要である（大判大正 8・10・13 民録 25-1863 の傍論）。

2 悪意占有者の返還義務等 Ａ

　以上に対し、悪意の占有者は、果実を返還し、かつ、既に消費し、過失によって損傷し、または収取を怠った果実の代価を償還する義務を負う（190条1項）。

　上記の占有者 A が悪意だった場合は、A は B から受け取った賃料を所有者 X に返還しなければならないわけである。

　善意の占有者が本権の訴えにおいて敗訴したときは、その訴えの提起の時から悪意の占有者とみなされる（189条2項）。この規定も重要である。

　敗訴が確定した時点からではなく、訴えの提起の時点から悪意が擬制される点に注意しておこう。

売買当事者間の果実は、この 189 条ではなく、売買の規定である 575 条によって処理される（大連判大正 13・9・24 民集 3 -440）。

この 575 条については、債権各論で学ぶ。

3. 滅失・損傷の損害賠償義務 B

占有者が占有物を滅失・損傷した場合の責任については、191 条に定めがある。

わかりづらい規定だが、要するに、滅失・損傷につき占有者に帰責性がある場合、①悪意の占有者や善意の他主占有者（たとえば賃借権がないのに自らに賃借権があると信じている占有者）は損害の全部を賠償する責任を負うが、②善意の自主占有者は現存利益を賠償すればよいわけである。

②の現存利益としては、たとえば、家屋の占有者が家屋を損傷したが、なお損傷した家屋の材料を占有している場合の材料がこれにあたる。善意の自主占有者は、かかる材料を返還すれば足りるわけである。また、材料を売却済みの場合は、現存利益の限度で代価を償還すれば足りる。

4. 占有者の費用償還請求権

占有者が占有物を返還する場合には、占有者に、一定の費用の償還請求権が認められうる。民法は、必要費と有益費に大きく分けて規定をおいている。

1 必要費) A

ア 原則

　まず、およそ占有者は、占有物を返還する際に、その物の保存のために支出した金額その他の必要費の償還を請求することができる（196条1項本文）。善意占有者はもとより、悪意占有者にも必要費の償還請求権が認められる点に注意しよう。

　「必要費」とは、物の保存・管理に必要な費用をいう。占有物に対する公租公課も必要費にあたる（大判大正15・10・12評論16-民129）。

イ 例外

　ただし、占有者が果実を取得したときは、通常の必要費は、その償還を請求することができない（196条1項ただし書）。たとえば、家屋の占有者が家屋を賃貸して賃料を得ていたような場合は、通常の必要費は占有者の負担となるわけである。

　「通常の必要費」としては、占有物に対する通常の修繕費や、公租公課などがその典型である。これに対し、占有物に対する臨時の修繕費などは、「通常の必要費」にあたらず、占有者は常にその償還を請求できる。

> 　必要費は、本来、所有者等の本権者が負担するべき費用です。したがって、善意占有者はもとより、悪意占有者であっても、必要費を支出した以上、その償還を請求することができます。
> 　ただし、占有者が果実を収取している場合は、本権者としても、通常の必要費くらいは負担してくれよ、と言いたいはずです。したがって、その場合は、占有者は通常の必要費は償還を請求できないとされているわけです。
> 　イメージをもったうえで、短答式試験用にしっかりと覚えておきましょう。

2 有益費) A

　次に、占有物の改良のために支出した金額その他の有益費については、その価格の増加が現存する場合に限り、回復者の選択に従い、その支出した金額または増価額を償還させることができる（196条2項本文）。

　「有益費」とは、物の改良や物の価値を増加させるために費やした費用をいう。家屋の壁紙を張り替えた際の費用などがこれにあたる。

この有益費の償還請求については、「その価格の増加が現存」していることが要件とされる。汚れた壁紙を張り替えたものの、占有している間に再び壁紙が汚れた場合は、有益費の償還請求は認められないわけである。

> 有益費も、本来、所有者等の本権者が負担するべき費用です。したがって、善意占有者はもとより、悪意占有者であっても、その償還を請求することができます。
> ただし、有益費は、絶対に必要な費用というわけではありませんから、占有している物の価格の増加が現に存している限りでその償還を請求できる、という制限があるわけです。

なお、悪意の占有者も有益費の償還を請求できるが、裁判所は、回復者の請求により、有益費の償還について相当の期限を許与することができる（196条2項ただし書）。

この期限の許与は、悪意の占有者の留置権を否定する点に実益がある。

> 留置権の予習を兼ねて、少し補足しておきましょう。
> たとえば、Aが所有する建物を、悪意のBが無権原で占有し、有益費を支出した場合であっても、価格の増加が現存している限り、BはAに対して有益費の償還請求権を取得します。そして、Bは、この有益費の償還請求権を被担保債権として、原則として留置権を主張することができます。Bは、「Aが私に有益費を払うまで、建物はAに返さない」と主張することができるわけです（295条1項本文）。
> しかし、Bは悪意の占有者ですから、裁判所は、Aの請求によって、相当の期限を許与することができます。有益費の弁済期を、占有物の返還の時点よりも未来の時点にすることができるわけです。
> そして、この期限の許与がなされた場合、留置権の被担保債権が弁済期にないことになりますから、Bには留置権が認められないことになります（295条1項ただし書）。したがって、直ちに建物を返せとのAの請求が認められることになるわけです。

5. 占有の訴え（占有訴権）

1 総論 B

ア 意義

およそ占有者は、占有の訴えを提起することができる（197条以下）。

占有の訴えの趣旨は、自力救済の禁止を確保する点にある（通説）。この趣旨

は覚えておこう。

　なお、条文にならい、本書でも197条以下の権利を「占有の訴え」と表記するが、これらの権利は実体法上の請求権（物権的請求権の特殊形態）にすぎず、訴訟による行使が強制されているわけではない。

　つまり、他の通常の権利と同様に、訴訟外でもこれらの権利を行使できるわけである（そのため、占有保護請求権とよぶ学者もいる）。誤解しないよう注意しよう。

イ　占有の訴えと損害賠償請求権

　占有の訴えが認められる場合、占有者は、占有の回復等とともに、損害賠償を請求することができる（198条以下）。

　この損害賠償請求権の法的性質は、不法行為に基づく損害賠償請求権である。したがって、198条以下の規定に基づき損害賠償請求をするには、相手方の故意または過失が必要である（709条参照。大判昭和9・10・19民集13-1940）。これは短答式試験用に覚えておこう。

ウ　請求権者

　占有の訴えの請求権者は、「占有者」である（197条前段）。

　およそ占有者であれば「占有者」にあたる。すなわち、占有者の占有は、自主占有のほか他主占有でもよく、自己占有のほか代理占有でもよく、善意占有のほか悪意占有でもよい（大判大正13・5・22民集3-224）。占有者の本権の有無も問わない（大判大正4・9・20民録21-1481）。

　ただし、占有補助者は独自の占有が認められないため、「占有者」にあたらない（最判昭和32・2・22判時103-19）。

2　各種の占有の訴え　B⁺

占有の訴えには、占有保持の訴え（198条）、占有保全の訴え（199条）、占有回収の訴え（200条）の3つがある。

ア　占有回収の訴え

（ア）意義

占有の訴えのうち、最も重要なのが、占有回収の訴えである。

占有回収の訴えは、本権でいう物権的返還請求権（➡ 11 ページ **1**）に対応する請求権である。

すなわち、占有者がその占有を奪われたときは、占有回収の訴えにより、その物の返還および損害の賠償を請求することができる（200条1項）。

（イ）要件

「占有を奪われた」（占有侵奪）とは、占有者の意思に反して所持が奪われたことをいう。したがって、詐取された物（大判大正 11・11・27 民集 1-692）や遺失物は、対象から除外される。この要件は覚えておこう。

また、占有回収の訴えは、占有の侵奪者およびその包括承継人以外の者に対しては、占有の侵奪者からの悪意の特定承継人に対してのみ訴えを提起することができる（200条2項）。善意の特定承継人に対しては、もはや占有回収の訴えは提起できないわけである。

（ウ）期間制限

占有回収の訴えは、占有を奪われた時から1年以内に提起しなければならない（201条3項）。

この期間制限は、占有権が仮の権利であることに照らし、長期間の救済を禁止する趣旨である。物の返還だけでなく、損害賠償請求も1年間の期間制限に服する点に注意しておこう。

イ　占有保持の訴え

（ア）意義

占有保持の訴えは、本権でいう物権的妨害排除請求権（➡ 11 ページ **2**）に対応する訴えである。

すなわち、占有者がその占有を妨害されたときは、占有保持の訴えにより、その妨害の停止および損害の賠償を請求できる（198条）。

（イ）要件

「妨害」とは、占有侵奪（➡ア（イ））に至らない程度の侵害をいう。

物の不法投棄などの有形の侵害に限らず、騒音や振動の侵入などといった無形の侵害も含む。

（ウ）期間制限

占有保持の訴えは、原則として、妨害の存する間、または妨害の消滅した後1年以内に提起しなければならない（201条1項本文）。

この期間制限は、占有権が仮の権利であることに照らし、長期間の救済を禁止する趣旨である。妨害の停止だけでなく、損害の賠償にも短期の期間制限があることに注意しよう。

ウ　占有保全の訴え

占有保全の訴えは、本権でいう物権的妨害予防請求権（➡12ページ**3**）に対応する訴えである。

すなわち、占有者がその占有を妨害されるおそれがあるときは、占有保全の訴えにより、その妨害の予防または損害賠償の担保を請求することができる（199条）。

占有保全の訴えは、妨害の危険の存する間は提起することができる（201条2項前段）。

	要件※	効果	期間制限
占有回収の訴え（200）	占有侵奪特定承継人に対しては悪意の場合のみ可	物の返還と損害賠償	占有を奪われた時から1年以内
占有保持の訴え（198）	占有妨害	妨害の停止と損害賠償	妨害の存する間または妨害の消滅した後1年以内
占有保全の訴え（199）	占有妨害のおそれ	妨害の予防または損害賠償の担保	妨害の危険の存する間

※　損害賠償は、相手方の故意または過失が必要

3　本権の訴えとの関係　B

　まず、占有の訴えは本権の訴えを妨げず、本権の訴えは占有の訴えを妨げない（202条1項）。このことは、占有の訴えと本権の訴えが別個の請求である以上、当然である。

　次に、占有の訴えについては、本権に関する理由に基づいて裁判をすることができない（202条2項）。この点は重要である。

　たとえば、Aが窃盗犯人Bから被害品を自力で取り返したところ、BがAに対して占有回収の訴えを提起したとする。この場合、裁判所は、Aに所有権という本権があることを理由として、Bによる占有回収の訴えを棄却する判決をすることはできないわけである。

　その趣旨は、自力救済の禁止を確保するという点にある。

> 　上記の例で、窃盗犯人であるBによる占有回収の訴えは認容され、被害品はいったん窃盗犯人であるBのもとに戻ることとなります。しかし、もちろんAは、所有権に基づく返還請求権を行使し、結局は被害品を取り戻すことができます。
> 　このことは、一見すると無駄手間のように見えますが、もちろん無駄手間ではありません。Aが自力救済の禁止に反する行為をした以上、占有の訴えによって一度これを無力化し、再度、所有権に基づく返還請求権の行使という法が認めた手続によって、権利の正常な回復を図ろうとしているわけです。

　ただし、占有の訴えに対し、被告が本権に基づき反訴を提起することは認められる（最判昭和40・3・4百選I 66）。

　占有の訴えに対して、本権に基づく別訴の提起は許される以上（202条1項）、同一手続内での反訴を否定する必要はないからである。この点は、民事訴訟法を学んだ後に再度確認してほしい。

第 5 章

占有権の消滅

1. 自己占有の消滅 `B-`

　自己占有（➡ 88 ページ **1**）による占有権は、占有者が占有の意思を放棄し、または占有物の所持を失うことによって消滅する（203 条本文）。

　占有権は、自己のためにする意思（占有の意思）と所持によって成立するため、そのいずれかが欠けた場合は消滅するわけである。

　なお、混同（➡ 22 ページ **2**）や消滅時効は、占有権には適用されない。

2. 代理占有の消滅 `B`

　代理占有（➡ 88 ページ **1**）による本人の占有権は、①本人が占有代理人に占有をさせる意思を放棄した場合、②占有代理人が本人に対して以後自己または第三者のために占有物を所持する意思を表示した場合、③占有代理人が占有物の所持を失った場合に消滅する（204 条 1 項各号）。

　他方、占有代理人の占有代理権が消滅しただけでは、本人の占有権は消滅しない（204 条 2 項）。代理占有関係は、占有代理人が本人に対して物を返還すべき地位にある場合に認められるものであるところ（➡ 88 ページ **1**）、占有代理権が消滅しただけでは、物を返還すべき地位は消滅しないからである。このことは一応知っておこう。

　たとえば、A が所有する土地を A が B に賃貸し引き渡していたところ、その

後に AB 間の賃貸借契約が終了し、したがって B の占有代理権が消滅した場合でも、それだけでは A の占有権は消滅しない。賃貸借契約が消滅しても、B の、A に対して土地を返還すべき地位は消滅しないからである（601 条参照）。別途上記の①ないし③の要件がみたされた時に、初めて A の占有権が消滅する。

所有権

所有権は、いうまでもなく物権の王様である。ただし、所有権の箇所には、意外と重要な条文が少ない。その学習の中心は、添付と共有である。メリハリを意識して学習していこう。

第 1 章

所有権総論

1. 意義　Ａ

　所有権とは、法令の制限内において、その目的物の使用・収益・処分の全てをすることができる物権である（206条）。

　たとえば、Ａが甲建物に対する所有権を有している場合、Ａは甲建物に住んでもいいし（使用）、甲建物を人に貸して賃料を得てもいい（収益）。さらに、甲建物を売却してもいいわけである（処分）。

　このように、所有権は、物に対するオールマイティな物権といえる。

2. 性質　Ａ

　所有権には絶対性が認められる。

　すなわち、所有権は、誰に対してでも主張できる。所有権に基づく物権的請求権も同様である。

　また、所有権は消滅時効にかからない。所有権に基づく物権的請求権も同様である。

　土地の所有権は、法令の制限内において、その土地の上下に及ぶ（207条）。

第 2 章

相隣関係等

1. 相隣関係 改正

たとえば、A の所有地と B の所有地が隣り合っている場合、A や B の所有権に基づく土地の利用を全面的に認めると、不便な事態が生じることがある。

そこで、隣り合った所有権の調整をするのが相隣関係の規定である。

相隣関係の規定は 209 条から 238 条まであるが、試験との関係での重要性はさほど高くない。以下では、やや重要な 210 条から 213 条に絞って説明する。他の規定は、時間に余裕があるときに一読しておけば足りる。

1 囲繞地通行権 B

他の土地に囲まれて公道に通じない土地（袋地）の所有者は、公道に至るため、その土地を囲んでいる他の土地（囲繞地）を通行することができる（210 条 1 項）。この権利を、囲繞地通行権（または隣地通行権）という。

必要があれば、囲繞地に通路を開設することもできる（211 条 2 項）。

ただし、囲繞地通行権を有する者は、囲繞地のために損害が最も少ない場所および方法を選ばなければならない（211 条 1 項）。囲繞地通行権は、必要最小限の通行権なわけである（より快適な通行権を望む場合は、通行地役権の設定を受けるべきこととなる。➡ 140 ページ参照 1 ）。

また、囲繞地通行権を有する者は、通路を開設したことによる損害は一括

で、通路の使用による損害は1年ごとに、償金を支払わなければならない（212条）。囲繞地に通路を開設したり、通行したりすることはできるものの、それはあくまでも有償なわけである。

なお、袋地の所有権を取得した者は、袋地の所有権登記を経由しなくても、囲繞地の所有者ないし利用権者に対して、囲繞地の通行権を主張できる（最判昭和47・4・14民集26-3-483）。囲繞地通行権は取引安全とは無関係である以上、177条を適用するべきではないからである。結論は覚えておこう。

2　土地の分割・一部譲渡の場合の囲繞地通行権　B

以上の囲繞地通行権は、袋地が土地の分割または一部譲渡によって生じた場合には修正される。

すなわち、土地の分割（共有地の分割のこと。➡128ページ **1**）によって公道に通じない土地（袋地）が生じたときは、その土地の所有者は、公道に至るため、他の分割者の所有地のみを通行することができる。この場合においては、償金を支払うことを要しない（213条1項）。土地の一部譲渡によって袋地が生じたときも同様である（213条2項）。

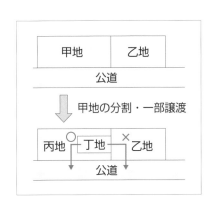

たとえば、ABで共有している甲土地とC所有の乙土地が隣り合っていたところ、甲土地の分割により、A所有の丙土地とB所有の丁土地（袋地）が生じたとする。この場合、Bは、もともとの隣地である乙土地を通行することはできず、償金なしでよいものの、丙土地のみを通行することができる。丁土地が甲土地の一部譲渡によって生じた場合も同様である。

この213条は、もともとの隣地（乙土地）の所有者に損害を与えないようにするための規定である。

なお、Xが所有する甲土地を丙土地と丁土地（袋地）に分筆したうえ、それぞれをYとZに譲渡した場合も、213条2項の趣旨に照らし、袋地所有者のZは、乙土地を通行することはできず、Y所有の丙土地のみを通行することがで

きる（最判昭和 37・10・30 民集 16-10-2182）。

> 213 条 2 項は、土地の所有者がその土地の一部を譲渡し、残部はそのまま所有する場合の規定です。したがって、上記の最後の事例には同項の直接適用はできません。しかし、もともと隣接している乙土地の所有者に迷惑をかけてはならないという同項の趣旨は妥当しますから、やはり Z は乙土地を通ることはできず、丙土地のみを通行することができると解していくわけです。

2. 建物区分所有 　C

　相隣関係に関する特別法として、マンションやビルにおける所有関係を調整するための「建物の区分所有等に関する法律」（建物区分所有法）が定められているが、試験では重要性でない。

　本書での説明は省略する。

第 3 章

所有権の取得原因

1. 総論　B

　既に学んだとおり、所有権は、売買契約（555条以下）や相続（882条）等によって承継取得される。また、時効取得（162条）や即時取得（192条）によって原始取得されることもある。

　これらに加えて、民法は、239条以下で、所有権の取得原因を定めている。本章では、これらの規定を学んでいこう。

　なお、239条以下の規定による所有権の取得は、全て原始取得（➡ 28ページ **2**）である。

2. 無主物先占・遺失物拾得・埋蔵物発見　B-

1　無主物先占

　所有者のない動産は、所有の意思をもって占有することによって、その所有権を原始取得する（239条1項）。

　所有者のない不動産は、国庫に帰属する（239条2項）。国家が当該不動産を原始取得するわけである。

遺失物は、遺失物法の定めるところに従い公告をした後、3か月以内にその所有者が判明しないときは、これを拾得した者がその所有権を原始取得する（240条）。

3 埋蔵物発見

埋蔵物は、遺失物法の定めるところに従い公告をした後、6か月以内にその所有者が判明しないときは、これを発見した者がその所有権を原始取得する（241条本文）。

ただし、他人の所有する物の中から発見された埋蔵物については、これを発見した者およびその他人が等しい割合でその所有権を原始取得する（241条ただし書）。

3. 添付

添付とは、付合（242条から244条）、混和（245条）、加工（246条）の総称である。これらのうち、付合と加工は重要である。

1 付合 Ⓐ

付合とは、所有者を異にする2つ以上の物が結合して1つの物になることをいう。Aの所有物とBの所有物がくっついて新たな1個の物になることをいうわけである。

民法は、不動産の付合と動産の付合とを規定している。以下、それぞれについて説明する。

2 不動産の付合 Ⓐ

不動産の付合は、添付の中でも群を抜いて重要である。

ア　原則

　所有者の異なる不動産と他の物とが付合した場合、不動産の所有者は、原則として不動産に付合した物の所有権を原始取得する（242条本文）。

　たとえば、Aの所有する建物の内壁にBの所有する壁紙がAによって勝手に貼り付けられた場合、壁紙は建物と一体化し、全体としてAの所有物となる。不動産の所有権に、そこに付合した物の所有権が吸収されてしまうイメージをもっておこう。

　そして、この付合により損失を受けた者は、不当利得の規定に従い、その償金を請求することができる（248条）。

　付合により壁紙の所有権を失ったBは、Aに対して壁紙相当額の返還を請求することができるわけである。

イ　趣旨

　このように、不動産の所有者には所有権の取得を認める一方、所有権を失った者には償金請求を認めるにとどめているのは、付合した物の分離による社会経済上の不利益を回避するためである。

　そして、この付合の趣旨に照らし、付合の有無は、分離によって社会経済上容認できない不利益が生じるか否かによって判断することになる（最判昭和57・6・17民集36-5-824参照）。この点は覚えておこう。

ウ　例外──権原による附属

　以上の不動産の付合の重大な例外として、242条ただし書は、「ただし、権原によってその物を附属させた他人の権利を妨げない」と定める。

　ややわかりづらい規定だが、要するに、不動産に付合するべき物の所有者が、権原によってその物を不動産に附属させた場合は、その物の所有権を失わなくてすむという意味である。

　ただし、「附属させた」結果、付合するべき物の独立性が失われた場合にまで、この例外を認めるのは妥当でない。そこで、この242条ただし書の適用には、附属後も物としての独立性が認められることが必要と解されている。

　以上をまとめれば、①権原に基づく場合であって、②物としての独立性が認められる場合には、例外として不動産への付合は生じない。この例外の要件

は、しっかりと覚えておこう。

> 　たとえば、土地に生えている樹木は、原則として土地の一部ですが（86条1項）、その樹木を見て「土地（の一部）だ」と思う一般人はまずいません。あくまでも、「（土地とは別の）樹木だ」と思うはずです。つまり、土地に生えている樹木は、社会通念上、なお土地とは別の物として、その独立性を認めることも可能なわけです。
> 　したがって、A所有の土地に、Bが、地上権等の「権原」に基づいてB所有の苗木を植えつけ、それが土地に定着したとしても、樹木の所有権はなおBに留保されます。
> 　他方、壁紙が張られた壁を見て、「壁紙だ」と思う一般人はあまりいません。通常は、単に「壁だ」（壁は建物の一部です）と思うはずです。つまり、内壁に張られた壁紙は、通常、既に物としての独立性を失っているわけです。
> 　したがって、X所有の建物の内壁に、Yが、Y所有の壁紙を貼り付けた場合、いくらYが貼り付け行為をする「権原」を有していたとしても、なお壁紙の所有権は原則どおり建物の所有権に吸収されてしまうことになります。

エ　公示の要否

　この242条ただし書による所有権の留保は、242条本文が定める原則の例外である。

　したがって、取引安全の見地から、かかる所有権の留保を第三者に対して対抗するには、明認方法などの公示が必要と解されている（立木につき最判昭和35・3・1民集14-3-307 ➡ 26ページ参照 **1**）。しっかりと覚えておこう。

オ　賃借人による増築

　Aの所有する建物をAから賃借しているBが、当該建物の増築をした場合、その増築部分の所有権がA・Bのいずれに帰属するかという問題がある。

　この点、建物の賃借権は、建物を増築する「権原」にはあたらないが、Bが賃貸人Aの承諾を得ていた場合は、Bには「権原」があるといってよい。

　したがって、①賃貸人の承諾があり、かつ②増築部分が物としての独立性を有する場合には、242条ただし書により、賃借人Bに増築部分の所有権（区分所有権）が認められると解することになる。

　判例も、同様の結論に立つ（**最判昭和44・7・25百選Ⅰ69**等）。

3　動産の付合　**B**

　次に、動産の付合である。

　所有者を異にする数個の動産が、付合により、損傷しなければ分離すること

ができなくなったときは、その合成物の所有権は、主たる動産の所有者に帰属する。分離するのに過分の費用を要するときも、同様である（243条）。

これらの場合、所有権を失った者は、主たる動産の所有者に対して償金請求をすることができる（248条）。

付合した動産について主従の区別をすることができないときは、各動産の所有者は、その付合の時における価格の割合に応じてその合成物を共有することになる（244条）。

4　混和　B⁻

混和とは、所有者の異なる2つ以上の物が混ざり合うことをいう。

たとえば、A所有のウィスキーとB所有の炭酸水が混ざり合ってハイボールとなる場合がこれにあたる。

混和の処理は、動産の付合と同様である。

すなわち、主たる物の所有者が従たる物の所有権を取得し（245条・243条）、所有権を失った者は償金請求をすることができる（248条）。

主従の区別ができないときは、共有となる（245条・244条）。

5　加工　B

加工とは、他人の材料に工作を加えて、新たな物をつくることをいう。

A所有の木材を用いて、Bが無断で彫刻を作成した場合がその典型である。

なお、付合と異なり、加工は、動産についてのみ規定されている。

ア　原則

加工の場合の所有権は、原則として材料を提供した者に帰属する。

すなわち、他人の動産に工作を加えた者（加工者）があるときは、その加工物の所有権は、材料の所有者に帰属する（246条1項本文）。

そして、加工者は、償金を請求することができる（248条）。

イ　例外

ただし、この原則には2つの例外がある。

まず、①工作によって生じた価格が材料の価格を著しく超えるときは、加工

者がその加工物の所有権を取得する（246条1項ただし書）。

　また、②加工者が材料の一部を供したときは、その材料の価格に工作によって生じた価格を加えたものが、他人の材料の価格を超えるときに限り、加工者がその加工物の所有権を取得する（246条2項）。

　①は加工者が工作のみをした場合の例外規定、②は加工者が工作に加えて材料の一部の提供もした場合の例外規定である。

　そして、これらの場合、材料の所有権を失った者は、加工者に対して償金を請求することができる（248条）。

> 　たとえば、A所有の1万円の木材を用いて、Bが勝手に彫刻を作成した場合、出来上がった彫刻の所有権は、原則としてAに帰属します（246条1項本文）。
> 　しかし、①Bが高名な彫刻家だったため、出来上がった彫刻が100万円の価格を有する場合、その彫刻の所有権はBに帰属します（246条1項ただし書）。この場合、彫刻家Bの工作の価値を重視するべきだからです。
> 　また、②Bが素人であるけれども、A所有の1万円の木材に加えて、BもB所有の4000円の木材を提供しており、かつ、出来上がった彫刻の価格が2万1000円である場合、4000円（加工者Bの提供した材料の価格）＋7000円（工作によって生じた価格。彫刻の価格2万1000円—全材料費1万4000円により算出）＞1万円（Aの材料の価格）となりますから、やはり彫刻の所有権はBに帰属します（246条2項）。
> 　少し面倒くさい箇所ですが、短答式試験用に一応理解しておきましょう。

6　建前に対する第三者の工事による完成　B+

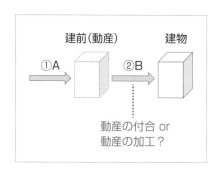

　以上の添付に関して問題となるのが、建築中の未完成の建物（いわゆる建前）に第三者が工事を加えて建物を完成させた場合の処理である。

　たとえば、①建築業者Aが自前の材料を使って建物とはいえない段階（建前）まで工事をし、その工事を中止したところ、②別の建築業者Bが勝手に自前の材料を追加して工事を続け、建物を完成させたとする。この場合、完成した建物の所有権は、AとBのいずれに帰属するか。

　まず、Aがつくった建前は、建物ではない以上、動産にあたる（かつこれはA

所有である）。そこで問題は、その後のBの工事につき、動産の付合と評価するべきか、それとも動産の加工と評価するべきかである。

判例は、動産の加工と評価し、246条2項（➡上記**5イ**②）を適用する（**最判昭和54・1・25百選Ⅰ68**）。

動産の付合は、単に動産と動産が分離不可能または分離困難となった場合を予定しているところ、上記の事案では、建築業者Bの工作の価値を無視することはできない。判例は妥当であろう。

7 添付の効果の強行法規性) B⁻

添付の規定により、いずれかの者の所有権が消滅するという点（換言すれば分離を許さないという点）は、分離による社会経済上の不利益の回避という添付の趣旨に照らし、強行規定と解されている。

他方、所有権が誰に帰属するのかという点、および償金を請求しうるかという点は、ともに任意規定と解されている。これらの点については、当事者の意思に任せても、社会経済上の不利益は生じないからである。

第 4 章

共有

1. 共有総論

1 意義 ▶B

　共有とは、複数の人が 1 つの物に対して一定の割合で所有権をもつことをいう。

　民法上の共同所有形態には、共有・合有・総有の 3 つがあるが、共有はその原則形態である。

2 持分 ▶A

　各共有者の有する所有権の割合を持分という。

　各共有者の持分は、意思表示や法律の規定により決定されるが、持分が不明の場合は、各共有者の持分は相等しいものと推定される（250 条）。

3 持分の処分 ▶A

　持分の処分は、各共有者がこれを自由にすることができる。合有との違いを思い出しておこう（➡総則［第 3 版］109 ページ**イ**）。

　持分の処分がなされると、共有関係に変化が生じる。たとえば、AB が土地を共有していたところ、B がその持分を C に譲渡すると、当該土地は AC の共有となる。

　以上の持分の処分とは異なり、共有物全体の売却などのような**共有物全体の処分**については、当然ながら**共有者全員の同意が必要**です。この点もしっかりと覚えておきましょう。

4 持分の放棄) B

　共有者の1人が、その持分を放棄したとき、または死亡して相続人がいない
ときは、その持分は、他の共有者に帰属する（255条）。国庫に帰属するわけで
はないので注意しておこう。

　この規定は、共有の弾力性のあらわれと解されている。

> 　たとえば、ある土地をABCが共有していたところ、Aがその持分を放棄した場合、Aの持
> 分の分だけBとCの持分が大きくなるわけです。
>
>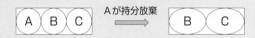
>
> 　このように、共有における持分は、伸び縮みする弾力性のあるボールのようなものとイメー
> ジしておいてください。

2. 共有物の使用・変更・管理 改正

行為	要件	具体例
使用	持分に応じて	全部の単独使用
変更	原則：全共有者の合意	共有建物の増築 共有地上の立木の伐採
	例外：軽微変更は持分の価格の過半数 ∵管理	砂利道のアスファルト舗装 建物の外壁の修繕工事
管理	原則：持分の価格の過半数	共有物の使用のあり方の決定 共有物の管理者の選任・解任 軽微変更 252条4項の期間を超えない共有物の賃貸
	例外：保存行為は単独で	不法占有者への引渡請求 不実の登記の抹消登記請求

1 使用 B⁺

ア 持分に応じた全部の使用

　各共有者は、その持分に応じて、共有物の全部を使用することができる（249条1項）。これは覚えておこう。

　たとえば、ABC がクルーザーを共有している場合、その持分の比率に応じた時間・回数で、ABC はそれぞれクルーザーの全部を使用できるわけである。

　また、共有者は、共有物の「管理」（➡ 122 ページ **3**）として、持分の価格の過半数によって共有物の使用のあり方（使用者や使用条件など）を定めることができる（252 条 1 項）。

　たとえば、クルーザーに対する ABC の持分がそれぞれ 3 分の 1 の場合、AB の賛成によって、「A は 1 月から 3 月まで、B は 4 月から 11 月まで、C は 12 月のみ、それぞれ独占的にクルーザーを使用できる」などと定めることができるわけである。

イ 持分を超える使用

　上記**ア**で述べたとおり、各共有者は、その持分に応じて共有物を使用することができるにとどまる（249 条 1 項）。

　したがって、ある共有者が自らの持分を超えて共有物を使用した場合、その共有者は、別段の合意がある場合を除き、他の共有者に対し、自己の持分を超える使用の対価を償還する義務を負う（249 条 2 項）。

　なお、この対価を償還する義務は、自己の持分を超える使用が、共有物の使用のあり方についての合意（➡上記**ア**、122 ページ **3**）に基づく場合であっても発生する。

　たとえば、上記の A がクルーザーを独占的に 1 年間使用し続け、BC がそのクルーザーを使用できなかったとする。当該クルーザーの賃料相当額は 1 年間で 120 万円だったとしよう。この場合、たとえ ABC 間で「A がクルーザーを独占的に使用できる」旨が合意されていたとしても、A は、BC に対して、自己の持分を超える使用の対価として 40 万円ずつ支払う義務を負う。上記の「A がクルーザーを独占的に使用できる」旨の合意の中には、A が無償で、あるいは A がたとえば年間 10 万円で、そのクルーザーを独占的に使用できる旨の合意

（このような合意が 249 条 2 項のいう「別段の合意」である）は含まれていないからである。

ウ　善管注意義務

　共有物を使用する共有者は、善良な管理者の注意をもって共有物の使用をしなければならない（249 条 3 項）。共有物の使用者は他の共有者に対して善管注意義務を負うわけである。

　共有物の使用は、他の共有者の持分との関係では他人の物の使用と実質的に同じである以上、この規定は当然といえよう。

2　変更　B+

ア　原則

　共有物の変更は、原則として他の共有者の同意を得なければ、これをすることができない（251 条 1 項）。つまり、共有物に変更を加えるには、共有物の処分（➡ 118 ページのコラム）と同様に、原則として全共有者の合意が必要なわけである。これはしっかりと覚えておこう。

　たとえば、共有している建物の増築は、共有物の変更にあたるため、原則として全共有者の合意が必要となる。共有地上の立木の伐採についても同様である（大判昭和 2・6・6 新聞 2719-10）。

イ　軽微変更

　ただし、その例外として、共有物の形状または効用の著しい変更を伴わない変更、すなわち軽微変更については、全共有者の合意は不要とされている（251 条 1 項かっこ書き）。

　この軽微変更は、共有物の「管理」にあたり、各共有者の持分の価格の過半数によって行うことができると解されている（252 条 1 項 ➡ 122 ページウ）。

> 　軽微変更にあたるか否かは、変更を加える箇所および範囲、変更行為の態様および程度などの事情を総合して個別的に判断されます。
> 　たとえば、砂利道のアスファルト舗装、建物の外壁や屋上の修繕工事などは、共有物の形状や効用の大幅な変更を伴わないこと、および共有者一般にとって有用な結果をもたらす行為といえることから、通常は軽微変更にあたると解してよいでしょう。

ウ　所在等不明共有者がいる場合の裁判

また、もう1つの例外として、所在等不明共有者がいる場合の裁判の制度がある。

すなわち、共有者が、他の共有者が誰であるかを知ることができない場合や、他の共有者の所在を知ることができない場合に（これらの場合の当該他の共有者を、所在等不明共有者という）、共有物の変更について原則どおり全共有者の合意を必要とすると、いつまでも共有物に変更を加えることができないという事態に陥ってしまう。そこで、このような所在等不明共有者がいる場合は、裁判所は、共有者の請求により、『所在等不明共有者以外の他の共有者の同意を得て共有物に変更を加えることができる旨の裁判』をすることができるとされている（251条2項）。

この裁判を得ることによって、所在等不明共有者がいる場合であっても、他の共有者は共有物の変更をすることができるようになるわけである。

3　管理　B+

ア　原則

共有物の管理に関する事項は、原則として、各共有者の持分の価格の過半数で決する（252条1項前段）。共有者の頭数の過半数ではなく、持分の価格の過半数である点に注意しよう。

たとえば、共有物の使用のあり方の決定、共有物の管理者の選任・解任（252条1項かっこ書き ➡ 123ページイ）、軽微変更（➡上記イ）、252条4項の期間を超えない共有物の賃貸、共有物の賃貸の解除（最判昭和39・2・25民集18-2-329）などは、共有物の「管理」にあたり、各共有者の持分の価格の過半数でこれを決することができる。

なお、このことは、共有物を使用する共有者がある場合であっても同様である（252条1項後段）。すなわち、たとえばABCの共有に属する甲建物（各持分の割合はそれぞれ3分の1）につき、Aを独占的な使用者とする旨の決定がなされている場合であっても、BCの賛成によって、Bを独占的な使用者とする旨の決定をすることができるわけである。ただし、そのような決定が共有物を使用する共有者に特別の影響を及ぼすべきときは、その共有者の承諾を得ることが必要となる（同条3項）。

少し細かい話ですが、252条3項の「特別の影響」とは、新たな決定の必要性と、共有物を使用する共有者に生じる不利益を比較して、**受忍限度を超える不利益が共有物を使用する共有者に生じる**場合をいいます。

　たとえば、ABCが共有する甲建物につき、Aが独占的に店舗として使用できる旨の決定があり、実際にAが甲建物を店舗として用いて営業しているところ、BCの賛成によって甲建物を住居専用とする旨新たに決定する場合を考えてみましょう。この場合、Aはそれまで行っていた甲建物での営業を続けることができなくなってしまいますから、特段の事情がない限り、受忍限度を超える不利益がAに生じるといえ、「特別の影響」が認められます。したがって、かかる新たな決定をするには、Aの承諾が必要となるわけです。

イ　共有物の管理者

　共有者は、共有物の管理を他人（管理者）にゆだねることができる。

　共有物の管理者の選任・解任は、共有物の「管理」にあたり、各共有者の持分の価格の過半数で決することができる（252条1項前段かっこ書き）。

　選任された管理者は、共有物の管理に関する行為をすることができる。ただし、軽微変更以外の変更については、全共有者の同意を得なければ、これをすることができない（252条の2第1項）。

ウ　所在等不明共有者・賛否不明共有者がいる場合

　共有者のなかに所在等不明共有者（➡ 122ページ**ウ**）がいる場合、裁判所は、所在等不明共有者以外の共有者の請求により、『所在等不明共有者以外の共有者の持分の価格の過半数で共有物の管理に関する事項を決することができる旨の裁判』をすることができる（252条2項1号）。

　また、共有者全員の存在と所在は判明しているものの、共有者の中に、共有に関心を示さず、催告されてもその意思を明らかにしない者（賛否不明共有者）がいる場合も、裁判所は、賛否不明共有者以外の共有者の請求により、『賛否不明共有者以外の共有者の持分の価格の過半数で共有物の管理に関する事項を決することができる旨の裁判』をすることができる（252条2項2号）。

　この裁判を得ることによって、所在等不明共有者や賛否不明共有者がいる場合であっても、他の共有者は、所在等不明共有者や賛否不明共有者を除いた他の共有者の持分の価格の過半数で、共有物の管理についての決定をすることができるようになるわけである。

エ　保存行為

　管理に関する以上の定めの例外として、保存行為については、各共有者が単独ですることができるものとされている（252条5項）。この例外はしっかりと覚えておこう。

　「保存行為」とは、目的物の現状を維持する行為をいう。

　たとえば、共有物の不法占有者に対する引渡請求（大判大正10・6・13民録27-1155）、共有物になされた不法登記の抹消登記手続請求（最判昭和31・5・10民集10-5-487）などがその典型である（➡126ページ**イ**）。

3. 共有物に関する負担および債権

1　共有物に関する負担　B

　各共有者は、その持分に応じ、管理の費用を支払い、その他共有物に関する負担を負う（253条1項）。

　「管理の費用」とは、共有物の維持や改良のためにかかる必要費・有益費などのことであり、「負担」とは、共有物にかかる公租公課などのことである。

　共有者が1年以内にかかる義務を履行しないときは、他の共有者は、相当の償金を支払ってその者の持分を取得することができる（253条2項）。

2　共有物に関する債権　B

　共有者の1人が共有物について他の共有者に対して有する債権は、当該他の共有者の特定承継人に対しても行使することができる（254条）。

　かかる債権は共有と密接な関係が認められる債権だから、というのがその趣旨である。

　たとえば、ABがそれぞれ持分2分の1で建物を共有していたところ、その建物の管理のためにかかった10万円を、Aがとりあえず全額支払ったとする。この場合、AはBに対して5万円の償金請求権を有するが、未払のままBが

Cにその持分を譲渡した場合、AはCに対して当然にこの5万円を請求することができる。

4. 共有関係に基づく請求

共有関係に基づく請求は、その請求が持分権に基づくものか、それとも共有権に基づくものかによって、その行使の要件が異なってくる。

1 持分権に基づく請求 B⁺

まず、持分権に基づく請求についてである。

前述したとおり、持分の処分は、各共有者がこれを自由にすることができる。

したがって、各共有者は、自己の持分権に基づく請求も、当然単独ですることができると解されている。

具体的には、各共有者は、単独で、①自己の持分権の確認請求（共有者以外の者に対する請求につき大判大正8・4・2民録25-613、他の共有者に対する請求につき大判大正6・2・28民録23-322）や、②自己の持分権の侵害を理由とする損害賠償請求（最判昭和51・9・7判時831-35）などをすることができるわけである。

2 共有権に基づく請求 B⁺

次に、共有権に基づく請求についてである。

ア 原則

持分権に基づく請求とは異なり、共有権に基づく請求は、共有者全員でしなければならないのが原則である。

ここで共有権とは、共有者全員で有する1個の所有権をいう。

たとえば、①物を共有していることの確認請求訴訟や、②共有名義への所有権移転登記手続請求訴訟は、共有権に基づく請求にかかる訴訟であるから、共有者全員が共同原告とならなければならない固有必要的共同訴訟にあたる（最

判昭和 46・10・7 民集 25−7−885。固有必要的共同訴訟については、民事訴訟法で詳しく学ぶ）。

イ 例外

もっとも、共有権に基づく請求であっても、①共有物が不法に他人名義で登記されている場合の抹消登記手続請求（**最判平成 15・7・11 百選Ⅰ 71**）や、②共有物の不法占有者に対する引渡請求（大判大正 10・7・18 民録 27−1392）は、例外的に共有者の 1 人が単独で行使することができる。

共有権に基づく請求であるにもかかわらず、共有者の 1 人が単独でこれらの請求をすることができる根拠については争いがあるが、保存行為（252 条 5 項 ➡ 124 ページ**エ**）にあたるからと理解しておけば試験対策としては十分である。

> ちなみに、上記①の抹消登記手続請求とは異なり、共有物の**移転登記手続請求**は、保存行為にあたらず、原則どおり**共有者全員で行う必要**があります（➡上記ア）。仮に保存行為として各共有者が単独で移転登記手続を請求することができると解すると、その請求をした共有者の単独所有名義の登記や、実際の持分割合と異なる共有登記がなされることになりかねないからです。
> これに対し、抹消登記手続請求については、その効果は今なされている登記の抹消（以前の登記の復活）にすぎないため、移転登記手続のような問題は生じません。
> 抹消登記手続請求と移転登記手続請求の違いを、しっかりと押さえておきましょう。

```
┌─ 持分権に基づく請求 ── 単独で可
│
└─ 共有権に基づく請求 ┬─ 原則：全員で
                        │    eg. ①共有の確認請求
                        │        ②所有権移転登記手続請求
                        │
                        └─ 例外：単独で可 ∵保存行為
                             eg. ①抹消登記手続請求
                                 ②不法占有者に対する引渡請求
```

3 共有者間の引渡請求の可否 B⁺

上記**イ**の②であげた共有物の不法占有者に対する引渡請求と区別するべき問題として、共有者間の引渡請求の可否という問題がある。関連事項として、便宜上ここで説明する。

たとえば、ABC がクルーザーを共有していたところ、A が勝手にクルーザーを単独で使用し続け、BC が利用できない状態となっているとする。この場合、BC は、A に対してクルーザーの引渡しを請求できるのだろうか。

　この点、A も共有者の 1 人である以上、A は、クルーザーの全部を使用する権利を有する（249 条 1 項）。そのため、BC は、当然には引渡しを請求することはできないと解されている。これはしっかりと覚えておこう。

　判例も、請求者側の持分が 12 分の 11 だった事案で、共有者の 1 人に対する共有建物の明渡請求は当然には認められず、明渡しを求めることができるためには、明渡しを求める理由を主張し立証しなければならないとしている（**最判昭和 41・5・19 百選 I 70**）。

> 　もちろん、BC は、A に対して、A の持分を超える使用の対価の償還を請求することはできます（249 条 2 項）。しかし、クルーザーを返せという請求は、当然にはできないと考えていくわけです。
> 　では、どのような場合であれば、共有者の 1 人である A に対する BC の返還請求が認められるのでしょうか。考えられるのは、BC の持分の価格が過半数を超えている場合に、**現在使用している A を使用者から外して B または C を独占的な使用者とする旨を BC が新たに決定**した場合です（⇒ 122 ページア）。この新たな決定は、たとえ A が単独でクルーザーを使用できる旨の既存の決定に基づき単独でクルーザーをしている場合でも可能です（252 条 1 項後段）。BC としては、B または C を独占的な使用者とする旨の新たな決定をしたうえで、その新たな決定の存在を主張・立証すれば、上記判例のいう「明渡しを求める理由」を主張・立証したこととなり、例外的に明渡しを請求することができるわけです。

　では、ABC がクルーザーを共有していたところ、A が勝手にクルーザーを X に賃貸し引き渡している場合はどうか。

　判例は、X の占有使用が共有者である A の持分に基づくものと認められるかぎり、BC は当然には X に対してクルーザーの引渡しを請求できないとする（最判昭和 63・5・20 判時 1277-116）。

　A はクルーザーの全部を使用する権利を有するところ、X はかかる A の延長線上の存在といえる。判例は妥当であろう。

5. 共有関係の解消 改正

　共有関係を解消するための制度としては、①共有物の分割と、②所在等不明共有者の持分の取得ないし譲渡権限の付与がある。

　以下、試験に必要な限度で説明していこう。

1　共有物の分割　Ｂ

ア　意義

　各共有者は、いつでも共有物の分割を請求することができる（256条1項本文）。

　共有は、憲法の基本原則である個人主義からすれば例外的な事態であるから、自由にその解消を認める趣旨である。

イ　分割の手続

　共有物の分割の手続としては、①協議による分割と、②裁判上の分割とがある。

（ア）協議による分割

　共有物の分割は、協議によるのが原則である（258条1項参照）。

　この場合の分割の方法については、特に制限はない。たとえば、①現物を分ける方法（現物分割）、②共有者の1人が他の共有者の持分の全部または一部を取得し、他の共有者に対しては代金を支払う方法（価格賠償）、③目的物を売却して代金を分ける方法（代金分割）などが、しばしば行われている。

（イ）裁判上の分割

　共有物の分割について共有者間に協議が調わないときは、共有物の分割を裁判所に請求することができる（258条1項）。

　裁判上の分割においては、①現物分割または②賠償分割（共有物を共有者のうちの1人の単独所有または数人の共有とし、これらの者から他の共有者に対して持分の価格を賠償させる方法。この方法は、令和3年改正前は全面的価格賠償とよばれていた）が原則であり（258条2項）、それが不可能か、または価格を著しく減少させ

るおそれがあるときに限り、③競売のうえ代金分割がなされるものとされている（同条3項）。

　なお、遺産共有に属する財産の共同相続人間での分割については、原則として258条による裁判上の分割をすることはできない（258条の2第1項。その例外につき同条2項）。この点は家族法で説明する。

2　所在等不明共有者の不動産持分の取得・譲渡権限の付与　Ｂ

ア　所在等不明共有者の不動産持分の取得

　不動産の共有者のなかに所在等不明共有者（→ 122 ページ**ウ**）がいる場合において、その所在等不明共有者との共有関係の解消を容易にするために定められた制度として、「所在等不明共有者の不動産持分の取得」という制度がある。

　その概要は以下のとおりである。

　まず、不動産が共有されている場合において、裁判所は、共有者の請求により、その共有者に所在等不明共有者の持分を取得させる旨の裁判をすることができる（262条の2第1項前段）。

　この裁判があると、請求した共有者は、所在等不明共有者の持分を取得する。請求をした共有者が2人以上あるときは、請求をした各共有者は、その持分の割合で按分してそれぞれ所在等不明共有者の持分を取得する（262条の2第1項後段）。

　いずれにせよ、この裁判によって、所在等不明共有者は共有者ではなくなるわけである。

　そして、この裁判によって持分を失った所在等不明共有者は、所在等不明共有者の持分を取得した共有者に対し、取得された持分の時価相当額の支払を請求することができる（262条の2第4項）。これは当然といえよう。

イ　所在等不明共有者の不動産持分を譲渡する権限の付与

　次に、不動産の共有者の中に所在等不明共有者がいる場合において、共有関係全部の解消を容易にするために定められた制度として、「所在等不明共有者の持分の譲渡」という制度がある。

　その概要は以下のとおりである。

　まず、不動産が共有されている場合において、裁判所は、共有者の請求によ

り、その共有者に所在等不明共有者の持分を特定の者に譲渡する権限を付与する旨の裁判をすることができる（262 条の 3 第 1 項）。

　この裁判があると、請求した共有者は、所在等不明共有者の持分を特定の者に譲渡する権限を取得する。ただし、この特定の者に譲渡する権限は、所在等不明共有者以外の共有者の全員が特定の者に対してその有する持分の全部を譲渡することを停止条件として付与される（262 条の 3 第 1 項）。

　すなわち、たとえこの裁判があっても、所在等不明共有者の持分のみを特定の者に譲渡することはできず、共有不動産全体を特定の者に譲渡することができるにとどまるわけである。したがって、所在等不明共有者の持分のみを他に譲渡したい場合は、この裁判ではなく、上記アの裁判を得た上で、その裁判によって取得した所在等不明共有者の持分を他に譲渡するということになる。この点は一応注意しよう。

　なお、この裁判の後に実際に共有不動産全体が譲渡された場合、所在等不明共有者は、所在等不明共有者の持分を譲渡した共有者に対し、不動産の時価相当額を所在等不明共有者の持分に応じて按分して得た額の支払を請求することができる（262 条の 3 第 3 項）。これは当然といえよう。

第 5 章

土地・建物の管理命令 改正 C

　不動産の所有者が誰かわからない場合や、誰が所有者かはわかっているものののその所有者がどこにいるのかがわからない場合、あるいは所有者やその所在がわかっているもののその所有者が不動産を適切に管理せず放置しているような場合には、近隣被害が生じるなど、様々な困った問題が生じうる。

　そこで、民法は、所有者不明ないし管理不全の土地・建物について、264条の2から264条の14にかけて、管理命令の制度を定めている。

　試験との関係での重要性は低いので、時間のあるときに条文を一読しておけば足りる。本書での説明は割愛する。

用益物権

　用益物権は、所有権の使用の面を制限し、他人の所有物を使用・収益することを内容とする物権である。

　用益物権のうち、地上権と地役権は、試験との関係での重要性が高い。気を抜かずに学んでいこう。

第 1 章

地上権

1. 意義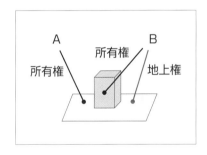

　地上権とは、工作物または竹木を所有するため、他人の土地を使用すること
を内容とする用益物権をいう（265条）。

　「工作物」とは、地上および地下の一切の建造物をいうが、その典型は建物
である。

　なお、土地に地上権の設定がなされた場合の物権関係は、やや複雑になる。

　たとえば、A所有の土地にBが建物
所有のための地上権の設定を受け、建物
を建築したとする。この場合、土地につ
いてはAの所有権とBの地上権が、建
物についてはBの所有権が、それぞれ
存在することになる。

　土地と建物、所有権と地上権を、それ
ぞれしっかりと区別して理解しておこう。

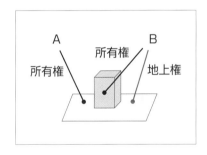

2. 成立要件と対抗要件

1 成立要件 ） A

　地上権は、地上権設定契約によって成立する場合が多い（176条）が、一定の要件をみたす場合は時効取得されることもある（➡総則［第3版］324ページ2.）。

　また、当事者の意思表示によらず、法律上当然に地上権が成立する場合もある（法定地上権）。この法定地上権は、抵当権の箇所で詳しく学ぶ（➡218ページ6.）。

2 対抗要件 ） A

　地上権も物権であるから、その対抗要件は登記（地上権の設定登記）である（177条）。

　ただし、地上権が借地権にあたる場合は、その土地の上に建っている建物の所有権登記があれば、建物の所有権だけでなく、地上権も第三者に対抗することができる（借地借家法10条）。

> 　借地権というのは、建物の所有を目的とする地上権または土地の賃借権のことをいいます（借地借家法2条1号）。
> 　そして、地上権がこの借地権にあたる場合には、借地権者の保護のため、本来建物の所有権の対抗要件である建物の所有権登記をもって、建物の所有権だけでなく、地上権をも第三者に対抗することができるとされているわけです。

3. 効力

1 土地の使用と物権的請求権 ） A

　地上権者は、工作物または竹木を所有するため、その目的である他人の土地

を使用することができる（265条）。

また、地上権も物権である以上、地上権に基づく物権的請求権（➡ 10ページ 1.）が認められる。

2 存続期間 ▶ B

地上権の存続期間については、上限、下限ともに特に制限がない。永久地上権も認められる（大判明治36・11・16民録9-1244）。

なお、地上権が借地権にあたる場合は、期間の下限や更新、建物買取請求権に関する借地借家法の規定が適用されるが、これらの規定については、債権各論の賃貸借の箇所で詳しく学ぶ。

3 地代支払義務 ▶ B

地上権においては、地代は必須の要素ではなく、無償の地上権設定契約も有効である。短答式試験用に覚えておこう。

有償の場合は、永小作権や賃貸借契約の規定が一部準用される（266条）。地上権が借地権にあたる場合の地代増減請求権は、やはり債権各論で学ぶ。

4 地上権の処分 ▶ A

地上権の譲渡は自由である。これはしっかりと覚えておこう。

仮に地上権設定契約において譲渡禁止特約をしても、土地の所有者は、かかる特約を地上権の譲受人に対抗することはできない。

5 収去権・買取権 ▶ B

地上権者は、工作物や竹木の収去権を有する。

すなわち、地上権者は、その権利が消滅した時に、土地を原状に復してその工作物および竹木を収去することができる（269条1項本文）。

ただし、土地の所有者にも、工作物や竹木の買取権が認められる（269条1項ただし書）。

すなわち、土地の所有者が時価相当額を提供して工作物や竹木を買い取る旨を通知したときは、地上権者は、正当な理由がなければ、これを拒むことができない。

永小作権

永小作権の重要性は低く、ざっとポイントを押さえておけば足りる。

1. 意義等 B

永小作権とは、他人の土地を耕作または牧畜のために使用することを内容とする用益物権をいう（270条）。

永小作権は、永小作権設定契約によって成立する場合が多い（176条）。

永小作権も物権であるから、その対抗要件は登記である（177条）。

2. 効力 B

1 存続期間

永小作権の存続期間は、20年以上50年以下である。設定行為で50年より長い期間を定めた場合も、その存続期間は50年に縮減される（278条1項）。

用益物権の中で、永小作権だけ上限・下限の制限がある点は覚えておこう。

2 小作料支払義務

270条が「小作料を支払って」としていることから明らかなように、永小作

人は小作料支払義務を負う。

　用益物権の中で、やはり永小作権だけ必ず有償なわけである。この点も覚えておこう。

3　永小作権の処分

　永小作人は、永小作権を他人に譲渡し、または永小作権の存続期間内において耕作もしくは牧畜のため土地を賃貸することができる（272条本文）。

　ただし、これらの行為は特約により排除できる（272条ただし書）。

第 3 章

地役権

1. 地役権総論

1 意義 B+

　地役権とは、自己の土地のために他人の土地から便益を受けることを内容とする用益物権である（280条本文）。

　便益を受ける土地を要役地、便益を提供する土地を承役地という。

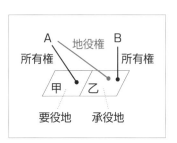

　たとえば、Aの所有する甲土地が袋地、Bの所有する乙土地が囲繞地である場合に、AB間で、Aが乙土地を通行することができる旨の地役権（通行地役権）が設定されることがある。この場合の甲土地を要役地、乙土地を承役地というわけである。

　所有権と地役権とをしっかりと区別したうえで、用語を確実に押さえておこう。

2 要役地の便益 B+

　地役権は、地役権者が所有する土地の「便益」を図るものでなければならない（280条本文）。

　すなわち、地役権は、要役地の使用価値を高めるものであることが必要である。したがって、要役地の所有者の主観的・個人的利益を満足させるだけの地役権は認められない。

たとえば、甲土地の所有者 A が、木の生い茂る乙土地で昆虫採集をするために、乙土地の所有者 B との間で地役権設定契約をすることはできない。乙土地で昆虫採集ができることは、甲土地の使用価値を何ら高めるものではないからである（この場合は、乙土地の賃貸借契約または使用貸借契約を締結するべきこととなる）。

2. 成立要件・対抗要件

1 成立要件 ） B

地役権は、要役地の所有者と承役地の所有者との間の地役権設定契約によって成立する場合が多い（176 条）。

地役権の取得時効については後に述べる（➡ 144 ページイ以下）。

2 対抗要件 ） B⁺

地役権も物権であるから、その対抗要件は登記である（177 条）。

ただし、登記がなければ地役権の存在を対抗できない「第三者」の範囲は、判例上、限定的に解されている。

すなわち、通行地役権の登記が未了の間に承役地が譲渡された事案において、判例は、承役地の譲渡の時に①承役地が要役地の所有者によって継続的に通路として使用されていることがその位置、形状、構造等の物理的状況から客観的に明らかであり、かつ②承役地の譲受人がそのことを認識していたか、または認識することが可能であった場合、承役地の譲受人は、地役権設定登記の欠缺を主張する正当の利益を有せず、したがって、地役権者にとって 177 条の「第三者」にあたらないとしている（最判平成 10・2・13 百選 I 59）。

> 仮に承役地の譲受人が①の事情を認識していたのならば、その者は背信的悪意者にあたると評価できます。

　さらに、通行地役権の登記が未了の間に、承役地に設定されていた抵当権が実行され、承役地が競売により売却された事案において、判例は、最先順位の抵当権の設定時に上記①の事情があり、かつ②最先順位の抵当権の抵当権者がそのことを認識していたか、または認識することが可能であったときは、特段の事情がない限り、登記がなくとも、通行地役権はかかる売却によっては消滅せず、通行地役権者は、買受人に対し、通行地役権を主張することができるとしている（最判平成25・2・26民集67-2-297）。

　なお、要役地が譲渡された場合、その譲受人は、要役地の所有権移転登記さえ備えれば、承役地の所有者等に地役権を対抗できる（大判大正13・3・17民集3-169）。この点は次項で説明する（➡次ページ**ア**）。

3. 効力

1 内容 A

　地役権の内容は、地役権設定行為で定めた目的に従う（280条本文）。

　通行地役権が地役権の内容の典型だが、他にも承役地から引水するための地役権や、田畑の日照のための地役権などがある。

　地役権が対価を伴うか否かは、設定行為によって決せられる。無償の地役権も認められるわけである。

地役権に基づく物権的請求権は、妨害排除請求権および妨害予防請求権のみ認められ、返還請求権は認められない。地役権は、承役地を占有する権利（占有権原）ではないからである。この知識は短答式試験で必須である。

2 存続期間　B

存続期間の制限はなく、永久地役権も認められる。

3 付従性　B⁺

地役権には、要役地の所有権との関係での付従性が認められる。

ア　地役権の移転

まず、地役権は、原則として、要役地の所有権とともに移転する（281条1項）。

つまり、要役地が譲渡された場合、要役地の譲受人は、要役地の所有権とともに、承役地に対する地役権をも原則として取得するわけである。

そして、その帰結として、要役地の譲受人は、地役権の登記がなくとも、要役地の所有権移転登記を具備すれば、承役地の所有者およびその包括承継人に対して地役権を対抗することができる（大判大正13・3・17民集3-169）。

これは、主物が譲渡された場合、主物の対抗要件が具備されれば、従物の取得も第三者に対抗できることと同じイメージである（➡総則［第3版］122ページ**3**）。

イ　分離譲渡の禁止

地役権は、要役地から分離して地役権だけを譲渡し、または他の権利の目的とすることができない（281条2項）。

地役権は、あくまでも要役地の便益のための手段的な権利にすぎないからである。

4 不可分性　B

要役地や承役地が共有である場合、その分割（➡128ページ**1**）や一部譲渡がなされると、地役権はどうなるのだろうか。また、要役地が共有の場合、地

役権の取得時効や消滅時効はいかに処理するべきだろうか。

これらの点につき、民法は、なるべく地役権の存続を認める方向で、かつ関係者につき一律に扱うという立場をとっている。以下、場合を分けて検討しよう。

ア　分割・一部譲渡の場合

まず、要役地が共有で、その分割や一部譲渡がなされた場合、地役権は、その各部のために存する。また、承役地が共有で、その分割や一部譲渡がなされた場合も、地役権は、その各部について存する（282条2項本文。その例外として同項ただし書）。

たとえば、要役地がABの共有だったところ、その要役地が2つに現物分割された場合、AもBも承役地に対する地役権を有する。

また、承役地がXYの共有だったところ、その承役地が2つに現物分割された場合、地役権者Zは、XYが所有する各土地に対して地役権を有するわけである。

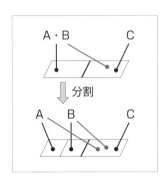 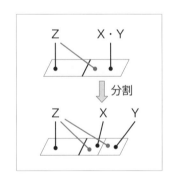

━━━━━●：所有権

━━━━━●：地役権

イ　共有者による時効取得

以上の発想は、共有者による地役権の時効取得との関係でも妥当する。

（ア）共有者の1人による時効取得

まず、土地の共有者の1人が時効によって地役権を取得したときは、他の共有者も地役権を取得する（284条1項）。

たとえば、甲土地の共有者の1人であるAが乙土地に対する地役権を時効取得した場合、甲土地の他の共有者Bも、やはり乙土地に対する地役権を時効取得するわけである。

（イ）共有者に対する取得時効の更新手続

また、共有者に対する取得時効の更新は、地役権を行使する各共有者に対してしなければ、その効力を生じない（284条2項）。

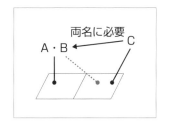

たとえば、甲土地の共有者であるABが乙土地に対する地役権を時効取得しそうな場合、乙土地の所有者CがAに対してのみ時効の更新の手続をとっても、時効の更新の効果は生じない。時効の更新の効果を生じさせるためには、CはAB両名に対して時効の更新の手続をとる必要があるわけである。

なお、Aのみが地役権を時効取得しそうな場合は、当然、CはAに対して時効の更新の手続をとれば足りる。

（ウ）共有者の1人についての取得時効の完成猶予の効果

さらに、地役権を行使する共有者が数人ある場合には、その1人について時効の完成猶予の事由（147条以下）があっても、時効は、各共有者（他の共有者）のために進行する（284条3項）。

たとえば、甲土地の共有者であるABが乙土地に対する地役権を時効取得しそうな場合に、Aに時効の完成猶予の事由があっても、Bとの関係では時効の完成猶予は生ぜず、Bは地役権を時効取得しうる。しかも、Bが時効取得すれば、284条1項により、結局Aも地役権を時効取得することになる。

ウ　共有者の1人についての消滅時効の更新等の効果

最後に、要役地が共有の場合の、地役権の消滅時効についてである。

要役地が共有で、かつその要役地のために地役権が設定されている場合、その地役権の消滅時効の更新等には、絶対効が認められる。

すなわち、要役地が数人の共有に属する場合において、その1人のために地役権の消滅時効の完成猶予または更新があるときは、その完成猶予または更新は、他の共有者のためにも、その効力を生ずる（292条）。

4. 時効の特則

1 取得時効) B

地役権の取得時効については、その要件が加重されている。

すなわち、地役権は、①継続的に行使され、かつ、②外形上認識可能なものに限り、時効によって取得することができる（283条）。

これは、その所有地を他人が利用することを黙認する寛容な所有者が多くいるところ、容易に地役権を時効取得されては、かかる寛容な所有者を害するからである。

具体的には、通行地役権の取得時効の場合は、要役地の所有者によって承役地に通路が開設されたことが必要とされる（最判昭和30・12・26民集9-14-2097、最判平成6・12・16判時1521-37）。

その他、共有と取得時効の関係については、144ページ**イ**を参照してほしい。

2 消滅時効) C

地役権の消滅時効の期間は、継続的でなく行使される地役権については最後の行使の時から起算し、継続的に行使される地役権についてはその行使を妨げる事実が生じた時から起算する（291条）。「行使を妨げる事実」とは、たとえば通路の撤去がその例である。

地役権者がその権利の一部を行使しないときは、その部分のみが時効によって消滅する（293条）。たとえば、3メートル幅の通路を通行する通行地役権が設定されていたところ、地役権者が幅2メートル部分だけ使用していた場合は、残りの幅1メートル部分についてのみ消滅時効の対象となるわけである。

その他、共有と消滅時効の関係については、145ページ**ウ**を参照してほしい。

第 4 章

入会権　C

　入会権とは、村落の住民が慣習に基づき山林原野等を利用する権利をいう。

　民法は、入会権について、共有の箇所（263条）と地役権の箇所（294条）に規定をおいているが、いずれにせよまずは慣習が適用されるため、民法の規定の適用・準用の余地はほとんどない。

　試験への出題可能性もきわめて低いため、説明は割愛する。

担保物権

物権法の最後に、担保物権を学ぶ。
　担保物権は、初学者が苦手意識をもちやすい箇所であるが、試験対策上も、また合格後の実務においても、きわめて重要である。
　一歩一歩、着実に学んでいこう。

第 1 章

担保物権総論

1. 担保物権の意義 A

　担保物権とは、債権の効力を高め、債権の履行を確保する（すなわち債権を担保する）ために認められる物権をいう。

　なお、債権の履行を確保するための手段としては、この担保物権のほか、保証、連帯債務などの人的担保の制度がある。人的担保については、債権総論で詳しく学ぶ。

2. 担保物権の種類 A

　民法上の担保物権は、①留置権、②先取特権、③質権、④抵当権の4つである。

　これらのうち、①留置権と②先取特権は、当事者の意思表示の合致（合意）によらず、法律の定めた要件さえみたせば発生する。そのため、法定担保物権といわれる。

　他方、③質権と④抵当権は、当事者の意思表示の合致（合意）を必要条件として発生する。そのため、約定担保物権といわれる。

3. 担保物権の通有性 A⁺

担保物権におおむね共通して認められる性質を、担保物権の通有性という。

かかる通有性として、①付従性、②随伴性、③不可分性、④物上代位性がある。

1 付従性

およそ担保物権は、債権の履行を確保するための手段である。

したがって、担保物権は、履行を確保するべき債権、すなわち被担保債権がないところには認められない。この性質を、担保物権の付従性という。

たとえば、抵当権は、被担保債権が無効であれば成立しない（成立における付従性）。また、抵当権の成立後、被担保債権が債務者による弁済等により消滅すれば、抵当権もそれに伴って消滅する（消滅における付従性）。

2 随伴性

また、およそ担保物権は、債権の履行を確保するための手段であることから、その被担保債権が他人に移転すると、担保物権もそれに伴って移転する。この性質を、担保物権の随伴性という。

たとえば、債権者Aが債務者Bの土地に抵当権の設定を受けていたところ、AがCにその被担保債権を譲渡した場合、Cは、債権のほか、当然にBの土地に対する抵当権も承継取得することになる。

3 不可分性

次に、担保物権は、債権全部の弁済があるまで消滅しない（留置権につき296条、先取特権につき305条・296条、質権につき350条・296条、抵当権につき372条・296条）。この性質を、担保物権の不可分性という。

たとえば、100万円の債権を被担保債権とする抵当権を有するAが、債務者Bから50万円の一部弁済を受けたとしても、抵当権が半分になるなどということはないわけである。

4　物上代位性

　最後に、担保物権者は、担保物権の目的物の売却、賃貸、滅失、損傷によって債務者が受ける金銭その他の物に対しても権利を行使しうる（先取特権につき304条、質権につき350条・304条、抵当権につき372条・304条）。この性質を、担保物権の物上代位性という。

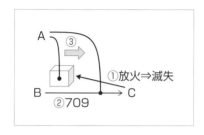

　たとえば、債権者 A が債務者 B 所有の建物に抵当権の設定を受けていたところ、①その建物が C の放火によって滅失したとする。抵当権の目的物が滅失してしまったわけであるが、なお抵当権は消滅せず、②債務者 B が取得する C に対する損害賠償請求権（709条）の上に、③ A の抵当権が及んでいくわけである。担保物権の目的物が債権などに姿を変えても、その新たな姿に対して担保物権はしつこく及んでいくイメージをもっておこう。

　この物上代位性は、次に述べる優先弁済的効力を有する担保物権、すなわち先取特権、質権、抵当権にのみ認められ、留置権には認められない。

4. 担保物権の一般的効力　A+

　担保物権の一般的効力としては、①優先弁済的効力と②留置的効力がある。

1　優先弁済的効力

　担保物権者は、債務者が債務を弁済しないときは、目的物を競売にかけ現金化したうえで、そこから他の債権者に先立って弁済を受けられる。この担保物権の効力を、優先弁済的効力という。

　この優先弁済的効力は、先取特権、質権、抵当権にのみ認められ、留置権に

は認められない（ただし、留置権にも事実上の優先弁済的効力はある。➡次ページ**2**）。

　なお、優先弁済的効力の理解の前提となる債権者平等原則については、民法総則［第3版］29ページdを参照してほしい。

> 　この優先弁済的効力の有無が、先に述べた物上代位性の有無の理由となります。
> 　そもそも、優先弁済的効力があるということは、目的物を競売にかけて現金化し、その現金から優先弁済を受けられるという意味です。このことは、目的物が現金に姿を変えても、その新たな姿である現金に担保物権が及んでいくことを意味しています。
> 　そして、物上代位性というのは、担保物権の目的物がその姿を変えた場合の問題なわけですから、優先弁済的効力を有する担保物権を有する者は、やはり目的物の新しい姿に食ってかかっていける、すなわち物上代位性が認められることになるわけです。
> 　そして、留置権には優先弁済的効力が認められないため、物上代位性も認められないわけです。

2　留置的効力

　担保物権者は、債務者が債務を弁済するまでの間は、担保物権の目的物を手もとにとどめ、その引渡しを拒むことができる。このことにより、債務者に対して心理的圧迫をかけ、間接的に弁済を促すことになるわけである。この担保物権の効力を、留置的効力という。

　留置的効力は、留置権、質権にのみ認められ、先取特権、抵当権には認められない。先取特権や抵当権は、担保物権者による目的物の占有を伴わない非占有担保物権だからである。

　以下に、通有性と一般的効力をまとめておく。赤色にした箇所を中心に、しっかりと覚えておこう。

【通有性と効力のまとめ】

	付従性	随伴性	不可分性	物上代位性	優先弁済的効力	留置的効力
留置権			○ （296）	× ∵優先弁済的 効力なし	× ただし事実上の優先 弁済的効力はあり	○
先取特権	○	○	○ （305・296）	○ （304）	○	×
質権	○	○	○ （350・296）	○ （350・304）	○	○
抵当権	○	○	○ （372・296）	○ （372・304）	○	×

第 **2** 章
留置権

1. 留置権総論

1　意義　A

　留置権とは、他人の物の占有者がその物に関して生じた債権を有するとき、その債権の弁済を受けるまでその物を留置できる権利をいう（295条1項本文）。

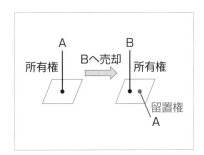

　たとえば、Aが所有する土地をBに売ったところ、Bが未だその代金を支払っていない場合、Aはその土地の上に留置権を取得する。Aは、土地の所有権は失うものの（➡20ページ**ア**）、なお土地に対する留置権という新たな物権を法律上当然に（いいかえればBとの合意なしに）取得するわけである。しっかりとイメージしておこう。

　この留置権は、公平の見地から認められた法定担保物権である。

2　性質と一般的効力　B

　既に学んだとおり、留置権は、付従性、随伴性、不可分性（296条）を有するが、他の担保物権と異なり、物上代位性は有しない（➡152ページ3.）。

　また、優先弁済的効力を有さず、留置的効力のみが認められる（➡153ページ4.）。

ただし、留置権は、競売の買受人に対しても主張できるため（大判昭和 13・4・19 民集 17-758）、事実上の優先弁済的効力は認められる。

> 　留置権者は、被担保債権の弁済がない場合、留置権に基づいて目的物の競売を申し立てることができます（民事執行法 195 条）。ただし、他の担保物権のような優先弁済的効力は有しませんから、その競売での売却代金から法律上優先的に弁済を受けることはできません。
> 　しかし、留置権も物権である以上、絶対性（➡ 4 ページ **3**）を有しますから、その競売の買受人に対しても、留置権者は留置権を主張することができます。「債務者が債務を弁済しないかぎり、この物は渡さない」と、買受人に対しても主張できるわけです。
> 　そうすると、買受人としては、物の引渡しを望む限り、債務者に代わって留置権者に被担保債権を弁済するしかありません。つまり、事実上、留置権者は他の債権者に先立って、優先的に弁済を受けることができるわけです。これが事実上の優先弁済的効力です。

3　同時履行の抗弁権との異同 　B⁺

　留置権は、債権各論で学ぶ同時履行の抗弁権（533 条。その概要は➡総則［第 3 版］39 ページ（**ウ**））と類似する。

　すなわち、①その行使の効果は引渡しの拒絶であり、②その趣旨は公平にある。これらの点で、両者は共通している。

　しかし、留置権は物権であるのに対し、同時履行の抗弁権は債権に伴う権利である点で、両者は根本的に異なる。

　下記の表で両者の相違点をまとめておくので、短答式試験用に確認しておこう。

　なお、留置権と同時履行の抗弁権の両方を有する場合は、そのいずれを行使してもよい（通説）。

【留置権と同時履行の抗弁権の相違点】

	留置権	同時履行の抗弁権
①法的性質	物権 ➡誰にでも主張可	債権に伴う権利 ➡契約の当事者にのみ主張可
②不可分性	あり（296）	なし（一部弁済により縮減）
③代担保の提供による消滅請求権	あり（301） ∵不可分性等からくる不都合性への手当ての必要	なし ∵不可分性なし
④競売申立権	あり（民執 195）	なし

2. 留置権の成立要件

　留置権の成立要件は、①他人の物を占有する者が、②その物に関して生じた債権を有すること（295条1項本文）、③その債権が弁済期にあること（同条1項ただし書）、④占有が不法行為によって始まったものでないこと（同条2項）である。これら4つの要件は、覚えておくのが望ましい。

　留置権は、これらの要件をみたせば、当事者の合意なくして当然に発生する法定担保物権である。

　以下、それぞれの要件を検討しよう。

1　他人の物の占有　Ｂ

　留置権を取得するには、まず、その者が他人の物を占有していることを要する（295条1項本文）。

　「占有」は、自己占有のほか、代理占有をも含む。

2　その物に関して生じた債権を有すること　Ａ

ア　意義

　「その物に関して生じた債権」を有すること（295条1項本文）を、目的物と債権との牽連性という。

　たとえば、①特定物の売主がその物の代金債権を有する場合が典型だが、②他人の物の占有者がその物に対して必要費や有益費を支出し、その償還請求権を有する場合（196条 ➡ 95ページ4.）や、③修理を依頼されて他人の物を占有する者が、その物についての修理契約上の修理代金債権を有する場合にも、目的物と債権との牽連性が肯定される。

　留置権の要件のうち、この牽連性が最も重要である。具体例を通じて、しっかりとイメージをもっておこう。

イ　建物買取請求権に基づく敷地の留置　➡論証20

　この牽連性に関しては、借地人が建物買取請求権（借地借家法13条、14条）を

行使した場合に、建物に加えてその敷地まで留置できるかという問題がある。

（ア）前提知識

この問題を理解するために、前提知識を確認しよう。

まず、地上権または土地の賃借権が借地権（借地借家法 2 条 1 号）にあたる場合には、借地権者は、借地権が消滅したとき等に、土地の所有者に対して建物を買い取るよう請求することができる（同法 13 条、14 条）。これを、**建物買取請求権**という。

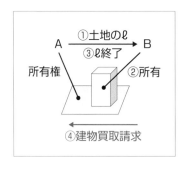

たとえば、① A から A 所有の土地を賃借した後に、②その土地上に建物を建築して所有している B は、③土地の賃貸借契約が終了した際、④ B が所有する当該建物を買い取るよう A に対して請求できるわけである。

そして、かかる建物買取請求権が借地権者によって行使されると、当該建物につき、当然に売買契約が成立する。

したがって、建物買取請求権を行使した B は、建物に対する所有権を失う反面（176 条）、建物の代金債権を取得する（555 条）。そして、その代金債権を被担保債権とする建物に対する留置権を取得する（➡ 155 ページ **1** 参照）。A からの建物の引渡請求に対し、B は、「建物の代金を支払うまでは建物を引き渡さない」と A に対して主張できるわけである。

（イ）敷地の留置の可否

問題は、かかる建物買取請求権に基づく建物に対する留置権に基づいて、その敷地の引渡しまで拒絶することができるか否かである。

確かに、B が有する留置権は建物に対するものであるところ、建物とその敷地は別個の不動産である（➡総則［第 3 版］119 ページ（**ウ**））。とすれば、B は留置権に基づいて建物の引渡しを拒絶できるにとどまり、敷地の引渡しは拒絶できないということになりそうである。

しかし、建物の引渡しは拒絶できるけれどもその敷地の引渡しは拒絶できないと解しては、建物に対する留置権の意味を没却する。建物を手元に留置しつつその敷地は引き渡す、ということは現実問題として不可能だからである。

そこで、建物の引渡しを拒絶できることの反射的効力として、敷地の引渡し

も拒絶できると解するのが妥当であろう。

判例も、同様の結論に立つ（最判昭和 36・2・28 民集 15-2-324）。

> 反射的効力というのは、おまけの効果、というイメージです。
> つまり、もともと B は「建物の代金を支払うまでは、建物を引き渡さない」と A に対して主張することができるわけですが、建物の引渡しの拒絶のためには敷地の引渡しの拒絶も認めることが必要不可欠のため、建物の引渡しを拒絶できることのおまけの効果として、「敷地も引き渡さない」と主張できる、と考えていくわけです。
> なお、この場合も、B は A に対して、**地代相当額の不当利得返還債務**は負います。B はあくまでも敷地の引渡しを拒絶できる（敷地の引渡しの強制執行を拒絶できる）だけであり、無料で敷地を使用できるわけではないからです。この点もあわせて押さえておきましょう。

Q 建物買取請求権に基づく敷地の留置の可否　**A**
　結論：留置できる（判例）。
　理由：建物の引渡拒絶の反射的効力。

ウ　造作買取請求権に基づく建物の留置　➡論証 21

上記**イ**の問題と区別するべき問題として、造作買取請求権（借地借家法 33 条）に基づき建物を留置できるかという問題がある。

（ア）前提知識

建物の賃借人は、賃貸人の同意を得て建物に付加した造作を、賃貸借契約の終了時、賃貸人に対して、買い取るべきことを請求することができる（借地借家法 33 条）。これを、造作買取請求権という。

たとえば、A から建物を賃借している B は、A の同意を得て建物に取り付けたエアコン（これが「造作」である）を、賃貸借契約の終了時に A に対して買い取るよう請求できるわけである。

この造作買取請求権が行使されると、造作につき当然に売買契約が成立する。

したがって、造作買取請求権を行使した者は、造作に対する所有権を失う反面（176 条）、造作の代金債権を取得し（555 条）、さらにその代金債権を被担保債権とする造作に対する留置権を取得する。B は、「エアコンの代金を支払うまではエアコンを引き渡さない」と A に対して主張できるわけである。

（イ）建物の留置の可否

では、かかる造作に対する留置権に基づいて、建物の引渡しまで拒絶できるか。

この点については、157ページ**イ**の場合と異なり、判例はこれを否定する（最判昭和29・1・14民集8-1-16）。

留置権の目的である造作と建物とは別個の物であることに加え、両者には大きな価値の違いがある（当然建物の価値のほうがはるかに高い）以上、建物の引渡しまで拒絶できると解しては、公平に反する。判例は妥当であろう。

> **Q 造作買取請求権に基づく建物の留置の可否　A**
> 結論：留置できない（判例）。
> 理由：①造作と建物は別個の物である。
> 　　　②これを認めると、公平に反する。

エ　所有者と債務者が異なる場合

牽連性の最後に、目的物の所有者と被担保債権の債務者とが異なる場合について検討する。

（ア）留置権の成立後に異なるに至った場合

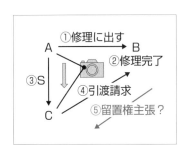

たとえば、①Aが、自らの所有するカメラをBに修理に出し、②Bが修理を完了させたが、③その修理代金が支払われていない段階で、AがそのカメラをCに譲渡したため、④CがBに対してその引渡しを請求したとする。かかる請求に対し、Bは、⑤修理代金債権を被担保債権とする留置権をCに対して主張できるか。

この場合、②Bが修理を完了させ、Aに対する修理代金債権を取得した時点で、留置権の要件がみたされ、Bはそのカメラに対する留置権を取得する（この時点でのカメラの所有者は債務者Aである点に注意）。

そして、留置権も物権である以上、絶対性（➡4ページ**3**）を有するから、Bは誰に対してもかかる留置権を主張できる。

したがって、Bは、その後の譲受人であるCに対しても、カメラに対する留

置権を主張することができる。「Ａが修理代金を支払うまで、このカメラを引き渡さない」とＢはＣに対して主張できるわけである。

このように、留置権が成立した後に、その目的物の所有者（返還請求権者）と被担保権の債務者とが異なるに至った場合でも、留置権者はなお留置権を主張することができる。

（イ）留置権が成立するべき時点で既に異なる場合　➡論証22

それでは、留置権が成立するべき時点で、既に目的物の所有者と被担保債権の債務者とが異なる場合はどうか。

a　問題の所在

この問題は、二重譲渡で負けた者が留置権を主張できるかというかたちで具体化することが多い。

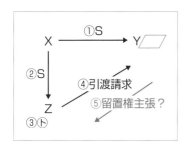

たとえば、①Ｘ所有の甲土地がＹに譲渡され引き渡されたが、②Ｙがその登記を備える前に、Ｘが背信的悪意者でないＺにも甲土地を譲渡し、③Ｚが登記を備えた。この時点で、Ｚは完全な所有権を取得し、Ｙは所有権を失う。

では、④その後のＺからの引渡請求に対し、⑤ＹはＸに対する損害賠償請求権を被担保債権とする留置権を主張できるのだろうか。

b　検討

確かに、Ｚが登記を備えた③の時点で、ＹはＸに対し、履行不能を理由とする損害賠償請求権を取得する（415条）。したがって、Ｙは甲土地に関する債権を有するといえ、抽象的には牽連性が認められる。

しかし、そもそも留置権は、間接的に債務の弁済を促すという機能を有する担保物権である。ところが、留置権が成立するべき時点で、既に返還請求権者と債務者とが別人であった場合には、かかる機能が妥当しない。

そうだとすれば、留置権が成立するべき時点において、返還請求権者と被担保債権の債務者とが同一人である場合に限り、牽連性を肯定するのが妥当であろう。

これを上記の事案でみるに、Ｙの留置権が成立するべき時点において、返還

請求権者は Z だが、被担保債権である損害賠償請求権の債務者は X である。

したがって、この事案においては実質的には牽連性が認められず、留置権は成立しない。

判例も、同様の事案において留置権の成立を否定している（最判昭和 43・11・21 民集 22-12-2765）。

> この事案では、Z が出現するまでは、Y に留置権があるか否かは全く問題となりません。土地の売主 X が買主 Y に対して土地の返還を請求することはあり得ないからです。Y に留置権があるか否かが問題となるのは、登記を備えた第三者である Z が出現した時点からです。
> そして、その時点で、既に被担保債権の債務者と、所有者（返還請求権者）とがズレてしまっています。そのため、実質的にみて牽連性がないと考えていくわけです。
> ちなみに、（ア）の事案では、修理工の B に留置権があるか否かが問題となるのは、B が修理を完了し、修理代金債権を取得した時点です。そして、その時点での所有者（返還請求権者）と修理代金債権の債務者は、ともに A です。したがって、牽連性は何の問題もなく認められ、後は物権の絶対性により C にも留置権を主張できるという結論に至ることになります。（ア）と（イ）の事案の違いを、しっかりと理解しておきましょう。

Q 留置権が成立するべき時点で所有者と債務者が異なる場合、留置権は認められるか **B⁺**

結論：認められない（判例）。

理由：牽連性とは、留置権を取得する者と相手方との間に、物の占有者がその物の価値を増しまたはその物から損害を被ったので、その物の返還を請求する者に対して利得の償還または損害の賠償を受けるまで引渡しを拒絶して、間接に弁済を促す関係が存在することを意味するところ、かかる関係が存在しない（我妻）。

3 債権が弁済期にあること **B⁺**

留置権は、その被担保債権が弁済期にないと成立しない（295 条 1 項ただし書）。

この要件が要求されるのは、留置権は債務者に対して心理的圧迫をかけ、被担保債権の弁済を間接的に強制するための物権であるところ（➡154 ページ **2**）、被担保債権が弁済期にない時点では、未だ被担保債権の弁済を強制できないからである。

有益費償還請求権に期限が許与された場合（196 条 2 項ただし書、608 条 2 項ただし書）は、その期限が到来するまではこの要件が否定され、留置権は成立し

ない（196 条 2 項ただし書につき ➡ 96 ページ **2**）。

4　占有が不法行為によって始まったものでないこと　B⁺

ア　意義

　占有が不法行為によって始まった場合には、留置権は成立しない（295 条 2 項）。不法占有者は保護に値しないからである。

　たとえば、建物の不法占有者が建物に対して必要費や有益費を支出しても、留置権は成立しない（不法占有者にも必要費や有益費の償還請求権自体は発生する点に注意。➡ 96 ページ **1**、**2** 参照）。

イ　占有後の不法行為　➡論証 23

　では、占有が不法行為によって始まったわけではないものの、途中から不法行為となった場合はどうか。

　たとえば、AB 間の建物賃貸借契約により建物を占有していた B が、賃貸借契約が終了したにもかかわらず、その建物を不法に占有し続けているとする。その後、かかる B が、建物につき必要費を支出した。この場合、B は留置権を取得するか。

　確かに、B の占有は賃貸借契約により適法に始まっているから、295 条 2 項が直接適用されることはない。

　しかし、295 条 2 項の趣旨は、不法占有者は保護に値しないという点にあるところ、この趣旨は、途中から不法占有者となった者にも妥当する。

　したがって、不法占有者に故意または過失がある限り、295 条 2 項の類推適用により、留置権は成立しないと解するのが妥当である。

　判例も同様である（故意の場合につき大判大正 10・12・23 民録 27-2175、過失の場合につき大判昭和 13・4・16 判決全集 5 - 9 - 9 ）。

3. 留置権の効力

1 留置的効力) A

留置権者は、被担保債権の弁済を受けるまで、留置権の目的物を留置することができる（295条1項本文）。

この留置的効力は、留置権の本来的効力である。

2 引換給付判決) B

物の引渡・明渡請求訴訟において、留置権者たる被告が留置権を行使すると、引換給付判決がなされる。

たとえば、「被告は、原告に対し、甲建物を明け渡せ」との判決を求める訴訟において、被告が甲建物につき100万円の必要費償還請求権を被担保債権とする留置権を有する場合、被告がその留置権を行使すると、裁判所は、「被告は、原告から100万円の支払を受けるのと引換えに、原告に対し、甲建物を明け渡せ」との判決をなすことになるわけである。

なお、裁判所がこの引換給付判決をなすには、単に被告が留置権を有するだけでは足らず、さらに被告が留置権を行使することが必要である（最判昭和27・11・27民集6-10-1062）。民事訴訟法で再び学ぶが、早めに覚えておくとベターである。

3 競売申立権) B

留置権者には、目的物の競売申立権が認められる（民事執行法195条）。

もっとも、他の担保物権と異なり、留置権には法律上の優先弁済的効力はない。競売の買受人が支払った代金から、法律上優先的に弁済を受ける（代金を受け取った裁判所から優先的に配当を受ける）ことはできないわけである。

ただし、留置権者は、競売の買受人に対しても留置権を主張できるため（大判昭和13・4・19民集17-758）、事実上の優先弁済を受けることはできる（➡155ページ **2**）。

4　果実収取権) B⁺

　留置権者は、留置物から生ずる果実を収取し、他の債権者に先立って、自己の債権の弁済に充当することができる（297条1項）。これは覚えておこう。

　果実を弁済に充当する場合、まず被担保債権の利息に充当し、なお残余があるときは元本に充当する（297条2項）。

> 　たとえば、被担保債権の元本が10万円、その利息債権が1万円だとして、留置権の目的物から3万円の果実が生じた場合、その3万円はまず利息債権の1万円に充当され、残りが元本の10万円に充当されます。結果として、利息債権は消え、被担保債権は残り8万円となります。
> 　このように、留置権者が果実を収取すると、その分、債権が減ることになります。この点で、留置権者の果実収取権は、完全な果実収取権ではありません。あくまでも債権に充当できる権利にとどまります。
> 　なお、不動産質権者の果実収取権（356条）は、完全な果実収取権です。このことも含めて、短答式試験用にしっかりと押さえておきましょう。

5　目的物の保管・使用等) B⁺

ア　善管注意義務

　留置権者は、善良な管理者の注意をもって、留置物を占有しなければならない（298条1項）。

　留置権者は、被担保債権が弁済されれば留置物を所有者に返還しなければならない地位にある以上、返還に備えて善管注意義務を負うのは当然といえよう。

イ　使用・賃貸・担保提供の禁止

　留置権者は、原則として、留置物の使用や賃貸をすることができず、留置物を担保に提供することもできない（298条2項本文）。

　ただし、①債務者の承諾を得れば、これらの行為をすることができる（298条2項本文）。

　また、②債務者の承諾がなくとも、その物の保存に必要な使用をすることはできる（298条2項ただし書）。たとえば、サビの発生を防止するために、留置している機械をときどき動かして使用する場合がこれにあたる。

ウ 違反の効果

留置権者が上記**ア・イ**の各義務に違反した場合、債務者は、①留置権の消滅を請求することができる（298条3項）。

留置権は当然に消滅するわけではなく、債務者からの請求（意思表示）があって初めて消滅する点に注意しておこう（最判昭和33・1・17民集12-1-55参照）。

また、留置権者が上記**ア・イ**の各義務に違反し、債務者に損害が発生した場合、債務者は、②留置権者に対して債務不履行に基づく損害賠償を請求することができる（415条）。

> 以上の298条の各規定は、短答式試験用に重要です。例外や違反の効果を含めて、ぜひ押さえておいてください。
> なお298条のいう「債務者」は、通常は被担保債権の債務者を指しますが、被担保債権の債務者と留置物の所有者が別人の場合（➡ 160ページエ）は、留置物の所有者を指すと解することになります（通説）。

6 費用償還請求権 B

ア 必要費

留置権者は、留置物について必要費を支出したときは、所有者にその償還をさせることができる（299条1項）。

一般的な必要費償還請求権（196条1項）とは異なり、果実を収取して債権の弁済にあてた場合（➡ 165ページ**4**）でも、常に必要費の償還請求が認められる点がポイントである。

イ 有益費

留置権者は、留置物について有益費を支出したときは、これによる価格の増加が現存する場合に限り、所有者の選択に従い、その支出した金額または増価額を償還させることができる（299条2項本文）。ただし、裁判所は、所有者の請求により、その償還について相当の期限を許与することができる（同項ただし書）。

一般的な有益費償還請求権（196条2項）とは異なり、期限の許与につき留置権者の善意・悪意を問わない点がポイントである。

ウ　留置権の取得

　これらの償還請求権を被担保債権とした留置権も認められる（最判昭和33・1・17民集12−1−55）。

　有益費につき相当の期限が許与された場合は、もちろん留置権は否定される（➡ 162ページ **3**）。

4. 留置権の消滅

　他の担保物権と同様に、留置権は、被担保債権の消滅により消滅する（消滅における付従性 ➡ 152ページ **1**）。

　これに加えて、留置権の消滅に関しては、以下の各規定がある。

1　被担保債権の消滅時効　 B

　留置権の行使は、被担保債権の消滅時効の進行を妨げない（300条）。

　この条文のいう「留置権の行使」とは、目的物を留置するという意味である。すなわち、債権者が目的物を留置しているだけでは、被担保債権の消滅時効の完成猶予等の効果は生じないわけである。債権者が目的物を留置しているだけでは、被担保債権の履行を請求する意思が表明されているとはいえないから、というのがその趣旨である。

　なお、物の引渡請求訴訟において被告が留置権の抗弁を主張し、この主張が裁判所に認められた場合は、147条2項の更新の効果は生じないとしつつ、被担保債権の履行を請求する意思が表明されていることは明らかであると解し、147条1項1号の（または150条の）完成猶予の効果が生じるとする見解が有力である（最大判昭和38・10・30民集17−9−1252 参照 ➡ 総則［第3版］310ページ **カ**）。

2　代担保提供による消滅請求　 B

　債務者は、相当の担保を供して、留置権の消滅を請求することができる（301条）。

留置物の価格のほうが被担保債権額よりも著しく高いことがありうるところ、そうした不公平を是正する趣旨である。

> たとえば、1000万円の家屋につき、その引渡しを受けて修繕した業者が、修繕費としてわずか10万円の債権を有する場合でも、その業者は家屋全体を留置することができます。修繕費が1000万円だったところ、そのうち990万円が支払済みの場合も同様です（不可分性。296条）。しかし、こうした事態は、不公平となりかねません。
> そこで、他の担保を提供するかわりに、留置権を消滅させることができるとしたわけです。

留置権者に提供する「相当の担保」は、物的担保でも人的担保でもよい。

ただし、留置権の消滅が認められるためには、留置権者が担保の提供に対して承諾することが必要である（通説）。留置権者がかかる承諾をしない場合は、債務者は、留置権者の承諾に代わる裁判（414条1項、民事執行法177条）を求めることとなろう。

3　善管注意義務違反等による消滅請求　**B**

前述したとおり、留置権者の善管注意義務違反等があった場合、消滅請求権が発生する（298条3項 ➡ 166ページ**ウ**）。

この消滅請求権が行使されると、留置権は消滅する。

4　占有の喪失　**A**

ア　占有の喪失の効果等

留置権は、占有の喪失によって消滅する（302条本文）。物の占有は、留置権の成立要件であると同時に、その存続要件でもあるわけである。

物の「占有」は、直接占有のほか、間接占有でも認められる。したがって、債務者の承諾を得たうえで、留置権者が留置物を賃貸して引き渡したり、質入れした場合も、留置権者の「占有」は認められ、留置権は消滅しない（302条ただし書）。

債務者の承諾を得ないでこれらの行為をした場合も、留置権者の「占有」自体は認められ、それだけでは留置権は消滅しない。ただし、298条3項の消滅請求の対象となる（➡ 166ページ**ウ**）。

イ　留置権者による返還請求等

　留置権者が占有を失った場合、留置権者による留置権に基づく返還請求権は認められない。占有が留置権の存続要件だからである（302 条本文）。

　ただし、留置物の占有を奪われた場合は、占有回収の訴えを行使することはできる。これにより占有を回復すれば、占有は継続していたものとみなされるため（203 条ただし書）、留置権も消滅しなかったことになる。

> 　これに対し、留置権者が留置物を債務者に任意に返還したり、留置物を遺失した場合は、占有回収の訴えを行使することができませんから（➡ 99 ページ（イ））、留置権は消滅します。

第 3 章

先取特権

1. 意義　B

　先取特権とは、法律の定める特殊の債権を有する者に認められる法定担保物
権である。

　民法が認める先取特権は、その目的（対象）により、①債務者の総財産を目
的とする一般先取特権（条文では「一般の先取特権」）、②特定動産を目的とする
動産先取特権（条文では「動産の先取特権」）、③特定不動産を目的とする不動産
先取特権（条文では「不動産の先取特権」）に分類される。

　先取特権は、担保物権の中では比較的重要性が低いが、最低限のポイントは
押さえておく必要がある。以下、試験に必要な限度で概観していこう。

2. 一般先取特権

1　意義　B

　一般先取特権は、債務者の総財産を目的とする先取特権である（306条）。

　この一般先取特権は、債務者の総財産を目的とし、しかも通常は公示を伴わ
ないことから、他の債権者を害しうる。そのため、法はその被担保債権を次に
述べる小口のものに限定するとともに、原則として一般先取特権を他の先取特

2　一般先取特権の発生原因) **B**

　一般先取特権は、①共益の費用、②雇用関係、③葬式の費用、④日用品の供給を原因とする債権が発生した場合に、その債権者のもとに発生する（306 条）。これらの発生原因は、「今日こそ日曜」という語呂合わせで覚えておこう。

　以下、個別に説明する。

ア　共益の費用

　共益の費用を支出した債権者は、かかる共益の費用の償還請求権を被担保債権とする一般先取特権を取得する（306 条 1 号、307 条）。

　「共益の費用」とは、各債権者の共同の利益のために支出された、債務者の財産の保存、清算または配当に関する費用をいう（307 条 1 項）。

　たとえば、債権者の 1 人が債務者の詐害行為を取り消す（424 条以下）ために支出した費用が、その典型である（425 条参照）。

　なお、共益の費用が、総債権者ではなく一部の債権者のみの利益になった場合は、利益を受けた債権者との関係でのみ一般先取特権が発生する（307 条 2 項）。つまり、共益の費用を支出した債権者は、利益を受けた債権者との関係でのみ、優先弁済権を主張することができるにとどまるわけである。

イ　雇用関係

　雇用関係に基づいて生じた債権を有する使用人（労働者）は、一般先取特権を取得する（306 条 2 号、308 条）。労働者の生活を保護する趣旨である。

　「雇用関係」に基づいて生じた債権の典型は給料債権だが、賞与債権や退職慰労金債権もこれに含まれる。

ウ　葬式の費用

　葬式の費用に関する債権者は、債務者の遺産・財産に対して、一般先取特権を取得する（306 条 3 号、309 条）。貧困な債務者であっても葬式を行えるようにする趣旨である。

　「葬式の費用」とは、債務者自身または債務者の扶養すべき親族のためにな

された葬式の費用のうち、相当な額をいう（309条1項、2項）。相当な額に限定されている点に一応注意しよう。

エ　日用品の供給

　日用品の供給を原因とする代金債権の債権者は、一般先取特権を取得する（306条4号、310条）。債務者による最低限度の生活の維持を可能にする趣旨である。

　「日用品の供給」とは、債務者自身または債務者の扶養すべき同居の親族および家事使用人の生活に必要な飲食料品、燃料および電気の供給のうち、最後の6か月分をいう（310条）。最後の6か月分に限定されている点に一応注意しよう。

3　177条の特則　B

　一般先取特権の目的の中に不動産がある場合、その不動産に対する一般先取特権については、原則通り登記することができる（177条）。

　ただし、かかる登記をしなくても、その不動産に対して担保を有しない一般債権者や、その不動産に対して担保を有するものの登記をしていない債権者に対しては、その不動産に対する一般先取特権を対抗することができる（336条）。

　この規定は、一般先取特権の被担保債権が小口のものに限定されていること、および登記を要求するのが実際上困難なことに照らした177条の特則である。

3. 動産先取特権

　動産先取特権の被担保債権は、311条各号が定める原因によって生じた債権に限定される。

　以下、必要なものに絞って検討しよう。

1 不動産の賃貸 (311条1号) 　B

ア　意義

　不動産の賃貸人は、その不動産の賃貸借関係から生じた賃借人の債務に関し、賃借人の一定の動産に対する先取特権を取得する（312条）。

　たとえば、AがBに対して建物を賃貸しているところ、Bが賃料を支払わない場合、Aは、その賃料債権を被担保債権として、Bの一定の動産に対して当然に先取特権を取得するわけである。

イ　被担保債権の範囲

　被担保債権には、賃料債権のほか、損害賠償債権などを含む。

　ただし、賃貸人が賃借人から敷金を受け取っている場合は、その敷金で弁済を受けられない債権の部分についてのみ先取特権を有する（316条）。敷金は賃借人の債務の担保の性質を有するため、まずは敷金から充当せよとの趣旨である。

ウ　目的物の範囲

　①土地の賃貸人の先取特権は、その土地に備え付けられた動産、その土地の利用のための建物に備え付けられた動産、その土地の利用に供された動産、および賃借人が占有するその土地の果実に及ぶ（313条1項）。

　②建物の賃貸人の先取特権は、賃借人がその建物に備え付けた動産に及ぶ（313条2項）。

　この「建物に備え付けた動産」とは、建物の賃借人がその建物内にある期間継続して存置するために持ち込んだ動産をいう。建物の賃借人によって建物内に持ち込まれた金銭、有価証券、宝石類等もこれにあたる（大判大正3・7・4民録20-587）。

エ　目的物の範囲の拡張

　①賃借権が譲渡された場合や、転貸がなされた場合は、賃貸人の先取特権は、賃借権の譲受人や転借人の動産、および賃借権の譲渡人や転貸人が受けるべき金銭にも及ぶ（314条）。

②不動産の賃貸の先取特権には、即時取得の規定が準用される（319条）。したがって、たとえば建物の賃借人が建物に備え付けた動産（313条2項）が他人の所有物であっても、善意無過失の賃貸人は、かかる動産に対する先取特権を取得する。

オ　地上権等への準用

以上の不動産の賃貸の先取特権は、地上権の地代や永小作権の小作料を被担保債権とする場合にも認められる（266条2項、273条）。

2　動産の保存（311条4号）　B⁻

動産の保存のための費用や、動産に関する権利の保存・承認・実行のための費用を支出した者は、かかる費用に関し、その動産に対する先取特権を取得する（320条）。

たとえば、他人の動産に対して修繕費を支出した者は、その動産に対する先取特権を取得するわけである。

この動産の保存の先取特権は、留置権（➡155ページ以下）や共益の費用の一般先取特権（➡171ページア）と競合することが多い。

3　動産の売買（311条5号）　B⁺

動産の売主は、その動産の代価およびその利息に関し、その動産に対する先取特権を取得する（321条）。この動産売買先取特権は、やや重要である。

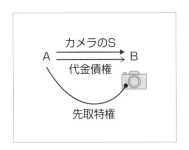

たとえば、AがBに中古のカメラを売った場合、Aはカメラの代金債権およびその利息を被担保債権とする、そのカメラに対する先取特権を取得するわけである。

動産の引渡前であれば、動産の売主は留置権や同時履行の抗弁権（533条）により保護されるが、動産の引渡しによってこれらの権利が消滅（留置権につき➡168ページア）

した後にも、売主はこの動産売買先取特権によって保護される。このように、動産売買先取特権は、動産の引渡し後において大きな実益を有する。

4. 不動産先取特権

1 意義 C

不動産先取特権は、①不動産の保存、②不動産の工事、③不動産の売買から生じた債権について、その不動産に対して発生する（325条）。

なお、これらの不動産先取特権の効力を保存するには、登記が必要とされる。しかも、その登記は、①については保存行為後直ちに、②については工事を始める前に、③については売買契約と同時になすことが必要とされており（337条、338条1項前段、340条）、きわめて煩雑である。そのため、実務では、不動産先取特権はほとんど活用されていない。

以下の説明は、時間のあるときに一読しておけば足りる。

2 不動産の保存 C

不動産の保存のための費用、または不動産に関する権利の保存・承認・実行のための費用を支出した者は、その費用に関し、その不動産に対する先取特権を取得する（326条）。

たとえば、甲建物の修繕費を支出したAは、「不動産の保存のための費用」を支出した者として、甲建物に対する先取特権を取得する。また、乙土地の不法占有者Xの取得時効を阻止するべく費用を支出して訴えを提起したBは、「不動産に関する権利の保存のための費用」を支出した者として、乙土地に対する先取特権を取得する。

ただし、前述したとおり、この不動産の保存の先取特権の効力を保存するには、保存行為後、直ちに登記することを要する（337条）。この登記は、対抗要件ではなく、先取特権の発生要件である（大判大正6・2・9民録23-244）。

かかる登記をした不動産の保存の先取特権は、先に登記した抵当権よりも優先される（339条）。不動産の保存は、抵当権者の利益にもなる行為だからである。

3 不動産の工事 ）🄲

不動産の工事の設計・施工・監理をする者は、その不動産に関して行った工事の費用に関し、その不動産に対する先取特権を取得する（327条1項）。

ただし、この先取特権は、工事によって生じた不動産の価格の増加が現存する場合に限り、その増価額についてのみ存在する（327条2項）。

工事を始める前に、その費用の予算額を登記することを要する（338条1項前段）。実際にかかった工事の費用がその予算額を超えても、その超過額については先取特権は認められない（338条1項後段）。

登記をした不動産の工事の先取特権は、不動産の保存の先取特権と同様、先に登記をした抵当権よりも優先される（339条）。

4 不動産の売買 ）🄲

不動産の売主は、その不動産の代価およびその利息に関し、その不動産に対する先取特権を取得する（328条）。

ただし、売買契約と同時に、不動産の代価またはその利息の弁済がされていない旨を登記しなければならない（340条）。

5. 先取特権の競合

同じ財産の上に複数の先取特権が存する場合、その順位は次の基準で決定される。

1 一般先取特権相互間 ）🄱

まず、複数の債権者の一般先取特権が競合する場合は、その順位は、306条各号に掲げられた順序に従う（329条1項）。

つまり、①共益の費用、②雇用関係、③葬式の費用、④日用品の供給の順で、優先順位が決まるわけである。

2　一般先取特権と他の先取特権の競合　B

次に、一般先取特権と他の先取特権（動産先取特権・不動産先取特権）とが競合する場合は、原則として他の先取特権が優先される（329条2項本文）。

ただし、一般先取特権のうち、共益の費用の先取特権だけは、他の先取特権よりも優先される（329条2項ただし書）。

3　動産先取特権の競合　B-

同一の動産について複数の債権者の動産先取特権が競合する場合は、原則として、①不動産の賃貸等、②動産の保存、③動産の売買等の順で優先順位が決まる（330条1項）。

ただし、第1順位者が、その債権を取得した時点で後順位の先取特権者がいることを知っていたときは、その後順位の先取特権者に劣後する（330条2項前段）。

また、第1順位者は、第1順位者のために物を保存した者に劣後する（330条2項後段）。

4　不動産先取特権の競合　B-

同一の不動産について複数の債権者の不動産先取特権が競合する場合は、①不動産の保存、②不動産の工事、③不動産の売買の順で優先順位が決まる（331条1項）。

同一の不動産について売買が順次なされたため、不動産の売買の先取特権が競合する場合は、売買の前後によって順位が決まる（331条2項）。

5　同一順位の先取特権相互間　B-

同一の目的物について同一順位の先取特権者が数人いる場合は、各先取特権者は、その債権額の割合に応じて弁済を受ける（332条）。

6. 先取特権の効力

1 優先弁済的効力) B

先取特権は、優先弁済的効力を有する（303条）。

具体的には、目的物の競売を申し立て（民事執行法181条、190条、193条）、その売却代金から他の債権者に先立って弁済を受けるという方法で優先弁済を受けるのが通常である。

2 物上代位性) A

このように、優先弁済的効力を有することから、先取特権には、物上代位性が認められる。

すなわち、先取特権は、その目的物の売却、賃貸、滅失または損傷によって債務者が受けるべき金銭その他の物に対しても、行使することができる（304条1項本文）。

物上代位のイメージを、再度しっかりと確認しておこう（➡ 153ページ **4**）。

ア 物上代位が認められる先取特権

先取特権のうち、一般先取特権は、そもそも債務者の総財産に及ぶため、物上代位は問題とならない。

動産先取特権や不動産先取特権では、物上代位が問題となるが、特に動産先取特権（➡ 172ページ3.）には追及力がないため（333条 ➡ 次ページ**ア**）、物上代位を認める実益が大きい。

> 物権は、その目的物が第三者に譲渡されても、なお第三者のもとで存続するのが通常です。たとえば、AがB所有の土地に登記された抵当権を有していたところ、Bがその土地をCに譲渡しても、CのもとでAの抵当権はなお存続し続けます。こうした物権の性質を、**物権の追及力**（または追及効）といいます。
> ところが、動産先取特権には、こうした追及力が認められていません。債務者が動産先取特権の対象となっている動産を第三者に譲渡し引き渡してしまったら、動産先取特権者は、もはや先取特権を行使する（競売にかけて優先弁済を受ける）ことができなくなってしまう

のです（333条）。そのため、目的動産が譲渡され第三者に引き渡された場合は、動産先取特権者に代金債権への物上代位を認める実益が高いわけです。

イ　物上代位の要件

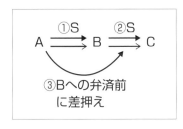

①S
A ──→ B ②S ──→ C
③Bへの弁済前
に差押え

　先取特権者が物上代位権を行使するには、その払渡しまたは引渡しの前に差押えをしなければならない（304条1項ただし書）。

　たとえば、動産が①AからB、②BからCへ順次売却された場合、Aが、動産売買先取特権（➡174ページ **3**）に基づきBのCに対する代金債権に対して物上代位権を行使するためには、③CがBに代金を支払う（払い渡す）前に、その代金債権を差し押さえなければならないわけである。

　その趣旨、内容などは、抵当権の箇所で詳しく学ぶが（➡207ページ **4.**。特に211ページ **3**）、この要件自体は早めに覚えておこう。

3　動産を目的とする先取特権と第三取得者との関係　Ａ

ア　333条

　動産を目的とする先取特権は、債務者がその目的である動産をその第三取得者に引き渡した後は、その動産について行使することができない（333条）。この規定は重要である。

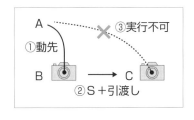

A
③実行不可
①動先 ×
B ──→ C
②S＋引渡し

　たとえば、AがBに中古のカメラを売却したため、当該カメラに対する動産先取特権を取得したところ、Bが当該カメラをCに売却して引き渡したとする。この場合、Aは当該カメラに対する動産先取特権を実行することができなくなるわけである。

　この333条の趣旨は、動産を目的とする先取特権（動産先取特権のほか、一般先取特権のうち動産を目的とするものも含む）は公示を伴わないため、その目的となっている動産の第三取得者を保護することにある。しっかりと押さえておこ

う。

　なお、この333条が適用される場合、先取特権者は先取特権を実行することはできなくなるが、物上代位権を行使することはできる。上記のAは、先取特権を実行することはできなくなるものの、CがBに代金を支払う前に代金債権を差し押さえて物上代位権を行使することはできるわけである。

イ　「第三取得者」

　333条の「第三取得者」とは、目的である動産の譲受人をいう。つまり、目的物の所有権を取得した者をいうわけである。この点は覚えておこう。

　なお、条文の文言に限定がない以上、その善意・悪意は問わない（通説）。

ウ　「引き渡し」と占有改定

　333条の「引き渡し」に占有改定（➡ 70ページ **3**）が含まれるかについては争いがあるが、占有改定が含まれるとするのが判例（大判大正6・7・26民録23-1203）である。しっかりと覚えておこう。

　第三取得者は、譲り受けた動産に先取特権が付着しているか否かを判断しにくい立場にある以上、その保護の要件はゆるやかに解するのが妥当である。判例は妥当であろう。

> **Q** 333条の「引き渡し」に占有改定が含まれるか　**B⁺**
> 結論：含まれる（判例・通説）。
> 理由：第三取得者は、譲り受けた動産に先取特権が付着しているか否かを判断しにくい立場にあるから、占有改定を受けたにとどまる場合であっても保護するのが妥当である。

4　動産質権との競合　**B⁻**

　動産を目的とする先取特権と動産質権（➡ 186ページ 2.）とが競合する場合は、動産質権者は330条に掲げた第1順位の先取特権者（➡ 177ページ **3**）と同一の順位とされる（334条）。

　たとえば、建物の賃借人がその所有する家具を質入れした場合、その家具に対する不動産の賃貸の先取特権と質権とは同順位となる。そのため、各債権者は、その債権額の割合に応じて弁済を受けることになる（332条）。

第 4 章

質権

1. 質権総論

1 意義 Ⓐ

　質権とは、債権の担保として債務者または第三者から受け取った物を債権者が占有し、その物について他の債権者に先立って自己の債権の弁済を受ける権利をいう（342条）。

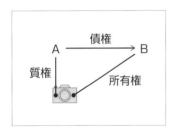

　たとえば、AのBに対する100万円の貸金債権の担保のため、債務者Bが所有するカメラに質権を設定する旨の契約がAB間で締結され、BがカメラをAに手渡すと、Aはそのカメラに対する質権を取得する。この質権に基づき、Aは弁済があるまでカメラを留置できるし、債務が弁済されない場合はカメラを競売にかけてその売却代金から優先弁済を受けることもできるわけである。

2 性質と一般的効力 Ⓐ

　既に学んだとおり、質権は、付従性、随伴性、不可分性（350条・296条）、物上代位性（350条・304条）の各性質を有する。

　また、質権は、留置的効力とともに、優先弁済的効力を有する（342条）。

　したがって、質権は、①債務者に心理的圧迫を加え債務の弁済を間接的に強制する機能、および②債務の弁済がないときに目的物から優先弁済を受ける機

能を有する。

3 成立要件 Ａ

ア 質権設定契約

およそ質権は約定担保物権であるから、その成立には質権設定契約が必要である（176条）。

イ 要物契約

加えて、質権設定契約は、要物契約である。すなわち、質権の設定は、当事者間の合意だけでは足りず、さらにその目的物を債権者に引き渡すことによってその効力を生ずる（344条）。

占有改定は、この引渡しにあたらない（345条）。占有改定がなされただけでは、質権の留置的効力が無意味となるからである。これはしっかりと覚えておこう。

ウ 物上保証人とその求償権

質権は、債権者と債務者との間の質権設定契約のほか、債権者と債務者以外の第三者との間の質権設定契約によっても発生する。この場合の第三者を、物上保証人という。

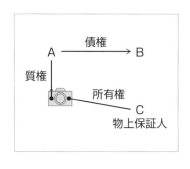

たとえば、債権者Ａの債務者Ｂに対する債権の担保として、第三者ＣがＡとの間でＣ所有のカメラにつき質権を設定する旨の契約を締結し、そのカメラをＡに引き渡すと、Ａはそのカメラに対する質権を取得する。

物上保証人が債務者の債務を弁済し、または質権の実行によって質物の所有権を失ったときは、物上保証人は、保証債務に関する規定に従い、債務者に対する求償権を取得する（351条・459条から465条）。

たとえば、上記の事案でＣのカメラがＡによって競売にかけられ、Ｃがその所有権を失った場合、ＣはＢに対して肩代わり分の金銭の支払を請求できるわ

けである。

エ　質権の目的

　質権の目的は、動産（352条以下）、不動産（356条以下）、権利（362条以下）の3種に分かれる。

　そのいずれであっても、譲渡ができない物ないし権利を質権の目的とすることはできない（343条、362条2項）。

4　転質　Ｂ

ア　意義

　転質とは、質権者が質物をさらに他人に質入れすることをいう。

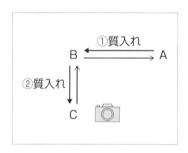

　たとえば、Aから引き渡されたカメラに対して質権を有するBが、自らのCに対する債務の担保として、Cに対してさらにそのカメラを質入れする場合がこれにあたる。

　そして、この場合に、Bがもともと有する質権を原質権といい、Cが取得した質権を転質権という。

　転質には、①質権者が質権設定者の承諾を得て質物を転質とする承諾転質と、②質権者が自己の責任で質物を転質とする責任転質がある。②の責任転質も、348条により認められている。

　①の承諾転質の要件・効果等は、質権設定者の承諾によって決せられる。そのため、特に問題はない。

　問題は、②の責任転質についてである。以下、検討していこう。

イ　責任転質の法的性質

　責任転質の法的性質をめぐっては、学説が多岐に分かれる。短答式試験用に代表的な見解を概説しておこう。

　なお、これらの見解は、読んで理解できれば足りる。

（ア）債権・質権共同質入説

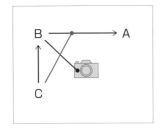

第1の見解は、責任転質は原質権の被担保債権の質入れであり、原質権は付従性によって転質の目的となるとする。

しかし、質権者が自らの有する債権を質入れできるのは当然であり（➡190ページ4.）、348条が特に定められた理由を説明できないとの批判がある。

（イ）質権再度設定説

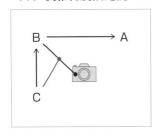

第2の見解は、責任転質は原質権の質入れであるとする。

しかし、原質権の再度の質入れは権利質（➡190ページ4.）にほかならず、やはり348条が特に定められた理由を説明できないとの批判がある。

（ウ）質権移転説

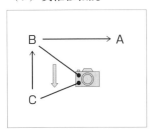

第3の見解は、責任転質は原質権の移転（譲渡）であるが、その移転には、転質の被担保債権が消滅することが解除条件（➡総則［第3版］279ページ1.）として付されており、転質の被担保債権が消滅すれば原質権は原質権者に復帰するとする。

しかし、転質が質入れなのに質権の譲渡とみるのは妥当でないとの批判や、転質により原質権者が質権を失うのは妥当でないとの批判がある。

（エ）質物再度質入説（通説）

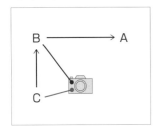

第4の見解は、責任転質は質物の再度の質入れ（より厳密には、原質権が把握していた担保価値に質権を設定すること）であるとする。この見解が通説である。

348条の「質物について、転質をすることができる」との文言からして、この通説が妥当で

あろう。

　なお、この見解に対しては、質物の所有者でない質権者が、なぜ質物を質入れする権原を有するのか説明できないとの批判がある。

❓ 責任転質の法的性質　B

A説 **債権・質権共同質入説**（柚木・高木）

結論：転質は原質権の被担保債権の質入れであり、原質権は付従性によって転質の目的となる。

批判：質権者が自らの有する債権を質入れできるのは当然であり、348条が特に定められた理由を説明できない。

B説 **質権再度設定説**（田島）

結論：転質は原質権の質入れである。

批判：A説への批判と同じ。

C説 **質権移転説**（梅）

結論：転質は原質権の移転（譲渡）であるが、その移転には、転質の被担保債権が消滅することが解除条件として付されており、転質の被担保債権が消滅すれば原質権は原質権者に復帰する。

批判：①転質が質入れなのに質権の譲渡とみるのは妥当でない。
　　　②転質により原質権者が質権を失うのは妥当でない。

D説 **質物再度質入説**（我妻など通説）

結論：転質は質物の再度の質入れである。

理由：348条の「質物について、転質をすることができる」との文言。

批判：質物の所有者でない質権者が、なぜ質物を質入れする権原を有するのか説明できない。

ウ　責任転質の要件

　責任転質を行うには、通常の質権の要件をみたす必要がある。占有改定以外の引渡しも当然必要である。

　原質権の設定者（上記アのA）の承諾は不要である（348条前段）。

　原質権の債権額や存続期間を超える転質も有効であるが、かかる場合、転質権者は、原質権の範囲内でしか権利を行使できない（通説）。転質権は、原質権という親亀の上に乗っている小亀だというイメージをもっておこう。

エ　責任転質の効果

　原質権者（上記アのB）は、責任転質をしたことによって生じた損失について、不可抗力によるものであっても責任を負う（348条後段）。自由に転質をでき

る反面、そこから生じる損害について全責任を負うわけである。

　転質権の実行には、転質権の被担保債権だけでなく、原質権の被担保債権も弁済期に達していることが必要である（大判昭和16・7・8新聞4718-28）。

　なお、承諾転質の原質権者（上記**ア**のB）は、不可抗力によって質物が滅失したときは責任を負わない。

オ　転質権の消滅

　最後に、およそ転質権は、その被担保債権の消滅により消滅する。

　また、原質権が消滅すると、転質権も消滅する（大判昭和15・2・24判決全集7－8－18）。

5　流質契約の禁止) B

　質権設定者は、設定行為または債務の弁済期前の契約において、質権者に弁済として質物の所有権を取得させ、その他法律に定める方法によらないで質物を処分させることを約すること（流質契約）ができない（349条、362条2項）。

　その趣旨は、債権者がその有利な地位を利用して債務者に不利な流質契約を押し付けるのを防止する点にある。

2. 動産質

1　意義) B

　動産質（352条以下）とは、動産を目的とする質権をいう。

2　成立要件・対抗要件) A

　前述したとおり、質権設定契約は要物契約であり、質権の成立には占有改定以外の引渡しが必要である。

　そして、かかる引渡しは、動産質の対抗要件でもある。すなわち、動産質の

対抗要件は、質物の占有である（352条）。これはしっかりと覚えておこう。

3 占有を喪失した場合

　動産質権者が動産質を取得した後に、質物の占有を失っても、第三者に対する対抗要件を喪失するにとどまる（大判大正5・12・25民録22-2509）。

　すなわち、動産質において、質物の占有は、成立要件かつ対抗要件だが、動産質の存続要件ではない。これは覚えておこう。

ア 質権設定者への返還請求

　したがって、動産質権者が質物を質権設定者に返還した場合や、質物を質権設定者に奪われた場合などは、動産質権者は、質権設定者に対し、質権に基づく返還請求権を行使することができる。

　占有を喪失した後も、動産質権は存続しており、かつこれを当事者たる質権設定者には対抗できるからである。

イ 第三者への返還請求

　他方、動産質権者が質物の占有を第三者に奪われた場合は、質権者には、質権に基づく返還請求権は認められず、占有回収の訴えのみ認められる（353条）。立法論として疑問の多い規定といわれているが、意識して覚えておこう。

　したがって、たとえば質物を遺失して第三者が占有する場合は、占有回収の訴えも認められないため（200条1項参照）、動産質権者自身は、およそその返還を請求する権利を有しない。この場合は、質権設定者の有する所有権に基づく返還請求権を代位行使（423条）することとなろう。

　以上に対し、①留置権における物の占有は、成立要件であり（➡157ページ1）、かつ存続要件でもあります（➡168ページア）。したがって、留置権に基づく返還請求はおよそ認められません。
　また、②不動産質権では、占有は成立要件にとどまり、対抗要件ではありません。その対抗要件は、一般の不動産物権変動と同じく登記です（177条）。
　これらの点も含めて、短答式試験用にしっかりと押さえておきましょう（➡190ページの表参照）。

4 動産質権者の権利・義務　B⁺

ア　果実収取権

動産質権者の果実収取権については、留置権の果実収取権（➡165ページ **4**）の規定が準用される（350条・297条）。

すなわち、動産質権者は、質物から生じた果実を収取し、他の債権者に先立ってその債権の弁済にあてることができる。その際は、まず利息に充当し、次いで元本に充当する。

イ　保管義務等

保管義務などについても、留置権者のそれ（➡165ページ **5**）と同様である（350条・298条）。

すなわち、質権者は、善良なる管理者の注意をもって質物を占有しなければならない（350条・298条1項）。

質権設定者の承諾なくして質物の使用・賃貸・担保への提供をすることはできない。ただし、その物の保存に必要な使用はこの限りでない（350条・298条2項）。

質権者がこれらの規定に違反した場合は、質権設定者は質権の消滅を請求できる（350条・298条3項）。

ウ　費用償還請求権

費用償還請求権も、留置権者のそれ（➡166ページ **6**）と同様である（350条・299条）。

すなわち、質権者は、質物の必要費を所有者に償還させることができる（350条・299条1項）。

有益費は、その価格の増加が現存する場合に限り、所有者の選択に従い、費やした金額または増加額を償還させることができる。ただし、裁判所は所有者の請求により相当の期限の許与ができる（350条・299条2項）。

3. 不動産質

1 意義 B

不動産質（356条以下）とは、不動産を目的とする質権をいう。

2 成立要件・対抗要件 B⁺

不動産質の成立要件は、動産質の成立要件と同様である。

すなわち、不動産質も、質権設定契約により設定される。引渡しを要する要物契約であり（344条）、占有改定は引渡しに含まれない（345条）。

他方、不動産質の対抗要件は、占有ではなく登記である（177条）。これは意識して覚えておこう。

3 不動産質の効力 A

ア 使用収益権

不動産質権者は、質権の目的である不動産の用法に従い、その使用および収益をする権利を有する（356条）。これが、不動産質の最大の特徴である。

たとえば、建物に対する質権を有する者は、その建物に居住したり（使用）、その建物を人に貸して賃料を得る（収益）ことができる。留置権（➡ 165 ページイ）や動産質（➡前ページイ）と対比しつつ、この特徴は覚えておこう。

イ 存続期間

不動産質の存続期間は、10 年を超えることができない。設定行為でこれより長い期間を定めても、10 年に縮減される（360条 1 項）。

更新は可能だが、その期間もやはり 10 年を超えることができない（360条 2 項）。

これらの制限は、不動産の所有者の用益権をあまりに長く制約することは妥当でないとの趣旨から定められたものである。

【留置権・動産質権・不動産質権の比較】

	成立要件	存続要件	対抗要件	果実取得権
留置権	占有	占有	—	△
動産質権	占有	—	占有	△
不動産質権	占有	—	登記	○

4. 権利質

1 意義 B

　権利質とは、動産および不動産以外の財産権を目的とする質権である（362条1項）。

　今まで学んだ質権の総則や動産質、不動産質の諸規定は、その性質に反しない限り、権利質に準用される（362条2項）。

　この権利質のうち、試験対策上重要なのは債権質である。以下、この債権質に絞って説明する。

2 債権質 B⁺

ア　意義

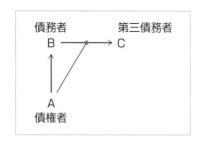

　債権を目的とする質権を、債権質という。

　たとえば、債権者Aが債務者Bに対して有する債権を被担保債権として、ABは、Bが第三債務者Cに対して有する債権を目的とする質権を設定しうるわけである。

イ　成立要件

　質権設定契約の要物性（344条）は、債権質においては緩和されている。

　すなわち、指図証券（たとえば手形）を質権の目的とするときは、質権の設定には指図証券の交付を要するが（520条の7、520条の2）、それ以外の債権を質権の目的とするときは、債権証書があってもその交付を要しない。

　なお、質権の総論（➡181ページ1.）で学んだとおり、譲渡ができない債権は、質権の目的とすることはできない（362条2項・343条）。扶養請求権がその典型である（881条）。

ウ　対抗要件

　債権質の対抗要件は、債権譲渡の対抗要件と同様である（364条・467条）。質権の設定によって、債権譲渡と類似の効力が生じるからである（➡下記**エ**参照）。これは覚えておこう。

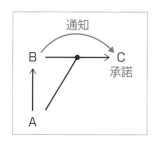

　たとえば、AのBに対する債権の担保のために、BのCへの債権にAの質権が設定されたとする。

　この場合、①第三債務者Cに対する対抗要件は、債務者Bから第三債務者Cへの通知、または第三債務者Cの承諾である（364条・467条1項）。

　また、②第三債務者C以外の第三者に対する対抗要件は、かかる通知または承諾が、確定日付のある証書（たとえば内容証明郵便）によってなされたことが必要である（364条・467条2項）。

　さらに、③法人が債権質を設定した場合は、その旨を債権譲渡登記ファイルに登記すると、第三債務者に対する確定日付のある証書による通知（上記②）があったものとみなされる（動産及び債権の譲渡の対抗要件に関する民法の特例等に関する法律14条1項・4条1項）。

エ　債権質の効力

　債権質権者は、質権の目的である債権を直接取り立てることができる（366条1項）。これは絶対に覚えておこう。

たとえば、BからCへの債権に対する質権の設定を受けたAは、直接、第三債務者Cから弁済を受け、自己の債権の弁済にあてることができるわけである。

　質権が設定された債権が金銭債権であるときは、質権者は自己の債権額（被担保債権の額）に対応する部分に限り、これを取り立てることができる（366条2項）。この制限は当然といえよう。

第 5 章

抵当権

担保物権の中で、抵当権は、試験対策上も、実務においても、最も重要である。覚えることも多いが、気合いをいれて学んでいこう。

1. 抵当権総論

1 意義 A⁺

抵当権とは、債務者または第三者が占有を移さないで債務の担保に供した不動産等につき、他の債権者に先立って、被担保債権の債権者が自己の債権の弁済を受ける権利である（369 条）。

この抵当権の最大の特徴は、①目的物の占有を設定者のもとにとどめつつ、②抵当権者が目的物の交換価値を把握するという点にある。この 2 点は **A⁺** で覚えておこう。

> たとえば、A が B に対して有する債権を被担保債権として、AB 間で B の所有する建物に抵当権を設定する旨の契約が締結されたとします。
> この場合、抵当権の設定者である B は、その建物をとりあえずそのまま使用し続けることができます。これが①目的物の占有を設定者のもとにとどめるということの意味です。この点で、抵当権は、同じく不動産を目的とする担保物権である不動産質と決定的に異なります。
> また、抵当権者である A は、その建物を占有できないものの、被担保債権の弁済がないときは、その建物を競売にかけ、現金化して、そこから優先的に弁済を受けること等ができます。これが、②目的物の交換価値を把握するということの意味です。
> これらの特徴は、抵当権の問題を考える際の最大のポイントとなります。しっかりとイメージをもっておいてください。

Ⓐ

抵当権は、付従性、随伴性、不可分性（372 条・296 条）、物上代位性（372条・304 条）を有する（➡ 152 ページ3.）。

また、留置的効力はなく（これは上記の抵当権の特徴①から当然である）、優先弁済的効力のみ有する（➡ 153 ページ4.）。

2. 抵当権の設定

1 抵当権設定契約 Ⓐ⁺

抵当権は、約定担保物権である。したがって、その設定には、抵当権設定契約が必要である（176 条）。

抵当権設定契約の当事者は、債権者と担保の提供者である。担保の提供者は、被担保債権の債務者以外の第三者でもよい。

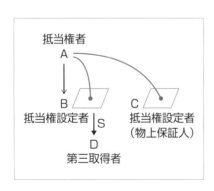

たとえば、A の B に対する債権を被担保債権として、AB 間、または AC 間で抵当権設定契約が締結された場合、A を抵当権者、B または C を抵当権設定者という。また、C を物上保証人という。

さらに、抵当権の目的となっている不動産を抵当不動産という。

抵当権設定者は、抵当不動産を、第三者に譲渡することができる。たとえば、B は D に抵当不動産を譲渡できるわけである。その第三者 D を、第三取得者という。

抵当権設定契約により抵当権が発生するには、当事者による有効な合意に加えて、以下の要件をみたす必要がある。

ア　被担保債権の存在

まず、被担保債権が存在しなければならない（成立における付従性）。

したがって、被担保債権がおよそ存在しない場合（たとえば被担保債権の発生原因が公序良俗違反により無効な場合）は、抵当権は発生しない。

ただし、被担保債権の存在の時期については、ゆるやかに解されている。すなわち、将来発生する債権や条件付きの債権についても、債権発生の基礎となる具体的法律関係が存在する限り、抵当権を設定できる（通説。大判昭和5・11・19大審院裁判例4民111、大判昭和6・2・27新聞3246-13参照）。

実務でも、保証人が将来取得する求償権（459条以下）を被担保債権とする抵当権の設定が広く行われている。

イ　被担保債権の種類

被担保債権は、通常は金銭債権であるが、金銭債権以外の債権（たとえば物の引渡債権）を被担保債権とすることも認められる。かかる債権も、将来、その内容が損害賠償債権という金銭債権となりうるからである（415条）。

1個の金銭債権の一部を被担保債権とすることも認められる。数個の債権をあわせて被担保債権とし、1個の抵当権を設定することも認められる。

ウ　目的

抵当権の目的（対象）は、通常は不動産であるが（369条1項）、地上権や永小作権を目的とすることも認められる（369条2項）。

エ　抵当権設定者の所有権

抵当権設定契約は、物権の発生を目的とする物権契約であるから、抵当権設定者が目的不動産に対する所有権（または地上権・永小作権）を有することを要する（➡ 20ページ下のコラム参照）。

ア 177条の適用

抵当権も不動産を目的とする物権であるから、177条が適用される。すなわち、抵当権者は、登記をしなければ「第三者」に抵当権を対抗することができない（177条）。

また、同一の不動産に複数の抵当権が設定された場合の各抵当権の順位は、登記の前後により決する（373条）。

> たとえば、AとBがそれぞれCに対する債権を有する場合、Cが所有する甲土地に、Aの抵当権とBの抵当権がそれぞれ設定されることがあり得ます。
> そして、この場合のAB間の優劣は、その登記の前後で決まります。たとえば、Aの登記がBの登記より早かった場合、Aの抵当権はBの抵当権よりも優先されます。この場合のAの抵当権を1番抵当権、Bの抵当権を2番抵当権といいます。
> ちなみに、1つの甲土地に対するAとBの各抵当権を認めるのは、物権の排他性ないし一物一権主義に反するのではないかと疑問に思うかもしれません。しかし、Aの抵当権は1番抵当権、Bの抵当権は2番抵当権であり、その内容が異なりますから、排他性や一物一権主義には反しません。実務でも、1個の不動産に対する複数の抵当権がしばしば設定されています。

イ 登記の流用の可否 →論証24

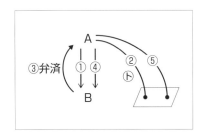

たとえば、①AがBに100万円の債権を有していたところ、②これを被担保債権とする抵当権が設定され、その登記がなされた。その後、③Bが被担保債権を弁済したため、Aの抵当権が消滅した（消滅における付従性）。ところが、抵当権の登記を抹消する前に、④再度AからBに対する同額の債権が発生したため、⑤再度AB間で抵当権設定契約が締結されたとする。

この場合、新たな抵当権のために、抹消されず残っている従前の登記を流用することができるのだろうか。

通説は、正当な利害関係のある第三者（後順位抵当権者や第三取得者等）が流用の前に登場していた場合と、流用の後に初めて登場した場合とで、流用登記

の効力を分けて考えていく。

すなわち、①かかる第三者が流用までに登場していた場合は、流用登記の対抗力を否定する反面、②かかる第三者が流用後に初めて登場した場合は、流用登記の対抗力を肯定するのである。

流用登記は、現在の権利関係には合致しているものの、①の場合にまでその対抗力を認めては、第三者の利益（順位上昇への期待や抵当権消滅への期待）を害する。通説は妥当であろう。

判例も、同様の結論といってよい（大判昭和6・8・7民集10-875、仮登記担保につき最判昭和49・12・24民集28-10-2117）。

たとえば上の事例で、①Bによる弁済の時点で既に2番抵当権者のCがいたとします。この場合、CとしてはAの1番抵当権が消え、Cの2番抵当権が1番抵当権に上昇したと期待するはずです。にもかかわらず、その後のAの1番抵当権の登記の流用を肯定しては、結局Cの抵当権は2番抵当権のままということになり、Cの期待を害します。

他方、②登記の流用の後に、初めてCが抵当権の設定を受けた場合、Cは初めから自分の抵当権が2番抵当権だと知りえたはずですから、Aの抵当権登記の流用を認めても、特にCの期待を害することはありません。

それゆえ、①と②で場合を分けて考えていくわけです。

Q 抵当権設定登記の流用の可否　B⁺

結論：①流用までに第三者が登場していた場合は、流用登記の対抗力は否定。
　　　　②流用後に登場した第三者に対しては、流用登記の対抗力は肯定。

理由：現在の権利関係に合致しているものの、①の場合にまで対抗力を認めては、第三者の利益を害する。

4　物上保証人の地位　A

ア　債務者ではないが責任を負う

物上保証人（➡194ページ**1**）は、抵当権の被担保債権の債務者ではないにもかかわらず、抵当権を実行される負担（責任）を負う。すなわち、債務はないが責任はあるわけである。

このことはしっかりと覚えておこう。

イ　求償権の取得

　　物上保証人が被担保債権を弁済し、または抵当権の実行により抵当不動産の所有権を失ったときは、保証債務に関する規定に従い、債務者に対して求償権を取得する（372条・351条・459条以下）。この条文は探せるようにしておこう。

　　なお、保証人とは異なり、物上保証人には事前求償権は認められない。この点は債権総論で学ぶ。

ウ　被担保債権の消滅時効の援用権

　民法総則で学んだとおり、物上保証人は、被担保債権の消滅時効の援用権を有する（145条かっこ書き➡総則［第3版］299ページ（ア））。

エ　消滅時効の更新事由としての債務の承認をする権限

　物上保証人は、被担保債権の消滅時効の更新事由たる債務の承認（152条）をする権限を有しない（最判昭和62・9・3判時1316-91 ➡総則［第3版］315ページウ）。物上保証人は債務者ではないからである（➡上記ア）。しっかりと覚えておこう。

オ　被担保債権の債務者による承認の効果

　なお、被担保債権の債務者は、もちろん被担保債権の消滅時効の更新事由たる債務の承認（152条）をすることができる。そして、被担保債権の債務者が更新事由たる債務の承認をした場合、これによる消滅時効の更新の効力は物上保証人にも及ぶ（最判平成7・3・10判時1525-59 ➡総則［第3版］316ページ**2**）。

　これに対し、被担保債権の債務者が時効の利益の放棄としての承認をした場合、その効果は物上保証人には及ばない（➡総則［第3版］305ページ**4**参照）。

　これらの基礎知識もしっかりと覚えておこう。

3. 抵当権の効力

1 被担保債権の範囲) B+

　抵当権の被担保債権の範囲については、制限がある。

　すなわち、元本債権は全額担保されるものの、その利息請求権や損害賠償請求権については、通算して最後の2年分に限定される（375条）。以下、説明していこう。

ア 元本債権

　元本債権は、その全額が抵当権によって担保される。

イ 利息請求権

　問題は、かかる元本債権に利息が生じる場合である。

　民法は、抵当権者が利息を請求する権利を有するときは、満期後に特別の登記をしない限り、満期となった最後の2年分についてのみ抵当権を行うことができるとする（375条1項）。

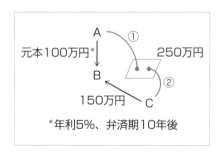

　たとえば、①AがBに対し、弁済期を10年後、利息を単利年5パーセントとの内容で100万円を貸し付け、その担保としてBの所有する土地に抵当権の設定を受けて登記した。さらに、②CがBに対し有する150万円の債権の担保として、2番抵当権の設定を受けて登記したとする。

　ところが、Aの債権の弁済期になってもBが弁済しないため、抵当権が実行され、250万円で買い受けられたとしよう（なお、履行遅滞はないものとする）。

　この場合、Aの有する元本債権は100万円、利息請求権は元本の5パーセント×10年で50万円となり、Aの有する債権額は全部で150万円だが、Aは、

土地の買受金 250 万円から、110 万円（元本 100 万円＋最後の 2 年分の利息 10 万円）しか優先弁済を受けることができず、残りの 140 万円は 2 番抵当権者 C が優先弁済を受けることになる。

ウ　遅延損害金

　同様の制限は、元本債権の履行遅滞を理由とする遅延損害金（415 条 1 項本文）にも及ぶ（375 条 2 項本文）。

　しかも、かかる遅延損害金については、利息その他の定期金と通算して 2 年分を超えてはならない（375 条 2 項ただし書）。

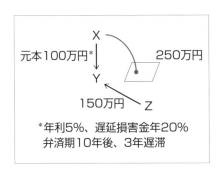

　たとえば、①X が Y に対し、弁済期を 10 年後、利息を単利年 5 パーセント、遅延損害金を年 20 パーセントとする内容で 100 万円を貸し付け、その担保として Y の所有する土地に抵当権の設定を受けて登記した。なお、②Y には、X のほか、150 万円の債権を有する一般債権者の Z がいたとする。

　ところが、X の債権の弁済期から 3 年が経っても Y が弁済しないため、抵当権が実行され、250 万円で買い受けられたとしよう。

　この場合、X の有する元本債権は 100 万円、利息請求権は元本の 5 パーセント× 10 年で 50 万円、遅延損害金請求権は元本の 20 パーセント× 3 年で 60 万円となり、X の有する債権額は全部で 210 万円だが、X は、250 万円の買受金から、140 万円（元本 100 万円＋最後の 2 年分の遅延損害金 40 万円）しか優先弁済を受けることができないわけである。

> 　詳しくは債権総論で学びますが、利息と遅延損害金について簡単に補足しておきます。
> 　**利息**というのは、利息契約に基づく弁済期（満期）までの利息を指します。たとえば、上記の B や Y は、定められた弁済期にきちっと弁済をしたとしても、元本の 100 万円に加えて、10 年分の利息として 50 万円を支払う債務を負っています。
> 　**遅延損害金**というのは、履行遅滞に基づく損害賠償金（415 条 1 項本文）のことです。これを**遅延利息**ということもあります。つまり、債務者が弁済期に履行しなかった場合、その履行遅滞へのペナルティーとして発生する債務のことです。もともとの債務が金銭債務の場合、その遅延損害金の率は、特に定めがなければ遅帯の責任を負った最初の時点における法定利率（419 条 1 項本文・404 条）、利息契約の定めがあればその利息と同じ率

（419 条 1 項ただし書）、遅延損害金についての定めがあればその率によります（420 条
1 項）。上記の Y は、履行を遅滞すれば、年 20 パーセントの遅延損害金を支払う債務を負
うわけです。

エ　375 条の趣旨と債務者等との関係

　以上の 375 条による制限は、後順位抵当権者や一般債権者の利益を考慮した
ものである。

　したがって、債務者や物上保証人との関係、およびこれらの者の地位を承継
した第三取得者との関係では、375 条の制限は妥当しない（大判大正 4・9・15 民
録 21-1469）。これらの者に対しては、抵当権者は、元本だけでなく、利息や遅
延損害金の全額が抵当権によって担保されていると主張できるわけである。

　よって、上記**イ・ウ**の B や Y が、抵当権が実行される前に弁済することによ
り A や X の抵当権を消滅させるためには、A や X に全額（B は 150 万円、Y は
210 万円）の弁済をしなければならない。また、A や X 以外に債権者がいない
場合は、A や X は競売の買受金からその有する債権全額の弁済を受けること
ができる。

2　抵当権の効力が及ぶ目的物の範囲　A⁺

　たとえば、土地に抵当権が設定された場合、その土地の上に存する建物に抵
当権の効力は及ぶのか。その土地の上に置かれた石灯籠はどうか。

　また、建物に抵当権が設定された場合、その建物内の壁紙や家具、更には敷
地の利用権などに対しても抵当権の効力は及ぶのだろうか。

　以下、抵当権の効力が及ぶ目的物の範囲につき、検討しよう。

ア　付加一体物　➡論証 25

　抵当権は、原則として、その目的である不動産に付加して一体となっている
物、すなわち付加一体物（付加物）に及ぶ（370 条本文）。これはきわめて重要で
ある。

（ア）意義

　では、付加一体物とは、いかなる物をいうのか。

　まず、①抵当目的物と物理的一体性を有する物とする見解がある（物理的一

体性説）。判例もこの見解に立つ（大連判大正8・3・15民録25-473）。

　しかし、抵当権は、目的物の占有を設定者のもとにとどめつつ、その交換価値を把握するという特徴を有する。とすれば、付加一体物を、物理的一体性を有する物に限定するのは妥当でない。

　そこで、②抵当目的物と経済的価値的一体性を有する物と解するのが妥当であろう（経済的一体性説・通説）。

🔍 付加一体物（370条本文）の意義　**A⁺**

A説 物理的一体性説（判例）
結論：抵当目的物と物理的一体性を有する物をいう。
批判：抵当権は目的物の交換価値を把握する価値権である以上、物理的一体性を有する物に限定するのは妥当でない。

B説 経済的一体性説（通説）
結論：経済的価値的一体性を有する物をいう。
理由：A説への批判と同じ。

（イ）目的物に付合した物

　以上のいずれの見解に立っても、目的物に付合した付合物（➡112ページ**1**、**2**）は、付加一体物に含まれる。

　たとえば、建物に設定された抵当権は、370条本文により、その建物に貼られた壁紙に及ぶ。土地に設定された抵当権は、370条本文により、その土地の上の立木にも及ぶ。

（ウ）目的物の従物

　問題は、目的物の従物（➡総則［第3版］120ページ2.）についてである。

a　物理的一体性説からの処理

　まず、物理的一体性説からは、従物は付加一体物に含まれないことになる。従物は、目的物と物理的一体性を有しない独立の物だからである（➡総則［第3版］121ページ**ウ**）。

　したがって、370条本文によって抵当権の効力が従物に及ぶことはない。

　しかし、従物に抵当権の効力が及ばないかというと、実は必ずしもそうではない。「従物は、主物の処分に従う」とする87条2項が存在するからである。

　すなわち、①抵当権の設定を87条2項の「処分」と捉えれば、設定当時に既に存在した従物には、87条2項の適用により抵当権の効力が及ぶと解することになる。

また、②抵当権の設定から実行までの過程を87条2項の「処分」と捉えれば、抵当権の設定当時に既に存在していた従物はもとより、抵当権の設定当時に存在しなかった従物（抵当権の設定後に持ち込まれた従物）についても、それが抵当権の実行時に存在していた限り、87条2項の適用により抵当権の効力が及ぶと解することになる。

　判例は、①と②のうちいずれの見解を採用しているかは不明であるが、抵当権の設定当時に既に存在した従物につき、87条2項の適用により抵当権の効力が及ぶとしている（大連判大正8・3・15民録25-473）。

b　経済的一体性説からの処理

　以上に対し、通説である経済的一体性説からは、従物は付加一体物に含まれることになる。従物は、目的物の経済的効用を助ける物であって（87条1項参照）、目的物と経済的価値的一体性を有する物といえるからである。

　したがって、370条本文により、従物にも抵当権の効力が及ぶ。

	抵当権設定時に存在した従物	抵当権設定時に存在しなかった従物（実行時には存在）
物理的一体性説①	87条2項で及ぶ	及ばない
物理的一体性説②	87条2項で及ぶ	87条2項で及ぶ
判例	87条2項で及ぶ	？
経済的一体性説	370条本文で及ぶ	

Q 従物に抵当権の効力が及ぶか　**A**

A説 物理的一体性説

A1説

結論：抵当権の設定当時既に存在した従物に限り、87条2項により効力が及ぶ。

理由：抵当権の設定は87条2項の処分にあたる。

A2説

結論：抵当権の設定当時既に存在した従物に加え、抵当権の設定当時に存在しなかった従物についても、それが抵当権の実行時に存在していた限り、87条2項により効力が及ぶ。

理由：抵当権の設定から実行までの過程は87条2項の処分にあたる。

B説 経済的一体性説（通説）

結論：370条本文により及ぶ。

理由：従物も370条本文の付加一体物にあたる。

イ　付加一体物の例外

以上のように、付加一体物には、抵当権の効力が及ぶ。

しかし、その例外として、①土地に抵当権が設定されている場合、その土地の上にある建物には、土地の抵当権の効力は及ばない（370条本文）。土地と建物が別個独立の不動産である以上、これは当然といえる。

また、②抵当権の設定行為に別段の定めがある場合、および③詐害行為取消権の規定（424条3項）により債権者が債務者の行為を取り消すことができる場合は、付加一体物に抵当権の効力は及ばない（370条ただし書）。

②は、抵当権設定契約時に特約を結んだ場合の例外である。ただし、この特約を第三者に対抗するには登記を要する（不動産登記法88条1項4号）。

③は、債務者が抵当権の目的である不動産に物を付加することにより、他の債権者を害するのを防止する趣旨の規定である。

たとえば、B所有の建物にAのための抵当権が設定されているところ、BがAと通謀のうえ、Aの利益を図り、A以外の債権者を害する意図のもと、その建物にダイヤモンドを埋め込んで付合させた場合、そのダイヤモンドにAの抵当権の効力は及ばない。

ウ　従たる権利

抵当権は、その目的物の従たる権利にも及ぶ。

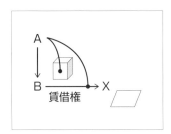

たとえば、Xから土地を賃借して建物を所有している債務者Bが、その建物に対して債権者Aのために抵当権を設定した場合、その抵当権の効力は、建物に加えてBがXに対して有する土地の賃借権にも及ぶ。土地の利用権が地上権（➡ 135ページ1.）だった場合も同様である。しっかりとイメージをもっておこう。

ただし、従たる権利にも抵当権の効力が及ぶことの根拠については、付加一体物の意義をいかに解するかにより異なる。

すなわち、物理的一体性説からは87条2項の類推適用により、本書の採用する経済的一体性説からは370条本文の類推適用により、従たる権利にも抵当権の効力が及ぶと解することになるわけである。

したがって、Aは抵当権の実行により、建物とともにBが有する土地の賃借権も競売にかけることができます。Bが有する土地利用権が地上権だった場合も同様です。
　ただし、地上権は譲渡が自由であるのに対し（➡137ページ**4**）、賃借権は賃貸人の承諾がない限り賃借人が自由に譲渡することはできません（612条1項前段）。したがって、土地の利用権が賃借権だった場合、競売の買受人は、そのままでは賃借権を取得できません。賃貸人が承諾しない場合には、買受人は、裁判所に対し、賃貸人の承諾に代わる許可を求めることになります（借地借家法20条）。

エ　分離物　➡論証26

　抵当権の効力は、付加一体物に及ぶ。

　では、付加一体物が、抵当権の目的物から分離された場合はどうか。

　たとえば、AがBに対して有する債権を被担保債権として、B所有の山林に抵当権が設定され、その旨の登記がなされたとする。この場合、抵当権は山林の立木にも及ぶが（370条本文）、その後、その山林上の立木が伐採されたとしよう。この場合に、伐採された樹木（伐木）にも、抵当権の効力が及ぶか。

ⓐ：及び、かつ対抗可
ⓑ：及ぶが、177条の「第三者」には対抗不可

　通説は、①抵当権は目的物の全部を支配する物権である以上、分離物にも抵当権の効力が及ぶとしつつも、②抵当権は登記を対抗要件とする物権である以上（177条）、抵当権の効力が及んでいることを「第三者」に対抗するためには、分離物が登記された不動産の上に存することが必要とする。

　したがって、上記の例で、ⓐ伐木が山林の上に存する限り、抵当権者Aはその抵当権の効力が伐木に及ぶことを第三者に対抗できるが、ⓑ伐木が山林から外に搬出された場合は、第三者に対しては抵当権の効力が及ぶことを対抗できないことになる。

　ここで注意が必要なのは、②でいう第三者は、177条の「第三者」（➡36ページ2.）を指しているという点です。ケースごとに確認してみましょう。

まず、伐木が登記された山林の上にある場合（ⓐ）は、抵当権者であるＡは誰に対しても抵当権が及ぶことを対抗できます。また、たとえばＢが伐木を搬出しようとしているときは、ＡはＢに対して伐木の搬出行為の排除を請求することができます（大判昭和6・10・21民集10-913）。

　では、伐木が搬出された場合（ⓑ）はどうでしょうか。

　まず、抵当権設定者であるＢが搬出して占有している場合、Ａは抵当権が及ぶことをＢに対抗できます。Ｂは抵当権設定契約の当事者であり、177条の「第三者」にあたらないからです。この場合、ＡはＢに対して伐木の山林への返還を請求することができます（最判昭和57・3・12百選Ⅰ87。工場抵当の事案）。

　また、無権利のＣが伐採し、搬出して占有している場合も、Ａは抵当権が及ぶことをＣに対抗でき、やはり山林へ戻すよう請求することができます。Ｃは不法行為者である以上、やはり177条の「第三者」にあたらないからです。

　他方、ＢやＣからの伐木の譲受人は、背信的悪意者でない限り177条の「第三者」にあたるため、抵当権の効力は抽象的には及んでいるものの、Ａはそのことを対抗できず、山林へ戻すよう請求することはできません。

Q 分離物に抵当権の効力は及ぶか。及ぶとして、それを対抗できるか　A

結論：及ぶが、それを第三者に対抗するには、分離物が登記されている不動産の上に存することが必要である（公示力説・我妻など通説）。

理由：①抵当権は、目的物の全部を支配する物権である。
　　　②抵当権は、登記を対抗要件とする物権である。

オ　果実

　抵当権の効力は、その目的物から生じる果実には及ばないのが原則である。

　なぜなら、抵当権はその目的物の占有を設定者のもとにとどめる非占有担保物権であり（➡193ページ **1**）、設定者はその目的物を自由に使用・収益することができるからである。

　しかし、例外として、抵当権の被担保債権に債務不履行があったときは、抵当権は、その後に生じた果実に及ぶ（371条）。これは覚えておこう。

　「果実」には、天然果実のほか、法定果実も含まれる。抵当権の目的物が賃貸に出されている場合の賃料がその典型である。

　抵当権者が抵当権の目的物の賃料を取得するには、次に述べる物上代位の手続をとる場合が多い。

【「3. 抵当権の効力」のまとめ】
・利息や損賠は通算して最後の2年分のみ対象
・ただし、設定者や第三取得者との関係では別

- 付加一体物は経済的価値的一体物→従物を含む
    - ∵抵当権は交換価値を把握する物権
- 判例は、付加一体物を物理的一体物とする。従物については設定を「処分」（87Ⅱ）としている可能性あり
- 従たる権利にも370類推（or 87Ⅱ類推）
- 分離物にも及ぶが、「第三者」に対抗するには登記された不動産の上に存することが必要
- 果実には原則及ばないが、債務不履行後は及ぶ（371）

4. 物上代位

抵当権における物上代位は、物権法最大の難所といってよい。気合いをいれて学んでいこう。

1 372条・304条 Ⓐ

抵当権には、先取特権における物上代位を定めた304条が準用される（372条）。抵当権にも物上代位性が認められるわけである。

抵当権に準用する際には、304条の「先取特権」は抵当権、「債務者」は抵当権の目的物の所有者と、それぞれ読み替えることになる。

2 要件その1 ——物上代位を生ずるケース Ⓑ

物上代位は、目的物の①売却、②賃貸、③滅失または損傷によって、目的物の所有者が受けるべき金銭等に対して行われる（372条・304条）。

ア 「売却」の代金

抵当権に基づく物上代位においては、目的物の「売却」代金に対する物上代位は否定すべきとする見解もある。

確かに、先取特権とは異なり、抵当権には追及力（➡ 178ページのコラム）が

ある。そのため、売却代金に対する物上代位を認める実益はない。

　しかし、売却代金も目的物の交換価値の具体化といえる以上、明文に反してこれを否定する必要はないであろう（通説）。

🔍 売却代金への物上代位の可否　B
A説 否定説（柚木）
理由：抵当権には追及力があるので、これを認める必要がない。
B説 肯定説（我妻など通説）
理由：売却代金は交換価値を具体化したものといえる。

イ　「賃貸」の賃料等

　抵当権の目的物が賃貸された場合の賃料債権に対して、371条の要件をみたせば、抵当権者は物上代位権を行使できる（372条・304条1項本文、371条）。

　抵当権の目的物の上に設定された用益物権の対価（たとえば地上権の地代）に対しても、同様である（372条・304条2項、371条）。

　以下、賃料債権への物上代位に関する判例を概観しておく。これらの判例は試験対策としても重要だが、今は一読する程度にとどめ、債権法で賃貸借契約や相殺を学んだ後に再度復習するとよい。

（ア）転貸賃料債権への物上代位の可否　➡論証27

　まず、転貸賃料債権への物上代位の可否についてである。

　判例は、転貸人を抵当不動産の所有者と同視するべき場合を除き、転貸賃料債権について物上代位権を行使できないとする（最決平成12・4・14民集54-4-1552）。

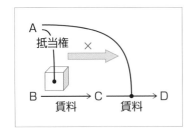

　たとえば、AがB所有の建物に抵当権の設定を受けていたところ、その建物をBがCへ賃貸し、さらにCがBの承諾を得てその建物をDへ転貸したとする。この場合、CをBと同視するべき例外的な場合を除き、Aは、CからDへの転貸賃料債権に対して物上代位権を行使することができないわけである。

　304条1項の「債務者」に転貸人Cを含めることは、文理上無理がある（➡

207ページ **1** 参照）。また、仮に物上代位を認めると、正常な取引により成立した転貸借関係における転貸人Cの利益を害することにもなる。判例は妥当であろう。

（イ）差押え後になす、抵当権設定登記後に取得した債権を自働債権とする相殺の可否 ➡論証28

次に、抵当権者が物上代位権を行使して賃料債権を差し押さえた後は、抵当不動産の賃借人は、抵当権設定登記の後に賃貸人に対して取得した債権を自働債権とする賃料債権との相殺をもって、抵当権者に対抗することができない（最判平成13・3・13百選Ⅰ85）。

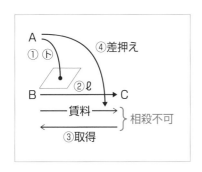

たとえば、①AがB所有の土地に抵当権の設定を受け登記を備えた後、②その土地がCに賃貸された。③その後、CがBに対する債権を取得したが、④これと賃料債務との相殺がなされる前に、Aが賃料債権に対して物上代位権を行使するべく賃料債権を差し押さえたとする。

この場合、Cはその取得した債権を自働債権とする相殺をAに対抗することができない。Cは、Aに対して賃料を現実に支払わなければならないわけである。

思うに、物上代位により抵当権の効力が賃料債権に及ぶことは、抵当権設定登記により公示されているといえる。とすれば、抵当権設定登記の後に賃借人が取得した賃貸人に対する債権と賃料債権とを相殺することに対する賃借人の期待を、先に公示されている抵当権の効力に優先させる必要はない。判例は妥当であろう。

（ウ）差押え後の敷金による充当の可否

最後に、敷金契約を伴う賃貸借契約上の賃料債権を抵当権者が物上代位権の行使により差し押さえた場合であっても、その後に当該賃貸借契約が終了して目的物が賃貸人に明け渡されたときは、賃料債権は敷金の充当によりその限度で当然に消滅する（最判平成14・3・28民集56-3-689）。

たとえば、①抵当権者AがB所有の土地に対する抵当権の設定を受け、登記を備えていたところ、②その土地がCに賃貸され、CからBへ敷金8万円が

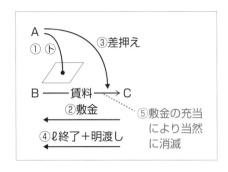

交付された。その後、③Aが10万円の未払賃料債権を差し押さえたが、④BC間の賃貸借契約が終了し、CがBに土地を明け渡したとする。

　この場合、⑤8万円の敷金が10万円の未払賃料債務に当然充当され、賃料債務は残2万円となる。したがって、Aは2万円しか支払を受けられなくなるわけである。

　思うに、敷金の充当による未払賃料等の消滅は、敷金契約から発生する当然の効果であって、賃借人からの相殺によるものではないから、相殺の可否に関する511条には抵触しない。

　また、抵当権設定者は、その目的物を自由に使用・収益・処分することができる以上、目的物の賃貸借契約を締結することができ、それに伴う敷金契約も締結することができる。とすれば、賃借人も、かかる敷金契約の効果を抵当権者に主張できるというべきである。

　このように考えると、判例は妥当であろう。

ウ　「滅失」・「損傷」によって受けるべき金銭等

　第三者が目的物を滅失・損傷させた場合に、所有者が取得する当該第三者への損害賠償請求権（709条）がその典型である（➡153ページ**4**）。

　抵当権の目的物である建物が火災により滅失・損傷した場合に、所有者が取得する火災保険金請求権に対する物上代位が認められるかについては争いがあるが、判例はこれを肯定する（大判明治40・3・12民録13-265）。

　火災保険金は抵当権者の最後のよりどころであること、火災保険金も目的物の交換価値の具体化といいうることに照らせば、判例は妥当であろう。

　なお、債権者としては、次に述べる物上代位の煩雑な手続等を回避するため、火災保険金請求権に質権を設定しておくのが実務の通例である。

Q　火災保険金に対する物上代位の可否　B
結論：可能（判例・通説）。
理由：①火災保険金は抵当権者の最後のよりどころである。

②火災保険金も目的物の交換価値の具体化といいうる。

3 要件その2 ── 払渡しまたは引渡し前の差押え

　抵当権者が物上代位権を行使するためには、払渡しまたは引渡しの前に差押えをしなければならない（372条・304条1項ただし書）。この要件は **A⁺** である。

　以下、この要件をめぐるいくつかの問題を検討しよう。

ア 「差押え」の趣旨　**A**

　まず、そもそも、なぜ物上代位において「差押え」が要件とされているのか。見解は3つに分かれる。

（ア）優先権保全説

　第1の見解は、304条の差押えは、一般債権者や債権譲受人等の利害との調整のための要件であるとする。

　すなわち、物上代位は、法が留置権以外の担保物権を有する者に与えた政策的な権能であると解したうえで、かかる政策的な権能を付与するための条件として、304条は差押えを要求しているものと捉えるわけである。

（イ）特定性維持説

　第2の見解は、304条の差押えは、物上代位の対象が弁済によって消滅してしまったり、債務者の一般財産に混入してしまったりすることを防ぐための要件であるとする。

　すなわち、物上代位は価値権である担保物権の本質（➡193ページ **1** 参照）から当然に認められる権能であると解したうえで、304条の差押えは、単に弁済による消滅や一般財産への混入を避けるための要件にすぎないと捉えるわけである。

　（ア）の優先権保全説は、物上代位は法が政策的観点から抵当権者に認めた**一種の恩恵で**あると考える立場です。そして、その恩恵を受けうる資格として、法は「差押え」を要求したのだと考えていきます。

　これに対し、（イ）の特定性維持説は、留置権以外の担保物権が目的物の交換価値を把握する物権である以上、**物上代位が認められるのは当然**であると考える立場です。ただし、いくら当然に物上代位が認められるといっても、第三債務者が抵当権設定者にその債務を弁済してしまって債務が消滅してしまったり、目的物が債務者の他の財産のなかに紛れ込んでしまっては、物上代位が不可能または困難になってしまいます。そこで、そうした事態を防止するために「差押え」が要求されているのだ、と考えていくわけです。

（ウ）第三債務者保護説（判例）

　第3の見解は、304条の差押えは、二重弁済を強いられる危険から第三債務者を保護するための要件であるとする。

　すなわち、第三債務者が弁済先を誤ることがないように、いわば第三債務者に対する対抗要件として「差押え」が要求されたものと捉えていくわけである。

　現在の判例は、抵当権に基づく物上代位との関係では、この第三債務者保護説に立っている（**最判平成10・1・30百選Ⅰ84**）。試験ではこの見解でよい。

🔍 物上代位に差押えが要求される理由　Ａ

Ａ説 優先権保全説
結論：304条の差押えは、一般債権者や債権譲受人等の利害との調整のために必要とされるものである。
理由：物上代位は法が抵当権者に与えた政策的な権能である。

Ｂ説 特定性維持説
結論：304条の差押えは、優先弁済の対象が債務者の一般財産に混入することを防ぎ、特定性を維持するために必要とされるにすぎない。
理由：物上代位は価値権である担保物権の本質から当然に認められるものである。

Ｃ説 第三債務者保護説（判例）
結論：304条の差押えは、抵当権の効力が及ぶことを知らない第三債務者が弁済先を誤ることがないように、いわば第三債務者に対する対抗要件として要求されたものである。
理由：物上代位制度の沿革（1865年のイタリア民法）。

イ　抵当権者自身による「差押え」の要否　→論証29　Ａ

　次に、304条の「差押え」が、物上代位権を行使する抵当権者自身によってなされる必要はあるか。

　本書が採用する第三債務者保護説からは、必要と解することになる。抵当権者自身による差押えがあって、初めて第三債務者は弁済先を誤らないようになり、二重弁済の危険を免れるといえるからである。

　また、優先権保全説からも、同様に必要と解することになる。物上代位が抵当権者に対する一種の恩恵であるところ、その恩恵を受けるに値するのは、自ら差押えをした抵当権者に限られるからである。

　他方、特定性維持説からは、その考え方を徹底すると、誰が差し押さえても特定性は維持される以上、抵当権者自身による差押えは必ずしも要しないとい

うことになる。ただし、特定性維持説に立ちつつも抵当権者自身による差押え
を必要とする見解もあり、議論は錯綜している。

Q 「差押え」は抵当権者が自ら行う必要があるか　**A**

A説 **不要説**

結論：自ら差し押さえる必要はない。

理由：特定性維持説の徹底（我妻など）。

B説 **必要説**

結論：自ら差し押さえる必要がある。

理由：①優先権保全説に立脚（石田文）。

②特定性維持説に立脚しつつも、いくら特定性が維持されているからといっ
て、抵当権者が差押えもなしにいきなり債務者（第三債務者）に対して弁済
を請求できる、というわけにはいかない、と考える（高木）。

③第三債務者保護説に立脚。

ウ 「払渡し又は引渡し」 **A**

以上の差押えは、「払渡し又は引渡し」の前にされなければならない（372
条・304条1項ただし書）。

「払渡し又は引渡し」の典型は、第三債務者による弁済である。

たとえば、Aの債権を担保するためにB所有の建物に抵当権が設定されてい
たところ、その建物がCの放火により滅失した場合、Aが、BのCに対する損
害賠償請求権に対して物上代位権を行使するためには、CがBに対して弁済す
るよりも前に、かかる損害賠償請求権を差し押さえなければならないわけであ
る。

（ア）債権譲渡　➡論証30

ここでまず問題となるのが、債権譲渡が「払渡し又は引渡し」にあたるか否
かである。

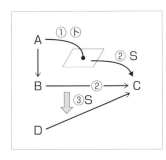

a　問題の所在

たとえば、①AがB所有の土地に抵当権を
有し、その登記を備えていたところ、②Bが
その土地をCに売却した。その後、③Aが物
上代位の「差押え」をする前に、Bが、Cに対
する代金債権をDに譲渡し、Dが債権譲渡の
第三者に対する対抗要件（467条2項）を備え

たとしよう。

この場合、BからDへの債権譲渡が304条の「払渡し又は引渡し」にあたるのであれば、未だ差押えをしていないAは、代金債権について物上代位権を行使できない。

では、債権譲渡は、「払渡し又は引渡し」にあたるのだろうか。

b　検討

この問題についての判例（最判平成10・1・30百選Ⅰ84）のロジックは、次のとおりである。

まず、法が「払渡し又は引渡し」の前に差押えを要求した趣旨は、二重弁済を強いられる危険から第三債務者を保護するという点にある（第三債務者保護説➡212ページ（ウ））。そうだとすれば、たとえ債権譲渡がなされたとしても、第三債務者による弁済前であるならば、物上代位権の行使を認めても支障はない。

また、「払渡し又は引渡し」という文言は、当然には債権譲渡を含むものではない。

よって、①債権譲渡は「払渡し又は引渡し」にはあたらないというべきである（結論1）。

ただし、物上代位の目的債権についても抵当権の効力が及ぶこと（つまり物上代位権を行使しうること）は、抵当権設定登記により初めて公示される。

よって、②抵当権設定登記が債権譲渡の対抗要件具備よりも先になされていることは必要と解していくのである（結論2）。

上記の事例では、Dの対抗要件具備よりも先に、Aの抵当権の設定登記がなされている。したがって、CからDへの弁済前にAが代金債権を差し押さえた限り、Aは代金債権について物上代位権を行使することができる。

以上に対し、**動産売買先取特権**（➡174ページ**3**）に基づく物上代位については、動産売買先取特権者による「差押え」よりも前に、その目的債権が譲渡され、第三者に対する対抗要件が具備された場合は、動産売買先取特権者は、もはや**物上代位権を行使することはできない**とされています（最判平成17・2・22民集59-2-314）。

このように、抵当権と動産売買先取特権とで解釈に違いが生じるのは、抵当権は登記によって**公示されている**のに対し、動産売買先取特権には**公示が存在しない**からです。

つまり、動産売買先取特権には公示が存在しない以上、動産売買先取特権との関係では、304条の「差押え」の中に、第三債務者の保護という趣旨に加えて、第三債務者以外の第三者、すなわち物上代位の目的債権の譲受人などの**第三者の利益の保護**という趣旨をも読み込む必要があります。そのため、動産売買先取特権者による「差押え」が、債権譲

渡ないしその対抗要件具備よりも先行していることが必要と考えていくわけです。

この抵当権と動産売買先取特権との比較は、論文対策としても重要です。結論と理由を、しっかりと押さえておきましょう。

Ｑ 債権譲渡は「払渡し又は引渡し」にあたるか　Ａ

結論：①債権譲渡は「払渡し又は引渡し」にあたらず、実際の弁済がなされる前に差し押さえればよい。

　　　②ただし、抵当権設定登記が債権譲渡の対抗要件具備よりも先になされていることが必要である。

理由：①第三債務者保護の見地からは、第三債務者による弁済前であるならば、物上代位を認めても支障はないし、「払渡し又は引渡し」という言葉は、当然には債権譲渡を含むものではない。

　　　②ただし、抵当権の効力が物上代位の目的債権についても及ぶことは、抵当権設定登記により初めて公示される。

（イ）一般債権者による差押え・転付命令

次に、応用的な論点を検討してみよう。

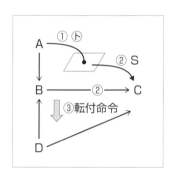

たとえば、①ＡがＢ所有の土地に抵当権を有し、その登記を備えていたところ、②ＢがＣにその土地を売却した。その後、③Ａが物上代位の「差押え」をする前に、Ｂの一般債権者Ｄが、ＢのＣに対する代金債権を差し押さえ、転付命令を得たうえで、その旨が第三債務者であるＣに送達されたとする。

この場合も、Ａによる物上代位の可否は、（ア）の債権譲渡の場合と同様に解してよいのだろうか。

　債務者が債務を履行しない場合、債権者は、一定の要件のもと、債務者の財産に対する強制執行が可能です（➡総則［第３版］33ページア）。そこで、この事案のＤは、ＢがＣに対して有する代金債権を差し押さえたわけです。

　そして、強制執行として債権が差し押さえられると、裁判所によって転付命令が出されることがあります。この転付命令というのは、いわば**強制的な債権譲渡**のことです。転付命令が出されると、Ｂの有する債権は、強制的にＤに譲渡されることになるわけです。

　とすると、この差押え＋転付命令がなされた事案は、債権譲渡がなされた（ア）の事案とほぼ同じということになります。そこで、（ア）の発想がそのまま使えるのか、それともこの事案独自の考察が必要なのか、ということが問題となってくるわけです。

この点、（ア）の債権譲渡の場合と同様に、転付命令は「払渡し又は引渡し」にはあたらず（結論1）、ただし抵当権設定登記が転付命令の第三債務者への送達よりも先になされていることは必要（結論2）とする見解も有力である。

しかし、判例は、そのようには解さず、この事案では物上代位権の行使を認めなかった。すなわち、転付命令が第三債務者に送達される時までに抵当権者が当該債権を差し押さえなかった場合は、転付命令はその効力を妨げられないと判示したのである（最判平成14・3・12民集56-3-555）。

この判例は、民事執行法159条3項をその根拠としている。同項は、「転付命令が第三債務者に送達される時までに、転付命令に係る金銭債権について、他の債権者が差押え……をしたときは、転付命令は、その効力を生じない」としているところ、抵当権者Aはその「差押え」をしていない以上、転付命令の効力が優先されると解したわけである。

　確かに、転付命令は強制的な債権譲渡の性質を有します。しかし、転付命令と債権譲渡が全く同じかというと、実はそうではありません。たとえば、転付命令が出され、その書面が第三債務者に送達されると、原則として債権者は弁済を受けたものと擬制されます（民事執行法160条）。DのBに対する債権は、消滅してしまうわけです。
　判例は、このような差異にも照らして、（ア）の判例と異なる結論を採用したのだと理解しておきましょう。

【「4. 物上代位」のまとめ】
・根拠条文は372条、304条
・売却代金にも可　∵交換価値の実現＋明文
・賃料債権にも可（371条）
・転貸賃料には不可　∵賃借人はnot「債務者」
・抵当権登記後に賃借人が取得した債権を自働債権とし、物上代位の差押えが行われた賃料債権を受働債権とする相殺は不可
　　∵物上代位は公示済み→賃借人保護の必要なし
・ただし、敷金による充当は可
・火災保険金にも可
　　∵最後のよりどころ、交換価値の実現
・払渡しまたは引渡し前の差押えが必要
・趣旨は、二重弁済の危険から第三債務者を保護
・よって、抵当権者自身による差押えが必要
・債権譲渡はあたらない　cf. 転付命令

∵趣旨→弁済前なら物上代位は問題なし＋文言に当然には含まれない
・ただし、抵当権登記が債権譲渡の対抗要件具備よりも先になされたことは必要
　∵物上代位は登記により初めて公示
・動産先取特権では、債権譲渡の対抗要件具備後に差し押さえて物上代位は不可
　∵公示なし

5. 抵当権の実行

1　種類　B⁻

　抵当権を実行する方法としては、①担保不動産競売と、②担保不動産収益執行とがある（民事執行法180条）。

　これらにつき、詳しくは民事執行法で学ぶ。以下では、①の担保不動産競売に絞り、その概略をごく簡単に説明しておこう。

2　要件　B

　担保不動産競売は、抵当権者の申立てによる。

　これを適法に申し立てるには、被担保債権の弁済期が到来していることが必要である。

　同一の不動産に複数の抵当権が設定されている場合は、後順位抵当権者にも競売の申立権が認められる。その申立てに先順位抵当権者の承諾等は不要である。

3　手続　B

　裁判所は、申立てに基づき競売手続開始決定を行う（民事執行法188条・45条1項）。この開始決定は、債務者に送達される（同法188条・45条2項）。

　競売は、通常、入札の方法で行われ、最高額で入札した者が買受人となる。

　買受人は、代金を納付した時に不動産を取得する（民事執行法188条・79条）。

買受人が納付した代金は、配当表に基づき配当される（同法 188 条・84 条）。

具体的には、複数の抵当権者がいる場合は、まず 1 番抵当権者に配当され、次いで 2 番抵当権者、3 番抵当権者へと順次配当される。後順位抵当権者の申立てによって競売が開始された場合も同様である。途中で金銭が足りなくなれば、当然、その後の配当は行われない。

4 権利の消滅（消除主義） B⁻

不動産上の先取特権、使用・収益をしない旨の定めのある質権、ならびに抵当権は、売却により全て消滅する（民事執行法 188 条・59 条 1 項）。売却代金が被担保債権額に満たなかった場合も同様である。

これを、消除主義という。

6. 法定地上権

法定地上権は、苦手意識をもつ初学者の多い箇所である。

しかし、1 つ 1 つ着実に押さえていけば、何ら難しい箇所ではない。しっかりと学んでいこう。

1 意義 A

法定地上権とは、土地およびその上に存する建物が同一の所有者に属する場合において、その土地または建物につき抵当権が設定され、その実行により土地と建物の所有者が異なるに至ったときに、法律上当然に成立する地上権をいう（388 条）。

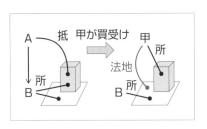

たとえば、B が土地と建物を所有していたところ、その建物を目的とする A の抵当権が設定され、これが実行されて甲が買受人となったとする。この場合、建物所有者である甲は、B 所有の土地

に対する法定地上権を取得する。そのため、甲は土地を利用することができ、その所有する建物を収去する必要はないことになる。

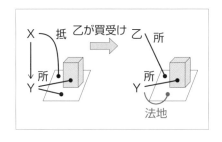

また、Yが土地と建物を所有していたところ、その土地を目的とするXの抵当権が設定され、これが実行されて乙が買受人となった場合、建物所有者であるYは、乙所有の土地に対する法定地上権を取得する。そのため、Yは土地を利用することができ、その所有する建物を収去する必要はないことになる。

2 趣旨 A⁺

民法は、なぜこのような法定地上権の規定をおいたのか。

それは、土地と建物が別個独立の不動産であることから生じる、建物収去による社会経済上の不利益を回避するためである。

この趣旨を理解するために、仮に法定地上権が認められない場合を考えてみよう。

法定地上権が認められない場合、たとえば上記の建物買受人甲は、建物の所有権は取得するものの、B所有の土地の利用権は何ら有しないことになる。したがって、結局、甲は建物を収去して土地をBに明け渡さなければならなくなる。かかる建物の収去は、社会経済上不利益である。

また、たとえば上記のYは、Xの抵当権が実行され土地が乙に買い受けられても、建物所有権を有し続ける。しかし、Yには土地の利用権がないため、結局、Yは建物を収去して土地を買受人乙に明け渡さなければならなくなる。かかる建物の収去は、やはり社会経済上不利益である。

そこで、こうした建物収去による社会経済上の不利益を回避するために定められたのが、388条の法定地上権なのである。

そして、かかる趣旨に照らし、法定地上権を定めた388条は、抵当権設定契約の当事者による特約によっては排除できない強行規定である（大判明治41・5・11民録14-677）。

こうした建物収去による社会経済上の不利益を回避するための立法手段としては、もう１つ、**自己借地権**（自分の所有地に対する賃借権または地上権）の設定を認めるという方法が考えられます。

　たとえば、仮に自己借地権を設定できるとして、上記のＢが実際に自己借地権を設定していたとしましょう。その場合、Ａの有する建物に対する抵当権は、Ｂの自己借地権にも及ぶことになります（建物所有権の従たる権利であるため。➡204ページウ）。したがって、建物の抵当権の実行により、建物の買受人である甲は、建物の所有権に加え、Ｂの自己借地権をも取得することになり、建物収去の問題は生じないことになります。

　また、上記のＹが自己借地権を設定していた場合、Ｙは、土地の買受人である乙にもこの自己借地権を対抗できるのが通常です。したがって、やはり建物収去の問題は生じないことになります。

　しかしながら、自己借地権は、ごく例外的な場合（借地借家法15条）以外は認められていません。そのため、建物収去による社会経済上の不利益を回避するべく、法定地上権が定められているわけです。

3　要件　🅐

　法定地上権の成立要件は、①抵当権設定当時に建物が存在すること、②抵当権設定当時に土地と建物の所有者が同一であること、③土地または建物に抵当権が設定されたこと、④実行の結果、土地と建物の所有者が異なるに至ったこと、の４つである（388条前段）。これらの要件は、覚えておいてほしい。

　以下、項を改めて、各要件を検討しよう。

4　要件①──抵当権設定当時の建物の存在　🅐

　法定地上権が成立するには、まず、抵当権設定当時に建物が存在しなければならない（388条前段）。

ア　更地に抵当権を設定した後に建物が建てられた場合　➡論証31

　この要件に関してまず問題となるのが、更地に抵当権を設定した後に、建物

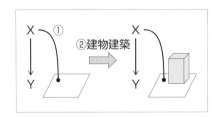

が建てられ、土地の抵当権が実行された場合に法定地上権が成立するか否かである。

　この場合、抵当権者は、土地を更地として高く評価して抵当権の設定を受けている。にもかかわらず、その後の

建物の建築によって法定地上権が成立すると解しては、抵当権者の期待に反する。

　よって、法定地上権は成立しないと解するのが妥当であろう。判例も、成立を否定している（大判大正4・7・1民録21-1313、大判昭和11・12・15民集15-2212）。

> 　土地の抵当権者にとって、法定地上権は大きな負担です。法定地上権が成立する場合、土地の抵当権を実行しても、買受人はその土地を自ら使用することができなくなってしまうため、高値での入札は望めないからです。
> 　上記の事案では、抵当権の設定当時は法定地上権の成立要件をみたしていないため、抵当権者は、実行しても法定地上権が発生しないことを前提として抵当権の設定を受けています。そのため、いくらその後に建物が建築され、事後的に要件をみたすことになったといっても、やはり法定地上権は成立させるべきではない、と考えていくわけです。

イ　抵当権者があらかじめ建物の築造を承諾していた場合

　では、上記と同じく、更地に抵当権を設定した後に、建物が建てられ、土地の抵当権が実行された事案で、建物の建築を抵当権者があらかじめ承諾していた場合はどうか。

　この場合、抵当権者の利益を考慮する必要はないが、法定地上権の成立を認めてしまうと、なお登記簿を信頼した買受人を害する。

　よって、やはり法定地上権は成立しないと解するべきである。判例も、成立を否定している（最判昭和36・2・10民集15-2-219）。

> 　競売に入札する人は、登記簿をみて、法定地上権の成否を判断するはずです。そして、登記簿をみても、抵当権者が建物の建築を承諾していたなどという内容はもちろん書かれていません。したがって、土地の買受人としては、法定地上権が成立しないと考え、高値で入札することになります。
> 　にもかかわらず、公示されていない抵当権者の承諾を理由に法定地上権の成立を認めては、買受人を害することになります。そのため、やはり法定地上権の成立は否定するべきだと考えていくわけです。

ウ　土地・建物の共同抵当設定後の新建物のための法定地上権の成否

　➡論証32

　次に、土地・建物の共同抵当設定後の新建物のための法定地上権の成否という、やや応用的な問題を検討する。

　たとえば、Aが、B所有の土地と建物に抵当権の設定を受けた（共同抵当とい

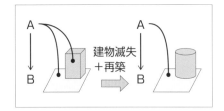

う。→ 249 ページ **1**）ところ、その建物
が A の承諾のもと取り壊され、その
土地の上に新たな建物が建築された
としよう。

この場合、当初の建物の取壊しに
より、A の当初の建物に対する抵当権
は消滅する（→ 22 ページ **1**）。また、新しい建物に対する抵当権は設定されて
いないとする。

では、その後に土地の抵当権が実行された場合、法定地上権は成立するのだ
ろうか。

（ア）個別価値考慮説（旧判例）

まず、法定地上権の成立を認める見解がある。

この見解は、共同抵当について、①建物の抵当権は、実行時に発生する法定
地上権を含めた建物の担保価値を把握している一方、②土地の抵当権は、法定
地上権の負担つきの土地の担保価値を把握していると捉える。

そして、①建物の抵当権は消滅し、②土地の抵当権が実行されたのであるか
ら、当然に法定地上権が成立すると考えていくのである。

この見解は、建物の抵当権と土地の抵当権の価値をそれぞれ個別的に考える
ことから、個別価値考慮説とよばれる。

判例も、かつてはこの見解を採用していた（大判昭和 13・5・25 民集 17-1100）。

この見解によれば、A が有する 2 つの抵当権につき、①建物の抵当権が把握している価
値は（将来法定地上権が成立するため）高く、②土地の抵当権が把握している価値は（将
来法定地上権が成立するため）低い、ということになります。
そして、①の抵当権は消滅してしまい、②の抵当権だけが実行された以上、法定地上権
が成立するのは当然だ、と考えていくわけです。

（イ）全体価値考慮説（現判例）

しかし、このように、建物の抵当権と土地の抵当権が把握する価値を個別的
に考えるのは妥当でない。抵当権者は、土地と建物を共同抵当にとることによ
って、その全体の担保価値を把握しているというべきである。

そして、かかる抵当権者の利益が、建物の滅失・再築という事後的な事態に
よって害されるべきではない。

したがって、特段の事情のない限り、法定地上権は成立しないと解するのが妥当であろう。

　この見解は、建物の抵当権と土地の抵当権の価値を全体的にセットで考えることから、全体価値考慮説とよばれる。

　現在の判例も、同様の理由から、「新建物の所有者が土地の所有者と同一であり、かつ、新建物が建築された時点での土地の抵当権者が新建物について土地の抵当権と同順位の共同抵当権の設定を受けたとき等特段の事情のない限り、新建物のために法定地上権は成立しない」としている（**最判平成９・２・14百選Ⅰ89**）。

5　要件②── 抵当権設定当時の所有者が同一　　Ａ

　次に、法定地上権が成立するには、抵当権設定当時において、土地と建物の所有者が同一であることを要する（388 条前段）。

ア　趣旨その１ ──別人所有の場合

　なぜこの要件が要求されるのか。それは、この要件がみたされない場合、すなわち、抵当権設定当時において土地と建物の所有者が異なる場合は、約定に基づく土地利用権が存在するはずであるため、法定地上権を認める必要がないからである。

　この点を、もう少し具体的に検討してみよう。

　たとえば、土地は A 所有、建物は B 所有の場合、A と B との間で、約定に基づく土地利用権（たとえば地上権）が設定されているはずである（それがなければ、B はただの不法占有者である）。

　そして、①建物に X の抵当権が設定された場合、その抵当権は、建物所有権の従たる権利である B の土地利用権

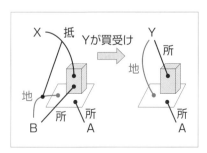

にも及ぶ（➡ 204 ページ**ウ**）。したがって、その抵当権が実行され、Y が買受人となった場合、Y は、建物所有権に加え、土地利用権も取得し、建物は存続しうることになる。よって、法定地上権は不要である。

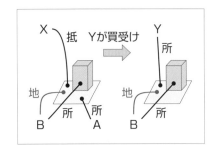

では、②土地に X の抵当権が設定された場合はどうか。この場合、B の土地利用権が X の抵当権設定登記よりも前に対抗要件（605条、借地借家法10条）を備えていれば、B はその土地利用権を抵当権者および買受人に対抗できる（➡233ページ**1**参照）。したがって、X の抵当権が実行され、Y が買受人となっても、建物所有者 B はもともと有する土地利用権に基づき建物を所有することができ、建物は存続しうる。よって、やはり法定地上権は不要である。

以上の理由から、抵当権設定当時において、土地と建物の所有者が同一だった場合に限り、法定地上権が成立するとされているわけである。

イ　趣旨その2 ── 設定後に同一人所有となった場合

この要件をみたすには、あくまでも抵当権設定当時において、土地と建物の所有者が同一であることが必要である。

抵当権設定当時は別人所有だった場合、その後に同一人所有となっても、法定地上権は成立しない（最判昭和44・2・14民集23-2-357）。法定地上権は不要だからである。

この点を、もう少し具体的に検討してみよう。

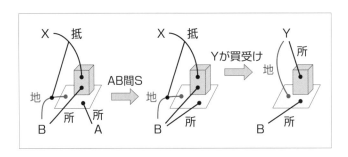

たとえば、X が、A 所有の土地の上に存する、B 所有の建物に対する抵当権の設定を受けたとする（上の図の左）。

この場合、X の抵当権は、建物に加えて、建物所有権の従たる権利である土

地利用権にも及ぶ（➡ 204 ページ**ウ**）。

　そして、後日、土地が A から B へ譲渡されたとする（前ページ下の図の中央）。この場合、もともと B が有していた土地利用権は、第三者 X の抵当権の目的となっている以上、混同の例外にあたり消滅しない（地上権につき 179 条 1 項ただし書、賃借権につき 179 条 1 項ただし書類推 ➡ 23 ページ（**イ**））。B は、建物所有権、土地所有権に加えて、土地利用権も有していることになるわけである。

　そして、その後に抵当権が実行され、Y が買受人となった場合（前ページ下の図の右）、Y は、建物所有権とともに、B が有していた土地利用権も取得する。そのため、Y は建物を収去する必要はない。したがって、法定地上権は不要であるから、成立しない。

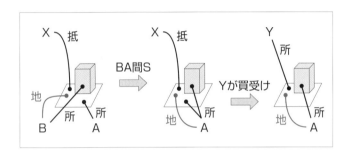

　もう 1 つ、事例を考えてみよう。

　たとえば、X が A 所有の土地に対する抵当権の設定を受けた。その抵当権設定当時、対抗要件を備えた土地利用権を有する B が建物を所有していたとする（上の図の左）。

　この場合、X の抵当権設定登記よりも先に土地利用権の対抗要件を備えている B は、抵当権者 X に対して土地利用権を対抗できる。

　そして、その後、B から A へ建物が譲渡されたとしよう（上の図の中央）。

　この建物の譲渡により、A は建物所有権に加え、その従たる権利である B の土地利用権をも取得する（87 条 2 項類推）。そして、この土地利用権は、土地が第三者 X の抵当権の目的となっているため、混同の例外にあたり消滅しない（地上権につき 179 条 1 項ただし書、賃借権につき 179 条 1 項ただし書類推）。A は、建物所有権、土地所有権に加え、土地利用権も有することになるわけである。

　そして、その後に X の抵当権が実行され、Y が買受人となった場合（上の図

の右）、建物所有者 A はもともと有する土地利用権に基づき建物を所有することができ、建物は存続しうる。よって、やはり法定地上権は不要であり、成立しない。

> これらの事例を理解するには、従物（➡総則 [第3版] 120ページ **2.**）や抵当権の及ぶ目的物の範囲（➡ 201ページ **2**）、物権の混同（➡ 22ページ **2**）などの知識が不可欠です。よく理解できなかった方は、これらの知識を復習したうえで、もう一度チャレンジしてみてください。
> そして、これらの事例を理解したうえで、「抵当権設定当時において、土地と建物の所有者が同一だったこと」という要件自体を、しっかりと覚えておきましょう。

ウ　2番抵当権設定時に同一人所有だった場合①──土地の抵当権　➡論証33

　以上で見てきたとおり、抵当権設定当時において土地と建物の所有者が同一であることが、法定地上権の重要な成立要件の1つである。

　では、1番抵当権がこの要件をみたさないものの、2番抵当権がこの要件をみたしている場合、法定地上権は成立するのだろうか。

　この問題につき、まずは土地の抵当権について検討してみよう。

（ア）原則

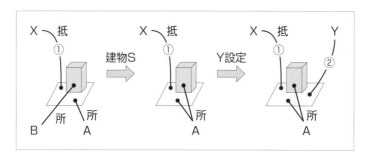

　たとえば、A 所有の土地に X の抵当権が設定された。その当時、その土地には B 所有の建物が建っていたとする（上の図の左）。その後、その建物が B から A へ譲渡された（上の図の中央）。ここまでは**イ**の2つ目の事案と同じだが、その後、土地に Y の2番抵当権が設定されたとしよう（上の図の右）。

　この事案で抵当権が実行された場合、法定地上権は成立するか。

　この点、① X の1番抵当権を基準とすれば、その設定当時は土地と建物が別人所有であるから、法定地上権の要件をみたさない一方（➡上記**イ**）、② Y の

2番抵当権を基準とすれば、その設定当時は土地と建物が同一人所有であるから、法定地上権の要件をみたしている。

そこで問題となるのが、いずれの抵当権を基準として法定地上権の成否を判断するべきかであるが、判例は、土地の抵当権については、1番抵当権を基準とするべきとし、法定地上権の成立を否定する（最判平成2・1・22民集44-1-314）。

思うに、1番抵当権者は、法定地上権の負担がないものとして土地を高く評価していたはずである。にもかかわらず、その後の建物の譲渡や土地への2番抵当権の設定により、かかる1番抵当権者の期待が害されるのは妥当でない。判例は妥当であろう。

> この場合も、もともとの建物所有者Bは、土地利用権を有していたはずです。そして、Xの抵当権設定当時、既にBの土地利用権が対抗要件を備えていた限り、Xも買受人も土地利用権の対抗を受けます（➡イ）。その点は、Xも覚悟していたはずです。
> しかし、法定地上権に比べて、AB間の約定に基づく土地利用権のほうが、Xや買受人の負担は軽いのが通常です。そのため、Xとしては、「約定に基づく土地利用権の負担はあるけれども、法定地上権の負担はないのだから、この土地の価値はそこそこ高く評価していいはずだ」と考え、抵当権の設定を受けているはずです。
> にもかかわらず、その後の土地所有者Aの建物の取得およびYの2番抵当権の設定といった事後的な事情によって、Xの期待が害されるのは妥当ではありません。そのため、土地については1番抵当権を基準とするわけです。

（イ）例外

では、上記の事案で、弁済などによりXの1番抵当権が消滅した後に、Yの抵当権が実行された場合も、法定地上権は成立しないのだろうか。

この場合、法定地上権の要件をみたしていないXの1番抵当権が消滅しており、法定地上権の要件をみたしているYの抵当権が実行された以上、法定地上権は成立すると解するべきであろう。

判例も、成立を肯定している（最判平成19・7・6百選I 88）。

> Yとしては、その抵当権の設定を受けた当時、Xの1番抵当権が存在したため、（ア）の判例を前提として、**法定地上権は成立しないと予測**して土地の担保価値を高く評価していたはずです。にもかかわらず、その後のXの1番抵当権の消滅を理由として法定地上権の成立を認めるのは、Yに不測の損害を与えることになり、Yに酷とも思えます。
> しかし、いくらYの抵当権設定当時にXの1番抵当権が存在したといっても、弁済等により、将来において**Xの1番抵当権が消滅する可能性**があるのは当然のことです。とすれば、Yは、抵当権の設定を受ける際、そうした事態をも予測したうえで、土地の担保価値を

評価するべきだったといえるはずです。このように考えれば、法定地上権の成立を認めても、Ｙに不測の損害を与えることにはならないといっていいでしょう。

エ　２番抵当権設定時に同一人所有だった場合② ── 建物の抵当権　➡論証34

　次に、建物への１番抵当権の設定当時は土地と建物は別人所有だったけれども、建物への２番抵当権の設定当時には、土地と建物が同一人所有となっていた場合はどうか。

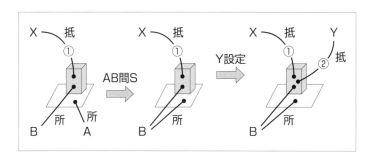

　たとえば、Ａ所有の土地上に存するＢ所有の建物に対して、Ｘの抵当権が設定されたとする（上図の左）。その後、その土地がＡからＢへ譲渡された（上図の中央）。ここまでは**イ**の１つ目の事案と同じだが、その後、建物に対するＹの２番抵当権が設定されたとしよう（上図の右）。

　この事案で抵当権が実行された場合、法定地上権は成立するか。

　この点、Ｘの１番抵当権を基準とすれば法定地上権の要件をみたさない一方（➡ 223 ページ **5**）、Ｙの２番抵当権を基準とすれば法定地上権の要件をみたしている。

　そこで問題となるのが、いずれの抵当権を基準として法定地上権の成否を判断するべきかであるが、判例は、建物の抵当権については、２番抵当権（後順位抵当権）を基準とするべきとし、法定地上権の成立を肯定する（大判昭和14・7・26民集18-772）。

　土地の抵当権と異なり、建物の抵当権については、２番抵当権を基準として法定地上権の成立を認めても、２番抵当権者Ｙはもとより１番抵当権者Ｘも害されず、むしろ利益となる。判例は妥当であろう。

オ　設定後に別人所有となった場合　➡論証35

　上記の**ウ**と**エ**では、抵当権の設定後に土地と建物が同一人所有となった場合の問題を検討した。

　では、逆に、抵当権の設定当時は土地と建物が同一人所有だったが、その後に土地と建物が別人所有となった場合、抵当権の実行により法定地上権が成立するか。

　この場合は、法定地上権は成立すると解してよい。抵当権者は、法定地上権の発生を予測し、それを覚悟（土地の抵当権者）または期待（建物の抵当権者）していたといえるからである。

　判例も、法定地上権の成立を肯定している（大連判大正12・12・14民集2-676）。

カ　共有の場合

　最後に、土地または建物が共有だった場合の法定地上権の成否につき、簡単に検討する。それぞれの結論は、短答式試験用に覚えておこう。

（ア）土地が共有の場合

　まず、土地が共有で、共有者の1人が自らの持分に抵当権を設定し、これが実行された場合は、法定地上権は成立しない（最判昭和29・12・23民集8-12-2235）。成立を認めると、抵当権の設定に関与していない他の共有者を害することになるからである。

　たとえば、AとBが共有する土地上に、Aの所有する建物があったところ、Aが土地の自らの持分にXの抵当権を設定し（これはAが単独でできる。➡118ページ**3**）、その抵当権が実行されたとする。この場合に、建物所有者Aのための法定地上権の成立を認めると、土地の他の共有者Bを害するおそれがある。

　また、Aが建物に抵当権を設定し、それが実行された場合も同様である。

そのため、法定地上権は成立しないと解していくわけである。

（イ）建物が共有の場合

次に、建物が共有で、共有者の1人が自らの持分に抵当権を設定し、これが実行された場合は、法定地上権が成立する（最判昭和46・12・21民集25-9-1610）。土地が共有の場合と異なり、法定地上権の成立を認めたほうが、他の共有者の利益となるからだと理解しておこう。

たとえば、A所有の土地に、AとBが共有する建物があったところ、Aが建物の自分の持分にXの抵当権を設定し、それが実行され、Yが買受人となったとする。

この場合に、建物の共有者であるBとYのための法定地上権を成立させると、それはもちろんBとYの利益となる。土地の所有者であるAにとっては不利益であるが、Aは自ら抵当権を設定している以上、その不利益を考慮する必要はない。

また、Aが土地に抵当権を設定し、それが実行された場合、建物の共有者であるAとBのための法定地上権を成立させると、それはBの利益となる。土地の買受人には不利益であるが、買受人はそれを覚悟していたはずであるから、その不利益を特に考慮する必要はない。

そのため、法定地上権が成立すると解していくわけである。

（ウ）土地と建物がともに共有の場合

以上のように、判例は、土地が共有の場合は法定地上権の成立は否定し、建物が共有の場合は法定地上権の成立を肯定する。

では、土地と建物がともに共有の場合はどうか。

この場合も、土地の共有という側面がある以上、やはり法定地上権は成立しないと解してよい。

判例も、特段の事情のない限り、法定地上権は成立しないとしている（**最判平成6・12・20百選Ⅰ90**）。

共有の場合についての以上の各判例も、短答式試験にしばしば出題されます。
土地共有の場合は否定（他の共有者を害するため）、**建物共有の場合は肯定**（他の共有者の利益になるため）、**土地と建物の共有の場合は否定**（土地共有の側面があるため）、ということを、しっかりと覚えておきましょう。

---

6 要件③ ── 抵当権の設定) Ａ

法定地上権が成立するには、条文上は、「土地又は建物」に抵当権が設定されたことが必要とされている（388 条前段）。

しかし、判例は、土地および建物に抵当権が設定された場合も、この要件をみたすとしている（最判昭和 37・9・4 民集 16-9-1854）。この場合にも、法定地上権の趣旨が妥当するからである。

したがって、たとえばＡ所有の土地と建物の双方にＸの抵当権が設定され、これが実行されて土地はＹ、建物はＺが買受人となった場合、Ｚは法定地上権を取得する。

7 要件④ ── 所有者が異なるに至ったこと) Ａ

法定地上権が成立するには、実行の結果、土地と建物の所有者が異なるに至ったことが必要である（388 条前段）。

なお、388 条前段の「実行」には、抵当権の実行としての競売のほか、抵当権者でない他の債権者の申立てにより強制競売があった場合も含まれる（大判大正 3・4・14 民録 20-290）。

8 法定地上権の内容) Ｂ

以上の要件をみたすと、法定地上権が成立する。

法定地上権も有償であり、その地代は当事者の請求により裁判所が定める（388 条後段）。この点は注意しておこう。

また、法定地上権を第三者に対抗するには、通常の地上権と同様に、対抗要件の具備が必要である（177 条）。

したがって、たとえば、Ａ所有の土地建物のうち、土地にＸの抵当権が設定されていたところ、その抵当権が実行され、Ｙが土地の買受人となり、建物所有者Ａが法定地上権を取得したが、Ｙがその土地をさらにＺに譲渡した場合、Ａは法定地上権の登記（177 条）または建物所有権の登記（借地借家法 10 条）なくして、Ｚに法定地上権を対抗できない。

9　一括競売　B⁺

ア　意義

　更地に抵当権が設定された後に、その土地に建物が築造され、抵当権が実行されたとする。この場合、建物のための法定地上権は成立しない（➡ 220 ページア）。したがって、建物の所有者は、土地の買受人に対し、建物を収去したうえで土地を明け渡すことになる。

　しかし、建物の収去が社会経済上不利益であることは否めない。

　そこで、更地に抵当権が設定された後に、その土地に建物が築造されたときは、土地の抵当権者は、土地とともにその建物を競売することができるとされている（389 条 1 項本文）。これを、一括競売という。

　この一括競売がなされると、同一人が土地と建物を買い受けることになり、建物の収去を回避することができるわけである。

イ　要件

　一括競売の要件は、①土地に抵当権が設定された後に建物が築造されたこと（389 条 1 項本文）、②建物の所有者が抵当地を占有するについて抵当権者に対抗することができる権利を有しないこと（同条 2 項）である。

　建物は、抵当権設定者の所有であると、他の第三者の所有であるとを問わない。

ウ　効果

　抵当権者は、売却代金全額から優先弁済を受けるわけではなく、土地の売却代金からだけ優先弁済を受ける（389 条 1 項ただし書）。抵当権者は、土地に対する抵当権を有しているだけだからである。

　当然の効果だが、短答式試験用にしっかりと押さえておこう。

【「6.　法定地上権」のまとめ】

　＜総論＞

　・条文は 388 条

　・趣旨：建物収去による社会経済上の不利益の回避　→強行規定

・要件：①抵当権設定時に建物が存在、②設定時に同一人所有、③抵当権が設定、④実行により別人所有になった
・法定地上権は、土地の抵当権者にとってはきわめて大きな負担
<設定時に建物が存在という要件につき>
・更地に抵当権設定後、建物を建築 →成立しない
　　∵抵当権者は更地として高く評価
・上記の建物建築について抵当権者が承諾していた場合 →成立しない
　　∵買受人を害する
・共同抵当設定後、建物取壊し＋建物再築 →成立しない（全体価値考慮説）
　　∵成立すると、事後的な事情によって抵当権者の利益が不当に害される
<設定時に同一人所有という要件につき>
・設定時に別人所有なら、その後同一人所有になっても不成立
　　∵不要なので
・1番は別人所有、2番は同一人所有の場合、土地は1番を基準にして不成立（ただし1番の消滅後は別）、建物は2番を基準にして成立
　　∵1番抵当権者の利益・不利益を考える
・土地共有の場合は否定、建物共有の場合は肯定、土地と建物の共有の場合は否定
　　∵抵当権設定に関与していない他の共有者の利益・不利益を考える
<土地または建物に設定という要件につき>
・土地および建物でも充足　∵趣旨が妥当
<内容>
・法定地上権も有償（388後）
・対抗要件は法定地上権の登記（177）または建物所有権の登記（借地借家法10）
<一括競売>
・一括競売は、法定地上権が成立しないときの話
・更地に設定→建物建築→土地実行の場合、建物も競売可（389Ⅰ本）
・ただし、抵当権者は、土地の代金からのみ優先弁済を受ける

7. 建物への抵当権設定登記後の建物使用権

1　総論　A

たとえば、XがA所有の不動産に対する抵当権の設定を受け、その抵当権

が実行された場合、その不動産をAから賃借して使用しているBはいかなる地位に立つか。

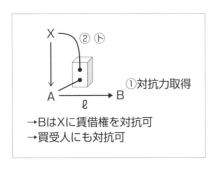

→BはXに賃借権を対抗可
→買受人にも対抗可

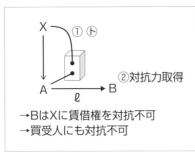

→BはXに賃借権を対抗不可
→買受人にも対抗不可

まず、Bの賃借権が、Xの抵当権設定登記よりも先に対抗要件（605条、借地借家法10条1項、31条1項）を備えていた場合は、Bは賃借権を抵当権者や買受人に対抗することができる。抵当権が実行されても、Bは、その不動産を賃借権に基づき使用し続けることができるわけである。

では、Bの賃借権が対抗要件を備えていない場合、またはXの抵当権設定登記よりも後に対抗要件を備えた場合はどうか。

この場合、Bは賃借権を抵当権者や買受人に対抗することができない。そのため、抵当権が実行された場合、Bは、その不動産を明け渡さなければならないわけである。

しかし、常に、または直ちに明け渡さなければならないとしては、あまりに対抗力を有しない賃借人Bの保護に欠ける。そこで、法は以下の2つの制度を設けている。

2 建物使用者の明渡し猶予 　B

まず、抵当権者に対抗することができない賃貸借により抵当権の目的である建物の使用または収益をする者であって、競売手続の開始前から使用または収益をする者（または強制管理や担保不動産収益執行の管理人が競売手続の開始後にした賃貸借により使用または収益をする者）は、その建物の競売における買受人の買受けの時から6か月を経過するまでは、その建物の明渡しを猶予される（395条1項）。

たとえば、XがA所有の建物に抵当権の設定を受け、その登記を備えた後

に、当該建物を賃借し対抗要件を備えた B は、その賃借権を X ないし買受人に対抗できないものの、買受人の買受けから 6 か月間は、建物に居住し続けることができるわけである。

3　全関係者の同意と同意の登記による賃貸借の対抗　B⁻

次に、登記をした賃貸借は、その登記前に登記をした抵当権を有する全ての者が同意をし、かつ、その同意の登記があるときは、その同意をした抵当権者に対抗することができる（387 条 1 項）。

抵当権者がかかる同意をするには、その抵当権を目的とする権利を有する者その他抵当権者の同意によって不利益を受けるべき者の承諾を得なければならない（387 条 2 項）。

上記 **2** で述べた 395 条に比べると細かい規定だが、全関係者の同意に加え、その同意の登記まで必要なことを一応覚えておこう。

8. 抵当権侵害

抵当権は、非占有担保物権である。したがって、抵当権者は、抵当権の目的となっている不動産の使用・収益には口出しすることができないのが原則である。

しかし、抵当権が現実に侵害されている場合、抵当権者は何も請求できないわけではない。では、いかなる請求をすることができるのだろうか。

抵当権者がとりうる手段としては、①所有権に基づく妨害排除請求権の代位行使、②抵当権に基づく妨害排除請求、③不法行為に基づく損害賠償請求、④期限の利益の喪失の主張・増担保請求が考えられる。

論文対策として、まずはこれらの手段を覚えたうえで、それぞれを検討していこう。

1　所有権に基づく妨害排除請求権の代位行使　B⁺

たとえば、A が B 所有の不動産に抵当権の設定を受けているところ、その不

動産をCが不法占有しているとする。

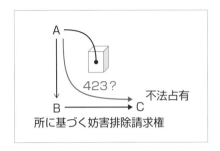

　この場合、抵当権設定者のBは、Cに対して所有権に基づく妨害排除請求権を有する。では、抵当権者Aは、その所有権に基づく妨害排除請求権を代位行使（423条）することができるか。

ア　可否

　判例は、第三者が抵当不動産を不法占有することにより、抵当不動産の交換価値の実現が妨げられ、抵当権者の優先弁済請求権の行使が困難となるような状態があるときは、抵当権者は抵当不動産の所有者に対し、抵当不動産を適切に維持または保存するよう求める請求権を有するとし、その請求権を保全する必要があるときは、所有者の不法占有者に対する妨害排除請求権を代位行使することができるとする（最大判平成11・11・24民集53-8-1899）。

　抵当権は目的物の占有を内容とする権利ではないが、抵当目的物の交換価値を把握する物権である以上、この判例は妥当であろう。

> 　かつての判例は、抵当権が非占有担保物権であることを理由に、抵当権者による妨害排除請求権の代位行使を否定していました。しかし、いわゆる占有屋などによって抵当不動産が不法占有されると、競売における売却価額が下落するおそれがあることから、平成11年に判例を変更し、かかる代位行使を認めたわけです。
> 　なお、試験対策上のこの判例のポイントは、抵当権の被担保債権を代位行使における被保全債権（➡総則［第3版］35ページア）とはせず、抵当不動産を適切に維持または保存するよう求める請求権（**担保価値維持請求権**）を被保全債権とした点にあります。ここはしっかりと覚えておきましょう。

イ　行使の効果

　では、代位行使により、抵当権者は具体的にいかなる請求ができるか。

　上記の判例は、所有者Bの妨害排除請求権の代位行使により、抵当権者Aは、Bのために当該建物を管理することを目的として、Cに対し、直接自己に当該建物を明け渡すよう求めることができるとする。

　抵当権は非占有担保物権であるが、抵当権者による代位行使が認められる事

案では、抵当不動産の所有者の管理能力に問題があるのが通常である（不法占有者と通謀していることも多い）以上、この結論も妥当であろう。

2　抵当権に基づく妨害排除請求 ➡論証 36 **A⁺**

では、よりダイレクトに、抵当権者 A は、占有者 C に対して抵当権に基づく妨害排除請求権を行使することができるか。

ア　可否

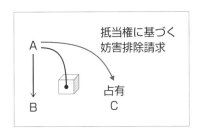

上記の判例は、①第三者が抵当不動産を不法占有することにより、抵当不動産の交換価値の実現が妨げられ、抵当権者の優先弁済請求権の行使が困難となるような状態があるときには、抵当権に基づく妨害排除請求が認められるとする（最大判平成 11・11・24 民集 53-8-1899）。

　さらに、その後の判例は、②抵当権設定登記後に抵当不動産の所有者から占有権原の設定を受けてこれを占有する者についても、その占有権原の設定に抵当権の実行としての競売手続を妨害する目的が認められ、その占有により抵当不動産の交換価値の実現が妨げられて抵当権者の優先弁済請求権の行使が困難となるような状態があるときは、抵当権者は、当該占有者に対し、抵当権に基づく妨害排除請求をすることができるとする（**最判平成 17・3・10 百選 I 86**）。

　確かに、抵当権は非占有担保物権であり、抵当不動産の使用・収益は抵当不動産の所有者に委ねられているのが原則である。しかし、抵当不動産の所有者は、抵当不動産を使用または収益するにあたり、抵当不動産を適切に維持管理することが予定されており、抵当権の実行としての競売手続を妨害するような占有権原を設定することは許されないというべきである。この平成 17 年の判例も妥当であろう。

イ　行使の効果

　そして、上記の平成 17 年判例は、抵当権に基づく妨害排除請求権の行使にあたり、抵当不動産の所有者において抵当権に対する侵害が生じないように抵

当不動産を適切に維持管理することが期待できない場合には、抵当権者は、占有者に対し、直接自己への抵当不動産の明渡しを求めることができるとする。

　代位行使の事案と同様、抵当不動産の所有者の管理能力に問題がある以上、この結論も妥当であろう。

　　1と**2**の各判例では、原告は妨害排除請求権を行使しています。しかし、相手方が目的物を占有している以上、原告は、返還請求権を行使するべきだったのではないか、と疑問に思われるかもしれません（➡ 11 ページ **1** 参照）。この点について言及している文献は見当たらないのですが、参考までに私見を述べておきます。
　　まず **1** の判例の事案では、所有者の有する返還請求権の代位行使という構成も、理論上は可能だったはずです。ただし、この判例よりも以前に、返還請求権の代位行使を否定する判例が出ていたため（最判平成 3・3・22 民集 45-3-268）、原告は返還請求権の代位行使という構成を避け、妨害排除請求権の代位行使という構成をとったのだろうと思います。
　　他方、**2** の抵当権者自身による請求については、抵当権者には通常の意味の占有が認められない以上、「抵当権者の占有の侵害」という事態が観念できないため、抵当権に基づく返還請求権という権利は観念できません。そのため、妨害排除請求権という構成をとったのでしょう。

3　不法行為に基づく損害賠償請求　B+

ア　要件

　抵当不動産に対する損傷その他の侵害があった場合、抵当権者は、将来抵当権が実行されるときに抵当不動産の価値が減少して被担保債権の満足が得られなくなる場合に限り、不法行為に基づく損害賠償請求権を取得する（大判昭和 3・8・1 民集 7 -671）。

　なぜなら、かかる場合にのみ、「損害」（709条）の発生が認められるからである。

　　たとえば、A が 100 万円の債権を被担保債権として、B 所有の 200 万円相当の建物に抵当権の設定を受けていたところ、C の行為によってその建物が一部損壊したとします。
　　仮に、この一部損壊により、建物の価格が 150 万円に減少した場合、抵当権者 A には、損害の発生が認められません。被担保債権 100 万円を全額優先弁済で回収することができるからです。
　　他方、一部損壊により、建物の価格が 40 万円まで減少した場合、A は本来受けられたはずの 60 万円分の優先弁済を受けることができなくなりますから、この場合には、A は C に対して損害賠償を請求することができるわけです。

イ　抵当権の実行前の損害賠償請求の可否

　問題は、抵当権の実行前でも、かかる損害賠償請求権が発生するかである。

この点、抵当権が実行されるまでに目的物の価格が変動する可能性がある以上、抵当権の実行前の段階では損害賠償請求権は発生しないとする見解がある。

しかし、この見解でも、抵当不動産の所有者が取得する不法行為者に対する損害賠償請求権（709条）への物上代位（➡210ページ**ウ**）は認めることになるため、わざわざ損害賠償請求権を否定する実益は乏しい。損害の算定が可能な限り、抵当権実行前の損害賠償請求を認めるのが妥当であろう。

判例も、抵当権の実行前の損害賠償請求を認めている（大判昭和7・5・27民集11-1289。損害賠償請求権の行使時を基準にして損害を算定した）。

4　期限の利益の喪失・増担保請求　**B**

ア　期限の利益の喪失

債務者が担保を滅失させ、損傷させ、または減少させたときは、債務者は期限の利益を失う（137条2号）。

その結果、抵当権者は直ちに抵当権を実行しうる（➡217ページ**2**）。

イ　増担保請求

明文はないが、債務者が担保を滅失させ、損傷させ、または減少させたときは、債権者は原則として増担保（追加担保・代担保）を請求できる（通説）。

9. 第三取得者の保護

抵当不動産の第三取得者を保護するための制度として、代価弁済と抵当権消滅請求がある。以下、簡単に説明しておこう。

なお、抵当権についてのここから先の内容は、概ね短答式試験用にとどまる。特にメリハリを意識して学んでいこう。

1 代価弁済 B

ア 意義

抵当不動産について所有権または地上権を買い受けた第三者が、抵当権者の請求に応じてその抵当権者にその代価を弁済したときは、抵当権は、その第三者のために消滅する（378条）。これを、代価弁済という。

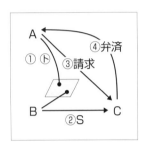

たとえば、Aの抵当権が設定され、その旨の登記がされているB所有の土地を、BがCに1000万円で譲渡した場合、AがCに代金1000万円の支払を請求し、Cがこれに応じてAに1000万円を弁済すれば、Cとの関係でAの抵当権は消滅するわけである。

もちろん、抵当権者は、Cの代金債務に対して物上代位権を行使しうるが、この代価弁済を用いれば、差押え（372条・304条）を要しない点でメリットがある。また、抵当権の実行よりも取得できる金額が多い可能性が高い点でも、抵当権者にとってメリットがある。

イ 要件

代価弁済の要件は、①抵当不動産につき所有権または地上権を買い受けた第三者がいること、②抵当権者の請求があること、③代価の弁済があること、の3つである。

①の「地上権を買い受けた」とは、全存続期間中の地代を一括して対価として支払って地上権を取得したという意味である。単に地上権の設定を受けただけではこれにあたらないので注意しよう。

③の「代価」は、抵当権の被担保債権の額に満たなくてもよい。その後の残債権は担保のない一般債権となる。

ウ 効果

第三取得者が所有権を買い受けた場合は、その第三取得者との関係で抵当権は消滅する。したがって、抵当権者は抵当権を実行できないことになる。

第三取得者が地上権を買い受けた場合は、抵当権はこの地上権者との関係で消滅するにとどまり、したがって、抵当権者は抵当権を実行できる。ただし、地上権者は抵当権の実行の影響を受けない。つまり、買い受けた地上権が、抵当権に対抗できる地上権になるわけである。

　第三取得者 C は、売主 B に対し、抵当権者 A に払った代価分の償還請求権を有し（570条）、これを自働債権として代金債務と相殺しうる。その相殺がなされると、第三取得者 C は、抵当権者 A に支払った代価の限度で売主 B に対する代金債務を免れるわけである。

2　抵当権消滅請求　Ｂ

ア　意義

　抵当不動産につき所有権を取得した第三取得者は、383条3号所定の代価または金額を抵当権者に提供して、抵当権の消滅を請求することができる（379条）。

　1で学んだ代価弁済が抵当権者のイニシアティブで行われるのに対し、この抵当権消滅請求は第三取得者のイニシアティブで行われる点が特徴である。

イ　要件

　抵当権消滅請求は、抵当不動産の所有権を取得した第三取得者に限って請求できる。地上権を取得した第三取得者は請求することができない。

　抵当権消滅請求は、被担保債権の弁済期前でも認められる。

　他方、抵当権の実行としての競売による差押えの効力が発生すると、抵当権消滅請求をすることができなくなる（382条）。

　抵当権消滅請求をするには、第三債務者は、登記をした各債権者に対し、383条各号所定の書面を送達しなければならない（383条）。

ウ　効果

　登記をした全ての債権者が抵当不動産の第三取得者の提供した代価または金額を承諾し、かつ、抵当不動産の第三取得者がその承諾を得た代価または金額を払い渡しまたは供託したときは、抵当権は消滅する（386条）。

　なお、383条の書面の送付を受けた債権者が、2か月以内に抵当権を実行し

て競売の申立てをしないとき等は、第三取得者が提供した 383 条 3 号の代価または金額を承諾したものと擬制される（384 条）。

　つまり、抵当権消滅請求を受けた抵当権者は、抵当権消滅請求を承諾するか、抵当権を実行するかの選択を強制されることになるわけである。

10. 抵当権の処分

　抵当権の処分は、全て短答プロパーである。簡単に説明しておくが、短答式試験の直前期に一読しておけば足りる。

1　転抵当　B

ア　意義

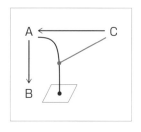

　転抵当とは、抵当権者がその抵当権をもって他の債権の担保とすることをいう（376 条 1 項前段）。

　その性質については争いがあるが、抵当権に対する新たな抵当権の設定とイメージしておけば試験対策としては十分である。

　たとえば、A が債務者 B 所有の土地に抵当権を有している場合に、A が自らの C に対する債務を担保するために、その抵当権に C の抵当権を設定することだとイメージしておこう。

イ　設定

　転抵当は、原抵当権者と転抵当権者の合意によって設定される。

　原抵当権の設定者や、原抵当権の後順位抵当権者などの合意は必要でない。

ウ　対抗要件

　まず、①転抵当にも 177 条の適用がある。すなわち、転抵当の設定を 177 条の「第三者」に対抗するには登記が必要である。

加えて、②転抵当の設定は、原抵当権者が原抵当権の債務者に転抵当の設定を通知し、または原抵当権の債務者がこれを承諾しなければ、原抵当権の債務者、その保証人、原抵当権の設定者およびこれらの者の承継人に対抗することができない（377条1項）。転抵当の設定をこれらの者に知らせることで、二重弁済を防止する趣旨である。これはできれば覚えておこう。

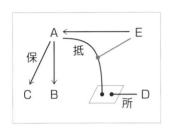

　たとえば、Aが抵当権者、Bがその被担保債権の債務者、CがBの保証人、DがAの抵当権の設定者（物上保証人）の事案で、Aから転抵当の設定を受けたEは、Aが原抵当権の債務者であるBに転抵当の設定を通知し、またはBの承諾を得ない限り、転抵当の登記を備えても、転抵当の設定をB・C・Dに対抗することはできないわけである。

　他方、かかる通知または承諾を備えたときは、B・C・Dやその承継人が転抵当権者Eの承諾を得ないで原抵当権者Aに弁済しても、かかる弁済を転抵当権者Eに対抗することができない（377条2項）。

エ　要件

　まず、転抵当の被担保債権額は、原抵当権の被担保債権額を超過していてもよい（通説・実務）。

　ただし、かかる場合、転抵当権者は、原抵当権の被担保債権額の範囲で優先弁済を受けることができるにとどまる。

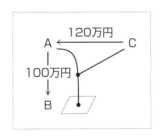

　たとえば、AのBに対する100万円の債権を被担保債権とする抵当権に、CのAに対する120万円の債権を被担保債権とする転抵当が設定された場合、Cは、100万円の限度で優先弁済を受けることができるにとどまるわけである。

　これらの点は、転質と同様である（➡185ページ**ウ**）。

オ 効果

転抵当権者は、原抵当権を実行することができる（大決昭和7・8・29民集11-1729参照）。ただし、そのためには、転抵当の被担保債権の弁済期の到来に加え、原抵当権の被担保債権の弁済期も到来していなければならない。

また、**ウ**で述べたとおり、原抵当権者が原抵当権の債務者に通知し、または承諾を得たときは、原抵当権の債務者やその保証人、原抵当権の設定者やその承継人が転抵当権者の承諾を得ないで原抵当権者に弁済しても、その弁済を転抵当権者に対抗することができない（377条2項）。

2 抵当権の譲渡 B

ア 意義

抵当権の譲渡とは、抵当権者が抵当権を有しない一般債権者にその抵当権を譲り渡し、その限度で無担保債権者になることをいう（376条1項後段）。

イ 効果

抵当権の譲渡がなされると、譲渡人は譲受人の有する債権額の限度で無担保債権者となる一方、譲受人は譲渡人の有した順位の抵当権をその被担保債権額の限度で取得する。

他方、譲渡の当事者以外の者には一切影響を与えない。これは覚えておこう。

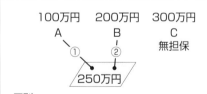

100万円　200万円　300万円
　A　　　　B　　　　C
　　　　　　　　　　無担保
　①　　　②
　　　250万円

・原則
　A：100万円　B：150万円　C：0万円
・AからCへ抵当権の譲渡
　A：0万円　　B：150万円　C：100万円

たとえば、Aが100万円、Bが200万円、Cが300万円の債権をそれぞれDに対して有し、D所有の250万円の土地に対してAが1番抵当権、Bが2番抵当権の設定を受けているとする。

この場合、①抵当権の譲渡がなければ、抵当権の実行によりAは100万円、Bは150万円の優先弁済を受け、Cの取り分はないが、②AからCへの抵当権の譲渡があると、Cは100万円、Bは変わらず150万円の

優先弁済を受け、Aの取り分はないことになる。

ウ　対抗要件

抵当権の譲渡の対抗要件は、転抵当の対抗要件と同様である。

すなわち、第三者に対抗するには登記が必要であるのに加え（177条）、被担保債権の債務者への通知または承諾が必要である（377条1項）。

3　抵当権の放棄　B

ア　意義

抵当権の放棄とは、抵当権者が抵当権を有しない一般債権者の利益のため、その優先弁済権を放棄し、優先弁済の利益を分け合うことをいう（376条1項後段）。

イ　効果

抵当権の放棄がなされると、放棄者と放棄の利益を受ける者とが、その債権額に比例して優先弁済の利益を分け合うことなる。

そして、抵当権の譲渡と同様に、放棄の当事者以外の者には一切影響を与えない。これは覚えておこう。

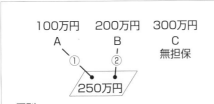

・原則
　A：100万円　B：150万円　C：0万円
・AからCへ抵当権の放棄
　A：25万円　　B：150万円　C：75万円

たとえば、Aが100万円、Bが200万円、Cが300万円の債権をそれぞれDに対して有し、D所有の250万円の土地に対してAが1番抵当権、Bが2番抵当権の設定を受けているとする。

この場合、①抵当権の放棄がなければ、抵当権の実行によりAは100万円、Bは150万円の優先弁済を受け、Cの取り分はないが、②AがCのために抵当権を放棄すると、Aは25万円（100万円×100万円÷400万円）、Bは変わらず150万円、Cは75万円（100万円×300万円÷400万円）の優先弁済を受ける。

ウ　対抗要件

対抗要件は、転抵当と同様である。

4　抵当権の順位の譲渡　B

ア　意義

抵当権の順位の譲渡とは、抵当権者間で順位の入れ替えを行うことをいう（376条1項後段）。

イ　効果

抵当権の順位の譲渡がなされると、順位の譲渡人と譲受人との間で優先順位の交換が生じ、両者が受けられる配当額の合計額から新たな順位によって優先弁済を受けることになる。

順位の譲渡の当事者以外の者には一切影響を与えない。

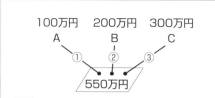

- ・原則
  A：100万円　B：200万円　C：250万円
- ・AからCへ抵当権の順位の譲渡
  A：50万円　　B：200万円　C：300万円

たとえば、Aが100万円、Bが200万円、Cが300万円の債権をそれぞれDに対して有し、D所有の550万円の土地に対してAが1番抵当権、Bが2番抵当権、Cが3番抵当権の設定を受けているとする。

この場合、①順位の譲渡がなければ、抵当権の実行によりAは100万円、Bは200万円、Cは250万円の優先弁済を受けるが、②AC間で順位の譲渡がなされると、まずCが300万円、Bは変わらず200万円、Aは50万円の優先弁済を受ける。

ウ　対抗要件

対抗要件は、転抵当と同様である。

5 抵当権の順位の放棄 B

ア 意義

抵当権の順位の放棄とは、先順位抵当権者が後順位抵当権者のために自己の優先弁済を受ける利益を放棄することをいう（376条1項後段）。

イ 効果

抵当権の順位の放棄がなされると、順位の放棄をした者と、順位の放棄の利益を受ける者とが、同順位となり、その債権額に比例して優先弁済の利益を分け合うことになる。

順位の放棄の当事者以外の者には一切影響を与えない。

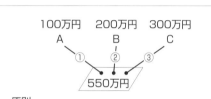

・原則
　A：100万円　B：200万円　C：250万円
・AからCへ抵当権の順位の放棄
　A：87.5万円　B：200万円　C：262.5万円

たとえば、Aが100万円、Bが200万円、Cが300万円の債権をそれぞれDに対して有し、D所有の550万円の土地に対してAが1番抵当権、Bが2番抵当権、Cが3番抵当権の設定を受けているとする。

この場合、①順位の放棄がなければ、抵当権の実行によりAは100万円、Bは200万円、Cは250万円の優先弁済を受けるが、②AC間で順位の放棄がなされると、Aは87.5万円（350万円×100万円÷400万円）、Bは変わらず200万円、Cは262.5万円（350万円×300万円÷400万円）の優先弁済を受ける。

ウ 対抗要件

対抗要件は、転抵当と同様である。

6 抵当権の順位の変更 B

ア 意義

抵当権の順位の変更とは、全抵当権者の合意によって、抵当権の順位を変更することをいう（374条1項本文）。

たとえば、Aが1番抵当権、Bが2番抵当権、Cが3番抵当権の設定を受けている場合に、ABCの合意により、Cの抵当権を1番抵当権、Aの抵当権を2番抵当権、Bの抵当権を3番抵当権とする場合がこれにあたる。

イ　要件

　既に学んだ抵当権の譲渡・放棄、抵当権の順位の譲渡・放棄は、当事者以外の者に影響を与えなかった。これに対し、抵当権の順位の変更は、合意の当事者だけでなく、他の利害関係人に対しても効力を与える。

　そのため、利害関係人（たとえば転抵当権者、不動産質権者、被担保債権の差押債権者など）がいる場合はその者の承諾が必要であり（374条1項ただし書）、また、登記をしなければ抵当権の順位の変更の効力は生じないとされている（同条2項）。登記が効力要件とされていることは覚えておこう。

ウ　効果

　抵当権の順位の変更が生じる。

　たとえば、Aが100万円、Bが200万円、Cが500万円の債権をそれぞれDに対して有し、D所有の550万円の土地に対してAが1番抵当権、Bが2番抵当権、Cが3番抵当権の設定を受けているとする。

　この場合、①順位の変更がなければ、抵当権の実行によりAは100万円、Bは200万円、Cは250万円の優先弁済を受けるが、②Cを1番抵当権者、Aを2番抵当権者、Bを3番抵当権者とする順位の変更がなされた場合、Cは500万円、Aは50万円の優先弁済を受け、Bの取り分はないことになる。

【「10. 抵当権の処分」のまとめ（転抵当を除く）】

	誰と	効果など
譲渡	一般債権者に	優先弁済分をあげる
放棄		優先弁済分を按分
順位の譲渡	抵当権者間で	優先弁済分の合計額から新たな順位に応じて
順位の放棄		優先弁済分の合計額を按分
順位の変更		順位が変更される →他の者にも影響するため、全抵当権者の合意＋利害関係人の承諾＋登記（効力要件）が必要

11. 共同抵当

1 意義 B⁺

　共同抵当とは、債権者が同一の債権の担保として、複数の不動産の上に抵当権を有する場合をいう（392条）。

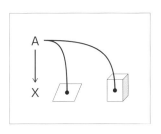

　たとえば、AのXに対する1個の債権を被担保債権として、AがX所有の土地および建物に抵当権の設定を受ける場合がこれにあたる。

　この場合、Aは、①土地と建物の両方を競売に付してもよいし（同時配当）、②土地と建物のいずれか一方のみを競売に付してもよい（異時配当）。

2 同時配当 B⁺

　同時配当の場合、共同抵当の抵当権者は、各不動産の価額に応じて優先弁済を受ける（392条1項）。

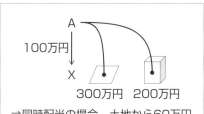

⇒同時配当の場合、土地から60万円、建物から40万円の配当を受ける

　たとえば、AのXに対する100万円の債権を被担保債権として、300万円の土地と200万円の建物に抵当権が設定されており、同時配当が行われた場合、Aは土地の売却代金から60万円、建物の売却代金から40万円の優先弁済を受けるわけである。

3 異時配当 B⁺

　以上のように、同時配当の場合の処理は簡単である。

　これに対し、異時配当の場合の処理は、物権法の中でも最大の難所の1つで

ある。最初はざっと学ぶにとどめ、物権法の復習が進んだ後、かつ債権総論を学んだ後に、再度復習するとよい。

ア　全額の優先弁済

　異時配当の場合、抵当権者は、その代価につき債権の全額の優先弁済を受ける（392条2項前段）。まずはこれをしっかりと覚えておこう。

　たとえば、上記のAが土地の抵当権のみを実行した場合、Aは土地の売却代金から100万円全額の優先弁済を受けるわけである。

イ　代位権の発生

　この異時配当においてまず問題となるのが、後順位抵当権者がいた場合である。

　この場合、後順位抵当権者は、共同抵当の抵当権者が同時配当の場合に他の不動産の代価から弁済を受けるはずの金額を限度として、共同抵当の抵当権者に代位して抵当権を行使することができる（392条2項後段）。

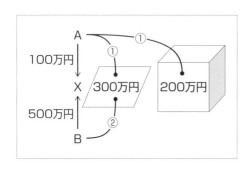

　たとえば、AのXに対する100万円の債権を被担保債権として、X所有の300万円の土地と200万円の建物にそれぞれAの1番抵当権が設定されており、さらに土地に500万円の債権を被担保債権とするBの2番抵当権が設定されていたとする。

　この事例で、Aが土地の抵当権のみを実行した場合、Aは土地の売却代金から100万円の弁済を受けるが、Bは土地の売却代金からは残200万円しか弁済を受けられない。しかし、仮にAが同時配当を選択した場合は、Aは土地の売却代金から60万円、建物の売却代金から40万円の弁済を受けるはずだった。そこで、Bは、その40万円分につき、Aに代位して建物に対するAの抵当権を実行できるわけである。

ウ 代位権の発生要件

以上の、後順位抵当権者の代位権の発生を定めた392条2項後段は、共同抵当の目的が全て被担保債権の債務者所有の場合、または全て同一の物上保証人所有の場合にのみ適用される（後者につき**最判平成4・11・6百選I 92**）。これは覚えておこう。

共同抵当の目的の所有者が異なる場合は、392条2項後段ではなく、債権総論で学ぶ弁済による代位の規定（499条以下）が優先される（➡弁済による代位の概要については253ページ（**ア**））。

エ 一部弁済の場合における392条2項後段の適否

異時配当により、共同抵当の抵当権者が一部の弁済を受けたにとどまる場合も、後順位抵当権者の代位権を定めた392条2項後段が適用されるかという問題がある。

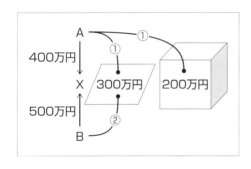

たとえば、上の事例で、Aの被担保債権額が100万円ではなく400万円だったとする。そして、共同抵当の抵当権者Aが、土地に対する抵当権のみを実行し、400万円の被担保債権のうち300万円の一部弁済を受けた場合、土地の後順位抵当権者Bは、Aの建物に対する抵当権をAに代位して実行できるのだろうか。

判例は、このような先順位の共同抵当権者が一部弁済を受けたにとどまる事案においても、392条2項後段が適用されるが、代位とは消滅した共同抵当権が後順位抵当権者に移転することであるとの理由から、後順位抵当権者が現実に代位できるのは、先順位抵当権者が完済を受けたときであるとする（大連判大正15・4・8民集5-575）。

上の事例でいえば、土地への異時配当の後、Aがさらに残債権100万円の弁済を受け、Aの被担保債権が全額消滅したときに、Bは初めて建物に対する抵当権をAに代位して実行できるわけである。

かなり細かい判例だが、結論を覚えておくと安心である。

オ　共同抵当権の放棄と後順位抵当権者の保護

　共同抵当権者が、共同抵当のうち1つを放棄（245ページ**3**で学んだ放棄ではなく、抵当権の消滅原因としての放棄のこと。➡ 25ページ**3**）した場合、残った抵当権の後順位抵当権者の保護をいかに図るべきか。

　判例は、392条と504条を類推適用し、抵当権者は、抵当権の放棄がなければ後順位抵当権者が放棄された抵当権に代位できた限度において、後順位抵当権者に対して優先権を行使することができないとする（大判昭和11・7・14民集15-1409）。

　やや難しい内容だが、次の具体例と照らし合わせて、判例の規範を理解しておこう。

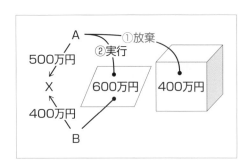

　たとえば、Aの被担保債権額が500万円、Bの被担保債権額が400万円、土地の価額が600万円、建物の価額が400万円の事案で、Aが土地・建物に対する1番抵当権、Bが土地に対する2番抵当権の設定を受けているとする。

　この事案で、① Aが建物に対する抵当権を放棄した後、②土地に対する抵当権を実行した場合、Aは、建物に対する抵当権の放棄がなければ土地への異時配当の際に本来Bが建物につき代位できた200万円（500万円×400万円÷1000万円）の限度で、土地の後順位抵当権者Bに劣後する。

　したがって、土地の売却代金からAが配当を受けるはずの500万円のうち、Bに200万円が配当され、Aは300万円の配当を受けるにとどまる。さらに、Bは、本来の取り分である残100万円の配当をも受けるから、Bは合計300万円の配当を受けるわけである。

カ　後順位抵当権者と物上保証人との関係

　共同抵当の異時配当に関しては、後順位抵当権者と物上保証人との関係とい

うやや応用的な問題がある。

（ア）前提知識——弁済による代位

この問題を理解するために、まずは債権総論で学ぶ「弁済による代位」という制度の概要を確認しておこう。

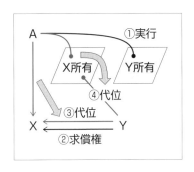

たとえば、AのXに対する債権を被担保債権として、X所有の不動産とY所有の不動産にAの共同抵当が設定されていたとする。Yは、Xの物上保証人なわけである。

そして、①物上保証人Y所有の不動産に対する抵当権が実行され、その売却代金からAは被担保債権につき全額の弁済を受けたとしよう。

この場合、物上保証人Yは、②債務者Xに対する求償権を取得する（372条・351条・459条以下 ➡ 198ページ**イ**）。「肩代わりしたから金を払え」とXに対して請求できるわけである。

そして、③この求償権を確実なものとするため、Aが有していたXに対する被担保債権がYのもとに移転する（499条）。Aの被担保債権は消滅せず、Yのもとに移って存続するわけである。これが、弁済による代位である。

その結果、Yは債権を2つ有することになる。もちろん二重に弁済を受けることはできないが、求償権の行使に必要な限度で、代位によって取得した権利を行使することができるわけである。

そしてさらに、④かかる被担保債権の移転に伴って、抵当権の随伴性（➡ 152ページ**2**）により、Aが有したX所有の不動産に対するAの抵当権もYに移転し、Yはその抵当権を行使することができる（501条1項、2項）。ここに、弁済による代位という制度の最大の実益がある。

（イ）債務者所有の不動産の後順位抵当権者と物上保証人の関係

以上を前提として、まずは、債務者所有の不動産の後順位抵当権者と物上保証人の関係を検討しよう。

たとえば、AのXに対する債権を被担保債権として、債務者Xが所有する不動産と、物上保証人Yが所有する不動産につき、Aが共同抵当の設定を受けていたとする。また、債務者Xが所有する不動産には、後順位抵当権者B

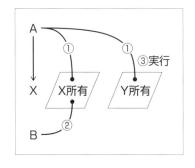

がいたとしよう。

　そして、共同抵当権者Aが、物上保証人Yが所有する不動産に対する抵当権のみを実行したとする。

　この場合、物上保証人Yは、弁済による代位によって、X所有の土地に対するAの抵当権を取得する（499条、501条1項）。

　そして、Bの2番抵当権よりもYが取得した抵当権が優先されることになる（大判昭和4・1・30新聞2945-12、最判昭和44・7・3民集23-8-1297）。

　Yが取得するAの抵当権は、Bの2番抵当権よりも優先される1番抵当権である以上、この判例は妥当であろう。

　なお、判例とは異なり、この場合にも異時配当に関する392条2項後段が適用されるとし、その限度で2番抵当権者BがYよりも優先されるとする見解がある。

　しかし、そのように解しては、物上保証人Yを害するべく、債務者所有の不動産に後順位抵当権が設定されるという事態を招くことになり、妥当でない。やはり判例が妥当であろう。

（ウ）物上保証人所有の不動産の後順位抵当権者と物上保証人の関係

　次に、物上保証人所有の不動産の後順位抵当権者と物上保証人の関係を検討しよう。

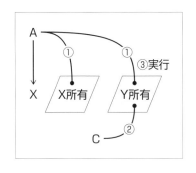

　たとえば、AのXに対する債権を被担保債権として、債務者Xが所有する不動産と、物上保証人Yが所有する不動産につきAが共同抵当の設定を受けており、かつ、物上保証人Yが所有する不動産に後順位抵当権者Cがいたとする。

　そして、共同抵当権者Aが、物上保証人Yが所有する不動産に対する抵当権のみを実行したとしよう。

　この場合、物上保証人Yと、その不動産の後順位抵当権者Cとの関係はど

うなるのだろうか。

判例は、物上保証人Ｙ所有の不動産の後順位抵当権者Ｃは、物上保証人Ｙが弁済による代位によって取得したＸ所有の不動産に対する抵当権について、その上に物上代位（372条・304条）するのと同様の権利を有するとし、物上保証人Ｙによる X 所有の不動産に対する抵当権の実行の際に優先弁済を受けられるとする（大判昭和11・12・9民集15-2172、最判昭和53・7・4民集32-5-785）。ＹよりもＣが優先されるわけである。

物上保証人Ｙは、Ｃのために自ら抵当権を設定している。にもかかわらず、ＹがＣに優先して弁済を受けるのは不当である。判例は妥当であろう。

Ｙ所有の土地に対するＡの抵当権が実行されると、Ｙは抵当不動産の所有権を失い、Ｃの抵当権は消えてしまいます（⇒218ページ **4**）。しかし、そのかわり、設定者Ｙは X 所有の土地に対する抵当権を取得するわけですから、Ｃから見れば、これは物上代位の場面（⇒153ページ **4**）と非常に似ています。そこで、Ｙ所有の不動産から債権を回収できなかったＣは、Ｙが取得するＡの抵当権の上にあたかも物上代位するかのごとく、Ａの抵当権からＹに優先して弁済を受けられると考えていくわけです。

12. 抵当権の消滅

抵当権は、抵当権の放棄（⇒25ページ **3**）や所有権との混同（⇒22ページ **2**）などによって消滅する。また、抵当権特有の消滅事由として、代価弁済や抵当権消滅請求（⇒241ページ **2**）、競売（⇒217ページ 5.）がある。

以下では、その他の消滅事由について、簡単に説明しよう。

1 付従性による抵当権の消滅 　Ａ

抵当権は、その被担保債権の消滅によって消滅する（消滅における付従性）。

たとえば、被担保債権が弁済、消滅時効の援用、債権の混同（520条）などによって消滅した場合は、抵当権は消滅する。

なお、被担保債権の保証人等によって第三者弁済（474条）がなされた場

合、弁済による代位（499条以下）が生じる限り、抵当権は消滅しない（➡253ページ（ア）参照）。短答式試験でのひっかけに注意しよう。

2　抵当権の消滅時効　**B**

抵当権は、債務者および抵当権設定者に対しては、その担保する債権と同時でなければ、時効によって消滅しない（396条）。

被担保債権が消滅していないのに、抵当権のみの時効消滅を、自ら抵当権を設定した債務者や物上保証人との関係で認めるのは妥当でないからである。

したがって、債務者や抵当権設定者以外の者、すなわち第三取得者との関係では、抵当権のみの時効消滅が認められる（大判昭和15・11・26民集19-2100）。

3　目的物の時効取得　**B**

債務者または抵当権設定者以外の者が抵当不動産を時効取得した場合は、抵当権は消滅する（397条）。

時効取得が原始取得（➡28ページ**2**）である以上、抵当不動産の時効取得によって抵当権が消滅するのは当然である。したがって、この規定は、債務者や抵当権設定者の抵当不動産の時効取得による抵当権の消滅を否定する趣旨の規定といえる。

4　抵当権の目的である用益物権の放棄　**B**

地上権や永小作権を抵当権の目的とした地上権者・永小作人は、その地上権や永小作権を放棄しても、これをもって抵当権者に対抗することができない（398条）。

権利の放棄を抵当権者に対抗できるとすると、抵当権者に損害を与えることになるため、それを防止する趣旨である。

債権法で学ぶ論点の理由付けに使うことがあるので、この条文の存在は知っておこう。

13. 根抵当権

　抵当権の最後に、根抵当権について学ぶ。

　根抵当権は、実務で多用されている抵当権である。試験対策としては主として短答式試験用だが、以下の内容程度は合格前にぜひ覚えておこう。

1　意義　A

　根抵当権とは、一定範囲に属する不特定の債権を、極度額の限度で担保する抵当権をいう（398条の2第1項）。

　この根抵当権を理解するには、次のイメージが有用である。

　まず、根抵当権というのは、債権が出入りする箱である。箱の中に入っている債権は根抵当権により担保され、箱から出て行った債権は根抵当権によって担保されない。

　この箱には、穴が開いており、その穴から債権が出入りする。どんな債権でも入ってくるかというとそうではなく、穴のかたちに合った債権しか箱の中に入ることができない。この穴のかたちを、被担保債権の範囲という。

　そして、この箱の容積は決まっており、容積の上限まで債権が入っている場合、新たな債権が箱の中に入ることはできない。この箱の容積を極度額という。

　この極度額は、一定の手続により増減する。これを、極度額の変更という。

　最後に、債権が出入りする穴は、一定の要件をみたすと閉じることになる。穴が閉じると、当然新しい債権は箱の中に入れなくなる。この穴が閉じることを、元本の確定という。

> 　この根抵当権は、継続的な取引により、複数の債権が発生と消滅を繰り返すような場合にきわめて有用です。

たとえば、銀行であるＡから、商売を営んでいるＢが、金銭の借入れと返済を繰り返しているとします。この場合、具体的に発生した特定の貸金債権ごとに抵当権を設定したり、その登記をしたりするのでは、ＡもＢも大変です。
　　そこで、ＡとＢは、Ｂの有する不動産に、被担保債権の範囲を「ＡＢ間の銀行取引によって生じる債権」とした根抵当権を設定します。そうすれば、何度も発生したり、弁済により消滅したりするＡＢ間の銀行取引上の複数の債権が、全て１個の根抵当権によって担保されることになり、ＡもＢも助かるわけです。

2　性質　Ａ

ア　付従性の否定

　根抵当権においては、付従性が否定される。

　すなわち、①被担保債権が存在せずとも根抵当権は成立し（成立における付従性の否定）、②被担保債権が全て消滅しても根抵当権は消滅しない（消滅における付従性の否定）。

イ　随伴性の否定

　次に、元本の確定前は、随伴性が否定される（398条の７第１項前段）。

　たとえば、根抵当権によって担保されている債権が譲渡された場合でも、元本の確定前であれば、根抵当権は債権者のもとに移転しない。また、元本の確定前に第三者弁済があった場合も、弁済による代位（➡253ページ（ア）参照）は生じないわけである。

　他方、元本の確定後であれば、通常の抵当権と同様に、随伴性が認められる。

　　これらの性質を、**1**で述べたイメージで確認しておきましょう。
　　まず、根抵当権は債権が出入りする箱のことですが、中に入れる債権がまだ発生しなくても、箱自体の設定は可能です（成立における付従性の否定）。
　　また、中に入っている債権が全部消滅しても、やはり箱自体として存続します（消滅における付従性の否定）。
　　さらに、元本の確定前は、債権が出入りする穴が開いていますから、中に入っている債権が譲渡されても、その債権だけが箱から出て、新しい債権者のもとに移転することになります（随伴性の否定）。
　　他方、元本の確定後は、穴が閉じているため、中の債権を移転するには箱ごと移転しなければならないわけです（随伴性の肯定）。

3 登記) B

　根抵当権も物権である以上、177条の適用を受ける（通説）。すなわち、原則として登記が対抗要件である。

　ただし、①被担保債権の範囲の変更や②債務者の変更（➡下記**4 イ**）、③純粋共同根抵当の設定・変更・譲渡・確定（➡下記**5 イ**）については、登記がその効力要件とされている（398条の4第3項、398条の16）。

4 効力) B⁺

ア　被担保債権の範囲

　根抵当権の被担保債権は、「一定の範囲」に属する債権でなければならない（398条の2第1項）。被担保債権の範囲（箱に開いている穴のかたち）を限定しておかなければならないわけである。

　したがって、当事者間に生ずる一切の債権の担保のための根抵当権の設定は認められない（包括根抵当の否定）。これは覚えておこう。

イ　被担保債権の範囲等の変更

　元本の確定前は、被担保債権の範囲を変更することができる（398条の4第1項前段）。被担保債権の債務者を変更することもできる（同項後段）。

　これらの変更には、後順位抵当権者等の承諾を要しない（398条の4第2項）。極度額の変化はない以上、後順位抵当権者等に特に不利益は生じないからである。

　ただし、被担保債権の範囲や債務者の変更については、元本の確定前の登記が効力要件とされている（398条の4第3項）。仮に登記を単なる対抗要件とすると、登記未了の場合に、根抵当権の当事者と177条の「第三者」とで被担保債権の範囲や債務者が異なることになり、法律関係が混乱するからである。

　なお、元本の確定後は、被担保債権の範囲等を変更することはできない。既に閉じた穴のかたちを変えることは不可能だから、というイメージをもっておこう。

ウ　極度額

　根抵当権においては、375条（➡ 199ページ **1**）は適用されず、極度額を限度として、元本の確定時に存在する債権、および元本の確定後に生じる利息や遅延損害金の全てを担保する（398条の3第1項）。通常の抵当権と異なり、利息や遅延損害金も、最後の2年分に限定されることはないわけである。

　箱の容積（極度額）いっぱいまでは、箱の中に入っている元本債権はもとより、その元本債権から生まれる利息債権・遅延損害金の全てが担保されるイメージをもっておこう。

エ　極度額の変更

　根抵当権設定後の極度額の変更も認められるが、利害関係を有する者の承諾を得なければならない（398条の5）。

　増額する場合は後順位抵当権者や差押債権者、減額する場合は転抵当権者などが、「利害関係を有する者」にあたる。

5　共同根抵当 ）　B

　共同根抵当とは、同一の債権を担保するために数個の不動産に設定された根抵当権をいう。

　この共同根抵当には、①累積根抵当と、②純粋共同根抵当（狭義の共同根抵当）とがある。

ア　累積根抵当

　たとえば、AがX土地とY土地にそれぞれ極度額1000万円の根抵当権の設定を受けたとする。Aは共同根抵当の設定を受けたわけであるが、この場合、Aは、各土地から最大でそれぞれ1000万円ずつ、合計2000万円の優先弁済を受けることを期待しているのが通常といえる。

　ところが、共同根抵当に同時配当・異時配当を定めた392条（➡ 249ページ **2**、**3**）を適用してしまうと、上記の極度額1000万円はX土地とY土地に割り付けられてしまい、Aは合計2000万円の優先弁済を受けることができなくなってしまう。

　そこで、共同根抵当には、原則として同時配当・異時配当を定めた392条は

適用されず、共同根抵当権者は各根抵当の極度額の合計額の優先弁済を受けることができるとされている（398条の18）。

このような共同根抵当を、累積根抵当という。

イ　純粋共同根抵当（狭義の共同根抵当）

以上のように、共同根抵当は原則として392条が適用されない累積根抵当とされるが、当事者の意思が明確なときは、例外的に共同根抵当にも392条を適用してよいはずである。

そこで、各根抵当の設定登記と同時に、特に共同根抵当である旨の登記がなされた場合には、共同根抵当にも同時配当・異時配当を定めた392条が適用されることになる（392条の16）。

このように、例外的に392条が適用される共同根抵当を、純粋共同根抵当（あるいは狭義の共同根抵当）という。

ただし、法律関係の混乱を避けるため、純粋共同根抵当の被担保債権の範囲と極度額は、厳格に一致していなければならない（398条の16）。

また、同様の趣旨から、純粋共同根抵当の被担保債権の範囲・債務者・極度額の変更や、純粋共同根抵当の譲渡は、根抵当権が設定されている全ての不動産について登記をしなければその効力を生じない（398条の17第1項）。

このように、純粋共同根抵当の設定・変更・譲渡については登記が効力要件とされていることは、できれば覚えておこう。

6　元本の確定　🄰

ア　効果

元本の確定が生じると、根抵当権によって担保される元本債権が確定され、新たな元本債権は担保されないことになる。

ただし、元本の確定後に発生した利息や遅延損害金は、極度額の限度内で根抵当権によって担保される。

> 　元本が確定する、すなわち穴が閉じると、当然、新たな元本債権は入ってこられないことになります。
> 　ただし、既に箱の中に入っている元本債権から、利息債権や遅延損害金債権が発生することはあり得ます。これらの債権は、箱の中で発生するわけですから、穴が閉じていても関

係がありません。そのため、極度額いっぱいまでは、これらの債権も担保の対象となるわけです。

この知識は短答式試験に頻出ですので、しっかりとイメージしておきましょう。

イ　要件

元本の確定は、①確定期日の到来、②確定請求、③確定事由の発生のいずれかにより生じうる。

（ア）確定期日の到来

根抵当権者と根抵当権設定者は、元本の確定期日を定めることができる（398条の6第1項）。その確定期日は、これを定めた日から5年以内でなければならない（同3項）。

この確定期日の定めがある場合、定められた確定期日の到来によって元本は確定する。

また、根抵当権者と根抵当権設定者は、確定期日の変更をすることもできる（398条の6第1項）。この場合も、確定期日はその変更の日から5年以内でなければならない（同3項）。

なお、確定期日の変更は、極度額の変更ではないから、後順位抵当権者等の承諾を要しない（398条の6第2項・398条の4第2項）。できれば覚えておこう。

（イ）確定請求

以上の確定期日の定めがない場合には、以下のとおり、当事者による確定請求が認められる（398条の19第3項）。

①根抵当権設定者は、根抵当権設定の時から3年を経過したときは、元本の確定を請求できる（398条の19第1項前段、3項）。

この確定請求があると、その請求の時から2週間の経過により、元本が確定する（398条の19第1項後段）。

②根抵当権者は、いつでも元本の確定を請求することができる（398条の19第2項前段）。

この確定請求があると、その請求の時に元本が確定する（398条の19第2項後段）。

（ウ）確定事由の発生

398条の20に定められた確定事由が発生すると、元本は確定する。これらの

事由を覚える必要はない。

　また、元本の確定前に根抵当権者が死亡し、相続が開始した場合、根抵当権は、相続開始の時に存在する債権に加え、相続人と根抵当権設定者との合意によって定めた相続人が相続の開始後に取得する債権を担保するが（398 条の 8 第 1 項）、この合意につき相続の開始後 6 か月以内に登記をしない場合は、相続開始の時に元本が確定したものと擬制される（同 4 項）。

　債務者が死亡し相続が開始した場合で、相続の開始後 6 か月以内に新たな債務者についての合意の登記をしなかった場合も同様である（398 条の 8 第 2 項、4 項）。

　その他の擬制事由については、398 条の 6 第 4 項、398 条の 9 第 4 項、398 条の 17 第 2 項を参照せよ。

7　根抵当権の処分　B-

ア　転抵当

　根抵当権においても、転抵当が認められる（398 条の 11 第 1 項ただし書）。

　ただし、377 条 2 項（➡ 242 ページ**ウ**）は、元本の確定前の弁済には適用されない（398 条の 11 第 2 項）。元本の確定前は、根抵当権は不特定の債権を担保し、しかもその債権の増減が予定されているからである。

イ　根抵当権の譲渡

　元本の確定前には、根抵当権者は、根抵当権の全部譲渡（398 条の 12 第 1 項）、分割譲渡（同 2 項）、一部譲渡（398 条の 13）をすることができる。

　全部譲渡は箱の全部を空にして譲受人に渡すイメージ、分割譲渡は箱の一部を空にしてその一部を譲受人に渡すイメージ、一部譲渡は箱を譲渡人と譲受人が共有（正確には準共有）するイメージである。

　これらの根抵当権の譲渡をするには、根抵当権設定者の承諾が必要である（398 条の 12、398 条の 13）。これは、根抵当権が不要となった債権者による自由な譲渡を認めると、根抵当権がなかなか消滅しないことになり、根抵当権設定者を害することになるから、という趣旨からの要件である。この要件はできれば覚えておこう。

第 6 章

非典型担保

物権法の最後に、民法に規定がない非典型担保を学ぶ。

譲渡担保は試験対策上も重要であるが、その他については、概略を知っておけば十分である。

1. 譲渡担保

1 意義 Ａ

譲渡担保とは、権利移転の形式をとりつつ、実質的には抵当権と同様の担保の機能を営む制度をいう。

たとえば、実質的には A の B に対する債権の担保のために、形式的に B 所有の不動産の登記名義を債権者 A のものにしておく場合や、形式的に B 所有の動産の占有改定をしておく場合がその例である。

この譲渡担保のメリットは、①動産抵当の実現と、②私的実行の実現にある。この 2 点は覚えておこう。

> たとえば、債務者 B が高価なカメラをもっているため、債権者 A がそのカメラを担保にとりたいと思ったとします。
> この場合、まず、そのカメラに対する動産質の設定を受けるという方法がありますが、質権設定契約は要物契約であるため、A がそのカメラの引渡しを受け、管理する必要があります（➡ 182 ページイ）。しかも、A は善管注意義務などを負うため、その責任は重大です（➡ 188 ページイ）。
> そこで、A は、現実にはカメラを占有せず、B に占有させておいて、いざという時にそこから優先弁済を受けたいと考えたとしましょう。

この点、非占有担保物権である抵当権は、特別法が認めている場合を除いて動産に設定することができません（➡ 195ページウ参照）。

そこで、Aは、譲渡担保の設定を受けるという方法をとることになります。形式的にはカメラを譲り受けたことにし、占有改定によってその対抗要件も具備しつつ、カメラはBに管理させ続けるわけです。これが、①の**動産抵当の実現**です。

また、譲渡担保が設定された場合、譲渡担保権者は、抵当権の実行のような裁判所を通じた煩雑な手続（➡ 217ページ5.）によらずに、譲渡担保権を実行することが認められています。具体的には、目的物を自らの所有物としたり、第三者に自ら売却して、そこから優先弁済を受けることができるわけです（➡ 267ページ**7**）。これが、②の**私的実行の実現**です。この私的実行の実現というメリットは、抵当権を設定できる不動産についての譲渡担保にも妥当します。

2　目的物の種類　B

　譲渡担保の目的物は多岐にわたるが、試験で必要なのは、動産、不動産、債権を目的とする譲渡担保である。

　以下では、まず動産や不動産を目的とする譲渡担保を前提として説明し、その後に債権を目的とする譲渡担保を説明する。

3　法的性質　A

　譲渡担保の法的性質をめぐっては、大きく所有権的構成と担保的構成が対立している。

ア　所有権的構成　➡論証37

　まず、譲渡担保の法的性質を所有権の移転と解しつつ、①外部的に（すなわち譲渡担保設定契約の当事者以外の第三者との関係で）のみ所有権が移転し、内部的には（すなわち譲渡担保設定契約の当事者間では）所有権が移転しない場合（弱い譲渡担保）と、②内外ともに所有権が移転する場合（強い譲渡担保）とがあるとする見解がある。

　この見解は、譲渡担保の形式（所有権の移転）を重視する見解といえる。

イ　担保的構成　➡論証38

　次に、譲渡担保の法的性質を担保権の設定と解する見解がある。譲渡担保を、いわば抵当権の一種として構成するわけである。

　この見解は、譲渡担保の実質（担保権の設定）を重視する見解といえる。

ウ　判例

　判例は、①所有権は一応譲渡担保権者に移転するものの、②それは債権担保の目的を達するのに必要な範囲にとどまり、なお設定者に一定の物権が残存しているという立場をとっているようである。いいかえれば、基本的には所有権的構成をとりつつも、場面に応じて担保の実質を重視した処理も行っているわけである。

　したがって、答案では、所有権的構成と担保的構成のいずれの立場からでも臨機応変に書けるようにしておくのが望ましい。

> **Q 譲渡担保の法的性質　A**
>
> **A説 所有権的構成**
> 結論：所有権の移転だが、①外部的にのみ所有権が移転し、内部的には所有権が移転しない場合（弱い譲渡担保）と、②内外ともに所有権が移転する場合（強い譲渡担保）とがある。
> 理由：譲渡担保の形式を重視すべきである。
> 批判：譲渡担保である限り、設定者も譲渡担保権者も完全な所有権者ではあり得ず、所有権の帰属というかたちで処理するのは無理がある。
>
> **B説 担保的構成**
> 結論：担保権（いわば抵当権）の設定である。
> 理由：譲渡担保の実質（担保権の設定）を重視すべきである。
> 批判：①あまりに外的な形式（所有権の移転）とずれる。
> 　　　②担保権としての公示がないのに対外的な関係でも抵当権としての実質を貫きうるか疑問である。

4　目的物の使用・収益と譲渡担保の侵害　B

　譲渡担保の設定者は、目的物の使用・収益をすることができる。この点は、抵当権と同様である。

　第三者が譲渡担保の目的物を侵害したときは、譲渡担保権者および設定者は物権的請求権を行使できる（譲渡担保権者による返還請求につき大判大正6・1・25民録23-24、設定者による返還請求につき最判昭和57・9・28判時1062-81）。

5　譲渡担保の成立要件と対抗要件　A

　譲渡担保は、譲渡担保設定契約によって成立する。

　債権者と債務者との間の契約のほか、債権者と債務者以外の第三者との間の

契約によってもよい。

対抗要件は、譲渡担保の目的により異なる。

①不動産譲渡担保の対抗要件は登記である（177条）。かつては所有権移転登記が用いられていたが、現在の登記実務では、「譲渡担保」を登記原因とする登記が認められている。

②動産譲渡担保の対抗要件は引渡しである（178条）。この引渡しは、通常、占有改定（183条）による。

なお、法人が動産を譲渡担保に供する場合は、動産譲渡登記ファイルに登記すると、178条の引渡しがあったものとみなされる（動産及び債権の譲渡の対抗要件に関する民法の特例等に関する法律3条1項）。

6　効力が及ぶ目的物の範囲と物上代位　B+

譲渡担保の効力が及ぶ目的物の範囲は、抵当権（➡ 201ページ **2**）と同じと考えてよい。すなわち、目的物自体に加え、その付加一体物や従たる権利にも及ぶ（370条類推適用）。

譲渡担保に基づく物上代位も認められる（動産譲渡担保につき最決平成11・5・17民集53-5-863）。これは覚えておこう。

7　優先弁済的効力　A

弁済期に債務の弁済がない場合は、譲渡担保権者は目的物から優先弁済を受ける。

ア　帰属清算型と処分清算型

優先弁済を受ける方法としては、①帰属清算型と②処分清算型とがある。いずれの方法によるかは、譲渡担保権者と設定者との契約によって決まる。

①帰属清算型とは、譲渡担保権者が目的物の所有権を自己に帰属させることによって、代物弁済的に債権の満足を得る方法をいう。

②処分清算型とは、譲渡担保権者が目的物を第三者に売却し、その売却代金から弁済を受ける方法をいう。

イ　清算義務

　いずれの方法による場合であっても、目的物の適正評価額ないし売却代金が債務額を上回る場合は、譲渡担保権者は設定者にその差額を清算金として支払わなければならない。

　この清算金の支払と目的物の引渡しは同時履行の関係に立つ（**最判昭和46・3・25百選Ⅰ94**）。

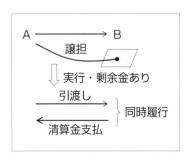

　たとえば、債務者B所有の土地に対して帰属清算型の譲渡担保権を有しているAが、その譲渡担保権を実行したところ、余剰金が生じたとする。この場合、AはBに対して土地の引渡請求権を取得する一方、BはAに対して清算金の支払請求権を取得するが、この両請求権は同時履行の関係に立つわけである。

8　設定者の受戻権　🅐

　弁済期後であっても、設定者は、債務を弁済して目的物を受け戻す（取り戻す）ことができる場合がある。

　この設定者の権利を、受戻権という。

【弁済期後の受戻しが可能な時期】

	①帰属清算型	②処分清算型
動産・不動産	・債務の額を上回るなら清算金の支払またはその提供まで ・債務の額を上回らないならその旨の通知まで ・ただし、弁済期後に譲渡担保権者が処分した場合は不可。背信的悪意者への処分でも同様	・目的物を処分するまで。背信的悪意者への処分でも同様

ア　時的限界　➡論証39

　どの時点までかかる受戻権が認められるかは、原則として清算型により異なる（不動産譲渡担保につき最判昭和62・2・12民集41-1-67）。

①帰属清算型については、目的物の適正評価額が債務の額を上回る場合は譲渡担保権者が清算金の支払またはその提供をするまでの間、目的物の適正評価額が債務の額を上回らない場合は譲渡担保権者がその旨の通知をするまでの間であれば、設定者に受戻権が認められる。

②処分清算型については、譲渡担保権者が目的物を処分するまでの間であれば、設定者に受戻権が認められる。

イ　弁済期後の譲渡担保権者による処分

ただし、②の処分清算型はもとより、①の帰属清算型であっても、弁済期後に譲渡担保権者が目的物を処分した場合は、設定者は受戻権を失う。目的物の譲受人が背信的悪意者にあたる場合も同様である（**最判平成 6・2・22 百選 I 95**）。

このように解しないと、権利関係が確定しない状態が続くことになり、また、譲受人が背信的悪意者にあたるかどうか確知しうるとは限らない債権者に対して不測の損害を与えるおそれがある。判例は妥当であろう。

以上の内容は、しっかりと覚えておこう。

ウ　受戻権の放棄による清算金請求の可否　　➡論証 40

次に、設定者は、弁済期後に自ら受戻権を放棄して、清算金の支払を請求することができるか。

判例は、これを否定する（最判平成 8・11・22 民集 50-10-2702）。

仮にこれを認めると、設定者が自由に譲渡担保権の実行時期を左右できることになり、譲渡担保権者の利益を害する。また、被担保債権が消滅していないのに、譲渡担保権者に清算金支払義務を負わせる理論的根拠は見出しがたい。判例は妥当であろう。

9　弁済期前の目的物の譲渡　　B

弁済期前に譲渡担保の目的物が譲渡された場合、目的物につきいかなる法律関係が生じるか。

やや細かい内容であるが、頭の体操を兼ねて検討しておこう。

ア 弁済期前の不動産譲渡担保権者による譲渡

②弁済期前に譲渡
A ―――――――→ C
①譲渡担保 ↑↓
B

まず、弁済期前に、不動産譲渡担保権者Aが目的不動産を第三者Cに譲渡した場合、第三者Cはその所有権を取得するか。

（ア）所有権的構成（判例）

所有権的構成からは、第三者Cは、善意・悪意を問わず所有権を取得することになる。譲渡担保権者Aによる譲渡は、自己物売買にあたるからである。

判例も、同様の結論に立つ（大判大正2・10・9刑録19-955、大判大正9・9・25民録26-1389）。

（イ）担保的構成

これに対し、担保的構成からは、譲渡担保権者Aには所有権がない以上、譲渡担保権者Aによる譲渡は他人物売買にあたる。よって、第三者Cは所有権を取得できないのが原則である。

その例外として、第三者Cが善意の場合は94条2項の類推適用の余地もあるが、譲渡担保の登記原因が「譲渡担保」とされている限り（➡ 266ページ**5**参照）、第三者Cの悪意が認定されやすいであろう。

イ 弁済期前の動産譲渡担保権者による譲渡

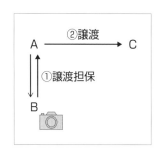

②譲渡
A ―――――――→ C
①譲渡担保 ↑↓
B

では、弁済期前に、動産譲渡担保権者Aが目的動産を第三者Cに譲渡した場合はどうか。

（ア）所有権的構成

所有権的構成からは、不動産の場合と同じく、第三者Cは善意・悪意を問わず所有権を取得することになる。譲渡担保権者Aによる譲渡は、自己物売買にあたるからである。

（イ）担保的構成

これに対し、担保的構成からは、譲渡担保権者Aには所有権がない以上、譲渡担保権者Aによる譲渡は他人物売買にあたり、第三者Cは所有権を取得できないのが原則である。

ただし、動産の譲渡であるから、即時取得（192条）の余地がある点に注意しよう。

【弁済期前の譲渡担保権者による処分】

目的物	所有権的構成	担保的構成
不動産	自己物売買	他人物売買（ただし94Ⅱ類推）
動産	⇒善意・悪意を問わず取得	他人物売買（ただし即時取得）

＊弁済期後の譲渡担保権者による処分の効果は➡269ページイ参照。

ウ　弁済期前の設定者による目的不動産の処分

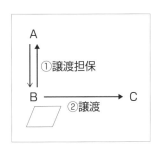

　次に、不動産譲渡担保の設定者Bが、目的不動産を第三者Cに譲渡した場合、第三者Cはその所有権を取得するか。

（ア）所有権的構成

　所有権的構成からは、ⓐ譲渡担保の登記前の譲渡であれば二重譲渡にあたり、ⓑ譲渡担保の登記後の譲渡であれば他人物売買にあたることになる。

　よって、ⓐについては、登記の先後によって所有権の帰属が決まることになる（177条）。また、ⓑについては、94条2項が類推適用されない限り、Cは所有権を取得できない。

（イ）担保的構成

　担保的構成からは、Bによる売買は自己物売買にあたる。よって、Cはその所有権を取得する。

　問題は、Aの譲渡担保権との関係だが、ⓐ譲渡担保の登記前の譲渡であれば177条の対抗関係として処理され（Aの登記が先であれば、Cは譲渡担保の負担付きの所有権を取得し、Cの登記が先であればCは譲渡担保の負担のない所有権を取得する）、ⓑ譲渡担保の登記後の譲渡であれば、Cは譲渡担保の負担付きの所有権を取得することになる。

エ　弁済期前の設定者による目的動産の処分

　最後に、動産譲渡担保の設定者Bが、目的動産を第三者Cに譲渡した場合、

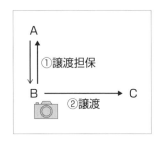

第三者Cはその所有権を取得するか。

（ア）所有権的構成

　所有権的構成からは、ⓐ譲渡担保の占有改定前の譲渡であれば二重譲渡にあたり、ⓑ譲渡担保の占有改定後の譲渡であれば他人物売買にあたることになる（占有改定も178条の引渡しにあたる点に注意）。

　よって、ⓐについては、占有改定の先後によって所有権の帰属が決まることになる（178条）。また、ⓑについては、即時取得（192条）が成立しない限り、Cは所有権を取得できない。

（イ）担保的構成

　担保的構成からは、自己物売買にあたり、Cは動産の所有権を取得する。

　問題は、Aの譲渡担保権との関係であるが、ⓐ譲渡担保の占有改定前の譲渡であれば178条の対抗関係として処理されることになる（Aの占有改定が先であれば、原則としてCはAの譲渡担保の負担付きの所有権を取得するが、即時取得により負担のない所有権を取得する余地がある。Cの占有改定が先であれば、Cは譲渡担保の負担のない所有権を取得する）。ⓑ譲渡担保の占有改定後の譲渡であれば、即時取得が成立しない限り、Cは譲渡担保の負担付きの所有権を取得する。

【弁済期前の設定者による処分】

目的物	所有権的構成	担保的構成
不動産	・未登記なら二重譲渡 ・既登記なら他人物売買	・譲渡担保が未登記なら対抗問題 ・既登記なら譲渡担保の負担付きの所有権を取得
動産	・譲渡担保の占有改定前なら二重譲渡 ・譲渡担保の占有改定後なら他人物売買（ただし即時取得）	・譲渡担保の占有改定前なら対抗問題（ただし即時取得） ・譲渡担保の占有改定後なら譲渡担保の負担付きの所有権を取得（ただし即時取得）

10　集合物譲渡担保　→論証41　A

ア　意義

　ここまでは、1個の物に対する譲渡担保を前提としてきた。

しかし、たとえば、商店を営む B が銀行 A から融資を受けるにあたり、B の倉庫内にある商品全部を一括して譲渡担保に供する場合がある。

この場合、譲渡担保の設定後も、B が商店を営み続ける限り、倉庫内の商品は次々と倉庫を出て販売され、また、新しい商品が次々と倉庫に入ってくる。そして、倉庫から出た商品は譲渡担保の目的物から除外され、新しく倉庫に入ってきた商品は譲渡担保の目的物となる。

このような譲渡担保を、集合物譲渡担保（流動動産譲渡担保）という。

この集合物譲渡担保は、特に中小企業の資金調達手段として、実務上重要な役割を果たしている。

イ　法律構成

この集合物譲渡担保に関しては、その法律構成をいかに解するかが問題となる。

まず、個々の物の上にそれぞれ譲渡担保が設定されていると捉え、その総和が集合物譲渡担保であるとする見解がある。

この見解は、一物一権主義（➡ 7ページ **3**）をその根拠とする。すなわち、1 個の物権の客体は 1 個の物でなければならない以上、集合物に対する 1 個の譲渡担保を認めることはできないと解し、個々の物に対する複数の譲渡担保の集合として、集合物譲渡担保を捉えていくわけである。

しかし、そもそも物が 1 個か、それとも複数かは、取引通念によって決せられるべき問題である。そうだとすれば、担保取引上の必要性に照らし、集合物をもって 1 個の物と解し、かかる 1 個の物に対する 1 個の譲渡担保として集合物譲渡担保を捉えるのが妥当であろう。

判例も、同様の立場である（**最判昭和 62・11・10 百選 I 96**）。

> たとえば、自動車の修理業者が故障した自動車を部品取りのために購入する場合、1 台の自動車を 1 個の物とは見ず、複数の部品の集合体として見ることもあり得ます。一方、私のような一般消費者から見れば、1 台の自動車はあくまでも 1 個の物です。
> このように、一見自明に見える物の 1 個性（一物性）も、どのような取引を前提として捉えるかによって、その結論が異なってくるわけです。
> そして、このことを前提として集合物譲渡担保を考えると、目的とされた集合物を全体として 1 個の物と見たほうが、取引の実情に合致しますし、法律構成も簡明になります。そのため、集合物譲渡担保においては、集合物を 1 個の物と捉えてよいと考えていくわけです。

ウ　特定性との関係

もっとも、物権の客体は、特定性を有する必要がある（➡6ページ **1**）。

そこで、集合物譲渡担保については、いかなる場合にかかる特定性をみたしているといえるのかという問題が生じる。

判例は、構成部分の変動する集合動産につき、その種類、所在場所および量的範囲を指定するなどの方法によって、目的物の範囲が特定されていることを要求する（**最判昭和 62・11・10 百選 I 96**）。

この程度に特定されていれば、一般債権者や第三者も譲渡担保が及んでいるか否かを判断することができ、これらの者が害されることはないといえる。判例は妥当であろう。

> たとえば、「債務者の第 1 ないし第 4 倉庫内及び同敷地・ヤード内に存在する普通棒鋼、異形棒鋼等一切の在庫商品」という程度に目的物を特定していれば、特定性はみたされます（本文中の判例の事案）。
>
> 他方、「債務者の倉庫内の乾燥ネギ 44 トン中 28 トン」という程度では、特定性は否定されます（最判昭和 54・2・15 民集 33-1-51 の事案）。これでは、具体的にどの乾燥ネギに譲渡担保が及んでいるかがわからず、一般債権者や第三者を害することになるからです。

エ　対抗要件

集合物譲渡担保の客体は動産である。よって、占有改定があれば対抗要件を取得する（178 条、183 条）。

そして、譲渡担保の設定時における集合物自体の占有改定によって、その後に新たに流入する動産についても、対抗要件が具備されたことになる（**最判昭和 62・11・10 百選 I 96**）。新たな占有改定を備える必要はないわけである。

なぜなら、譲渡担保の目的は 1 個の集合物と解されるところ、新たに流入した動産は、かかる集合物の構成部分となるというべきだからである。結論をしっかりと覚えておこう。

オ　動産先取特権との関係　➡論証 42

（ア）問題の所在

集合物譲渡担保の目的物の中に、他の債権者の動産先取特権の目的物が流入した場合、両者の関係をいかに解するべきかという問題がある。

たとえば、Aの債権の担保のため、Bの倉庫内の全商品を目的とする集合物譲渡担保（特定性はみたしているとする）が設定され、占有改定がなされた。その後、その倉庫内に、BがCから購入し、未だ代金が支払われていない動産Xが搬入されたとする。

　この場合、Cが動産Xに対して有する動産売買先取特権（311条5号、321条）は、残存するのだろうか。

（イ）検討

　そもそも、動産先取特権は、債務者がその目的である動産を「第三取得者」に「引き渡した」場合は行使できなくなる（333条 ➡ 179ページ **3**）。

　そこで問題は、動産Xが集合物譲渡担保の目的となり、占有改定の効力が及んだ（➡上記**エ**）ことをもって、「第三取得者」への「引き渡し」がなされたといえるか否かである。

　a　所有権的構成

　まず、333条の「第三取得者」とは、目的である動産の譲受人（買主）をいうところ（➡180ページ**イ**）、所有権的構成（➡265ページ**ア**）を前提とすれば、譲渡担保権者も動産の譲受人にあたり、「第三取得者」にあたることになる。

　また、同条の「引き渡し」には、占有改定が含まれる（➡180ページ**ウ**）。

　よって、所有権的構成を前提とする限り、Cの動産先取特権は333条により行使できなくなる。答案ではこの見解でよい。

　判例も、特段の事情のない限り333条が適用されるとしている（**最判昭和62・11・10百選I 96**）。

　b　担保的構成

　以上に対し、担保的構成（➡265ページ**イ**）を前提とすれば、譲渡担保権者は目的である動産の譲受人（買主）ではないから、「第三取得者」にあたらないことになる。したがって、担保的構成を前提とする限り、333条は適用されない。

　そこでさらに問題となるのが、残存している動産先取特権と、集合物譲渡担保との優劣関係である。

　細かい議論となるが、①動産譲渡担保（集合物譲渡担保も動産譲渡担保の一種にあたる）に1番近い民法上の担保物権は動産質権であるとして、334条（➡180ページ **4**）を類推適用する見解と、②動産譲渡担保に一番近いのは特別法上の動産抵当であるとして、かかる特別法の規定（自動車抵当法11条、建設機械抵

当法 15 条、農業動産信用法 16 条等）に照らし、集合物譲渡担保を民法 330 条 1
項の第 1 順位の動産先取特権と同順位とする見解がある。

　これらいずれの見解によっても、結論としては、譲渡担保が優先されること
になる。

11　債権譲渡担保　B

　ここまでは、動産や不動産に対する譲渡担保をみてきたが、債権を譲渡担保
の目的とすることも認められている（大判昭和 5・10・8 評論 20-民 18）。

　たとえば、A の B に対する債権の担保のために、B の C に対する債権を譲
渡担保に供する場合がこれにあたる。

　この債権譲渡担保の対抗要件は、債権譲渡の対抗要件（467 条）と同様であ
る。

　なお、法人が債権を譲渡担保に供する場合は、その旨を債権譲渡登記ファイ
ルに登記すると、467 条 2 項の確定日付のある証書による通知があったものと
みなされる（動産及び債権の譲渡の対抗要件に関する民法の特例等に関する法律 4 条
1 項）。

12　集合債権譲渡担保　B+

　以上の個別的な債権譲渡担保に加え、集合債権を譲渡担保に供することも認
められている。これを、集合債権譲渡担保という。

　たとえば、① A の B に対する債権の担保のために、B と C との間で継続的
に発生する B から C への債権を譲渡担保に供する場合や、② A の B に対する
債権の担保のために、B が複数の債務者に対して有する複数の債権をまとめて
譲渡担保に供する場合がこれにあたる。

　この集合債権譲渡担保の対抗要件は、債権譲渡担保の対抗要件と同様であ
る。法人による場合の登記は、この集合債権譲渡担保において特に有用であ
る。

　その他の説明は、債権総論の債権譲渡の箇所で行う。

2. 所有権留保

1 意義 B

　所有権留保とは、売買契約において目的物を買主に引き渡した後も、買主が代金を完済するまで、目的物の所有権を売主に留保することをいう。

　この所有権留保は、不動産の売買契約においても用いることができるが、実務上、そのほとんどが動産の売買契約において用いられている。具体的には、自動車や家電製品の割賦販売（いわゆるローン販売）で用いられることが多い。

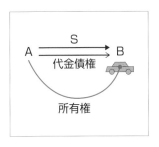

　たとえば、自動車販売店のAがBに自動車を割賦払いで販売した場合、自動車の現実の占有は買主Bに移しつつ、Bが代金を完済するまでその自動車の所有権をAのもとにとどめておく。そして、弁済が滞った場合は、Aは所有権に基づいてBに対してその自動車の返還を請求し、これを換価するなどして残代金債権の弁済にあてるわけである。

　所有権留保の担保としての機能は譲渡担保と似ているが、譲渡担保が債務者等の所有権を債権者のもとに移すという形式をとるのに対し、所有権留保はあらかじめ債権者のもとにある所有権をそのまま債権者のもとに留保するという形式をとる点で、両者は異なる。

2 売主の地位 B

　動産の所有権留保売買がなされた場合、売主は、代理占有に基づき、留保された所有権（留保所有権）を第三者に対抗することができる（178条）。

　したがって、代金完済までの間に買主の債権者が目的物に対し強制執行をした場合、売主は、所有権に基づき第三者異議の訴え（民事執行法38条1項）を提起し、強制執行の排除を求めることができる（最判昭和49・7・18民集28-5-743）。

売主は、留保された所有権を行使しうる。しかし、それが権利の濫用（1条3項）にあたる場合は許されない。

この点がしばしば問題となるのが、サブディーラー B から自動車を買ったユーザー C に対するディーラー A からの返還請求である。

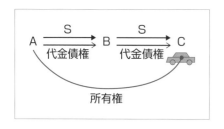

たとえば、ディーラー A がサブディーラー B に自動車を売却したが、この売買には所有権留保が付されていた。その自動車をサブディーラー B がユーザー C に転売し、C に引き渡した。その後、B の A に対する代金支払が滞ったため、A は留保された所有権に基づき、C に対して自動車の返還を請求したとする。

この場合、A の C に対する請求は認められるか。

判例は、①A が B の C に対する転売に協力したこと、②C が B に代金を完済していること、③AB 間の売買よりも BC 間の売買が先行している（または同時である）こと、④AB 間の所有権留保につき C が善意だったこと、といった事情を組み合わせて、権利の濫用にあたるか否かを判断している。

たとえば、①②③を認定して権利の濫用にあたるとした判例（最判昭和50・2・28 民集 29-2-193）や、②④を認定して権利の濫用にあたるとした判例（最判昭和57・12・17 判時 1070-26）がある一方、④の事情がない（AB 間の所有権留保につき C が悪意だった）ことを理由に A の権利行使を認めた判例（最判昭和56・7・14 判時 1018-77）がある。

3. その他の担保

最後に、代理受領と仮登記担保を、試験に必要な限度で説明しよう。

なお、買戻しや再売買予約も担保として用いられるが、これらについては債権各論で学ぶ。

1　代理受領　🅑

ア　意義

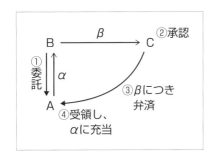

　Aが有するα債権の債務者Bが、自らが第三債務者Cに対して有するβ債権の弁済の受領を債権者Aに委任することがある。

　第三債務者CがかかるAB間の委任を承認すると、AはBの代理人としてCからβ債権の弁済を受けることができる。そして、Aは、その金員をα債権に充当する（具体的には、α債権とCから受領した金員のBへの返還債務とを相殺する）ことになる。

　こうした仕組みを、代理受領という。

イ　代理受領のメリット

　この代理受領の実質は、α債権を被担保債権とし、β債権を目的とする債権質だが、①β債権が譲渡や質入れが禁止されている債権（国や地方公共団体に対する請負代金債権がその典型である）であってもその担保化が可能であることや、②正式な担保の手続を回避できることなどのメリットがあるため、実務でもしばしば用いられている。

ウ　代理受領権者の地位

　CがAB間の委任を承認した場合であっても、β債権はあくまでもBに帰属したままであり、AはCに対して直接請求権を有しない（通説）。

　したがって、Cが、AB間の委任を承認したにもかかわらず、なおAではなくBに対してβ債権の弁済を行った場合であっても、AはCに対して債務不履行に基づく損害賠償を請求することはできない。この場合、AはCに対して不法行為に基づく損害賠償を請求することができるにとどまる（最判昭和44・3・4

民集 23-3-561、最判昭和 61・11・20 判時 1219-63)。

2 仮登記担保 B-

　仮登記担保とは、仮登記を利用して行う代物弁済予約または売買予約をいう。

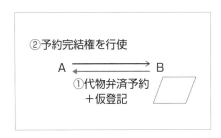

　たとえば、A から B に対する債権につき、「B が弁済しないときは B 所有の不動産の所有権を代物弁済（482条）として A に移転する」旨あらかじめ予約し、所有権移転請求権保全の仮登記（不動産登記法 105条 2 号）をしておく場合が、仮登記を利用して行う代物弁済予約の例である。

　そして、B が債務を弁済しない場合には、A は予約完結権を行使し、目的物が代物弁済に供されることになるわけである。

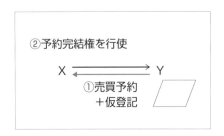

　また、たとえば Y が X から 100万円を借りる際に、代金 100 万円で Y 所有の不動産を X に売るという売買予約をし、所有権移転請求権保全の仮登記（不動産登記法 105 条 2 号）をしておく場合が、仮登記を利用して行う売買予約の例である。

　そして、Y が債務を弁済しない場合には、X は予約完結権を行使し、目的物の所有権を取得したうえ、貸金債権と売買代金債務とを相殺することになる。

　これらの仮登記担保については、「仮登記担保契約に関する法律」（仮登記担保法）が適用される。

論証カード

論証 1　物権的請求権と費用

➡ 13 ページ 4.

A 所有の甲土地に B が無権原で建物を建てて所有しているため、A が 100 万円の費用を負担して建物を収去した事案

B⁺

　A は、B 所有の建物の収去に要した費用 100 万円の支払を、B に対して請求できるか。

　まず、A による建物の収去は、いわゆる所有権に基づく返還請求権の行使によるものである。そして、その費用は、物権の侵害に基づく損害といえる。

　したがって、費用の請求の可否は、不法行為（709 条）によって処理すれば足りると解する。

　本件では、甲土地への B の不法占有により、A に 100 万円の損害が発生している。よって、B に故意または過失がある限り、A は不法行為に基づく損害賠償請求として、B に対して 100 万円の支払を請求できる。

論証 2　物権行為の独自性と所有権の移転時期

➡ 18 ページ **3**、19 ページ **4**

A 所有の甲土地を B に売却する旨の売買契約が AB 間で締結されたが、登記の移転や代金の支払は未了である。甲土地の所有権の帰属如何。

A⁺

　買主 B は、A から甲土地の所有権を取得しているか。

　まず、176 条の「意思表示」は、債権的な意思表示で足りると解する。

　また、本件のような特定物の売買契約による物権変動は、特約がない限り契約時に生じると解するのが、176 条から素直である。

　本件でみるに、AB 間で売買契約（555 条）の意思表示がなされており、かつ、所有権の移転時期についての特約はない。

　よって、B は甲土地の所有権を取得している。

備考：不特定物の物権変動は、目的物の特定（401 条 2 項）の時点で生じる。

論証 3　177 条の「第三者」① 　主観的要件

➡ 39 ページ エ

A 所有の甲土地が、A から B に譲渡されたが、
その登記が未了の間に、さらに A から C に譲渡され、
C が登記を備えた。C は AB 間の譲渡につき悪意だった。
B は C に対して登記名義の抹消を請求することができるか。　**A⁺**

━━━━━━━━━━━━━━━━━━━━━━━━━━━━━

　B の本件請求は、所有権に基づく妨害排除請求権の行使によるものである。

　しかし、B は登記を備えていない。よって、C が 177 条の「第三者」にあたる限り、B は所有権の取得を C に対抗できず、本件請求をなし得ない。

　では、悪意の C は 177 条の「第三者」にあたるか。「第三者」の主観的要件が問題となる。

　まず、177 条の「第三者」とは、物権変動の当事者もしくはその包括承継人以外の者であって、登記の欠缺を主張する正当の利益を有する者をいう。

　そして、177 条が前提とする自由競争のもとにおいては、単なる悪意者は、なお登記の欠缺を主張する正当の利益を有する者といえ、「第三者」にあたるというべきである。

　もっとも、自由競争の範囲を逸脱する背信的悪意者については、信義則（1 条 2 項）上正当の利益を有さず、「第三者」にあたらないと解する。

　本件では、C が背信的悪意者であると認定できる事情はない。

　よって、登記なき B は所有権の取得を C に対抗できず、本件請求をすることができない。

備考：第 1 譲受人へのいやがらせ目的や、第 1 譲受人に高く売りつける目的で、不動産を取得し登記を備
　　　えた第 2 譲受人は、背信的悪意者にあたる。

論証4　177条の「第三者」②　背信的悪意者からの転得者

➡ 40 ページ（エ）

Ａ所有の甲土地が、ＡからＢ・Ｃに二重譲渡され、
Ｃが登記を備えたが、Ｃは背信的悪意者だった。
その後、甲土地はＣからＤへ転売された。
第１譲受人Ｂは、Ｄに対して、
登記なくして所有権を対抗できるか。　　　　　　　　　　　**A**

――――――――――――――――――――――――――――――――

1　登記なきＢが、甲土地の所有権をＤに対抗できるためには、Ｄが177条の「第三者」にあたらないことが必要である。

　　この点、Ｄは背信的悪意者Ｃからの転得者である。そこで、かかる転得者Ｄが177条の「第三者」にあたるかが問題となる。

2　まず、177条の「第三者」とは、物権変動の当事者もしくはその包括承継人以外の者であって、登記の欠缺を主張する正当の利益を有する者をいう。

　　そして、仮に背信的悪意者Ｃが無権利者であれば、その承継人であるＤも無権利者にあたり、「第三者」にあたらない。

　　しかし、背信的悪意者は、完全な無権利者ではない。その物権取得も一応有効であり、ただ、信義則（1条2項）上、登記の欠缺を主張することができないにとどまる。

　　したがって、背信的悪意者からの転得者も、背信的悪意者から所有権を取得する。

　　よって、転得者自身が背信的悪意者でない限り、転得者はなお登記の欠缺を主張する正当の利益を有するといえ、177条の「第三者」にあたると解する。

3　本件でも、Ｄが背信的悪意者でない限り、Ｂは登記なくして所有権を対抗できない。

備考：177条を見た瞬間に、①「第三者」の定義、②背信的悪意者排除論（主観的要件）、③背信的悪意者からの転得者、④転得者のみが背信的悪意者の場合を芋づる式に抽出すること。

論証 5　転得者のみが背信的悪意者の場合

➡ 41 ページ（オ）

A 所有の甲土地が、BC に二重譲渡されたところ、善意の C が
登記を備えたうえで背信的悪使者 D に甲土地を転売し、
D が登記を備えた。B は D に対して登記名義の抹消を
請求することができるか。　　　　　　　　　　　　　　　**B**⁺

――――――――――――――――――――――――――

　B の本件請求は、所有権に基づく妨害排除請求権の行使による。

　では、B は所有権を有するか。

　本件では、既に第 2 譲受人 C が登記を備えている。そして、C は B の登記の欠缺を主張する正当の利益を有する者といえ、B にとって 177 条の「第三者」にあたる。

　そうだとすれば、C が登記を備えた時点で、C は確定的に権利を取得し、B は確定的に権利を喪失したと解するのが、法律関係の早期安定と簡明さの観点から妥当である。

　したがって、B は無権利者にすぎず、本件請求は認められない。

備考：B の請求が認められないのは、D が「第三者」にあたるからではなく、B が所有権を全く有していないからである点に注意。

論証6　物権的請求権の行使の相手方

X所有の甲土地の上に、Aが勝手に乙建物を建てて所有していたところ、Aが死亡し、Bが建物を相続した。Bはその意思に基づき、乙建物の所有権登記を備えた。その後、BがCに対してその建物を譲渡したが、建物の登記名義はBのままだった。Xは、Bに対して建物収去・土地明渡しを請求することができるか。　　**B**

　本件請求は、甲土地の所有権に基づく返還請求権の行使によるものである。

　そして、Bに対するかかる返還請求権の行使が認められるためには、Bが甲土地を占有していなければならない。

　ところが、Bは既に乙建物をCに譲渡している。したがって、Bは乙建物の所有権を喪失し、甲土地を占有していないとも思える。

　しかし、土地所有者と、建物収去・土地明渡請求の相手方との関係は、あたかも当該建物についての物権変動における対抗関係にも似た関係にあるといえる。

　そこで、他人の土地上の建物の所有権を取得し、自らの意思に基づいて登記を経由した者は、その建物の登記名義を保有する限り、土地所有者に対し、建物所有権の喪失を主張できないと解するべきである。

　本件Bは、Aから甲土地上の建物の所有権を取得し、自らの意思に基づいて所有権取得の登記を経由している。そして、Bはかかる登記名義を未だ保有している。

　したがって、Bは建物所有権の喪失をXに主張することができず、甲土地を占有していないことを主張することもできない。

　よって、Xは、Bに対し、本件請求をすることができる。

論証カード6　287

論証 7　取得時効と登記①　取得時効の当事者

Ａ所有の甲土地につき、Ｂが占有を継続し、
取得時効が完成した。
かかる取得時効を援用したＢは、
登記なくしてＡに対して甲土地の所有権の取得を対抗できるか。　　**B⁺**

─ ─ ─ ─ ─ ─ ─ ─ ─ ─ ─ ─ ─ ─ ─ ─ ─ ─ ─ ─

　Ｂは、登記なくして、Ａに対して甲土地の所有権の取得を対抗できる。

　なぜなら、177条の「第三者」とは、物権変動の当事者もしくはその包括承継人以外の者であって、登記の欠缺を主張する正当の利益を有する者をいうところ、ＢにとってＡは、甲土地にかかる物権変動の当事者であり、177条の「第三者」にあたらないからである。

備考：時効完成前の譲受人に対しても同様（➡ 45ページ イ）。

➡ 46 ページ ウ

Ａ所有の甲土地についてＢの取得時効が完成した後に、
Ａが甲土地をＣに売却し、Ｃが登記を備えた。
取得時効を援用したＢは、Ｃに対して登記の抹消手続を請求した。
この請求は認められるか。　　　　　　　　　　　　　　**A**

―――――――――――――――――――――――――――――

　Ｂの請求は、甲土地の所有権に基づく妨害排除請求権の行使によるものである。

　よって、Ｂの請求が認められるためには、ＢがＣに対して甲土地の所有権を対抗できる必要があるが、Ｂは登記なくしてこれを対抗できるか。

　この点、現在の占有から逆算し、時効期間をみたしていれば登記は不要とする見解がある。

　しかし、そのように解しては、時効取得が事実上登記を要しない物権変動となってしまい、公示の原則（177条参照）の要請に反する。したがって、時効の起算点は占有の開始の時に固定するべきである。

　とすると、時効取得と時効完成後の譲渡とは、二重譲渡に類似する。

　そこで、時効取得者にとって、時効完成後の取得者は原則として177条の「第三者」にあたり、登記なくして所有権を対抗できないと解する。

　本件でも、Ｃがいわゆる背信的悪意者にあたらない限り、Ｂは所有権の取得をＣに対抗できず、本件請求は認められない。

備考：① ＣがＡから甲土地を譲り受けた時点において、Ｂが多年にわたり甲土地を占有している事実を認識しており、Ｂの登記の欠缺を主張することが信義則に反すると認められる事情があるときは、Ｃは背信的悪意者にあたる。
　　　② Ｃが登記を備えた後も、Ｂが甲土地の占有を続けた場合は、Ｃの登記時を起算点とした新たな取得時効が進行する。その完成後にＢが新たな取得時効を援用すれば、Ｂは登記なくして所有権の取得をＣに対抗できる（➡論証 7）。

論証 9　共同相続と登記

⇒ 51 ページ イ

甲土地を所有する X が死亡し、その共同相続人として A と B がいる。
ところが、遺産分割前に、A が勝手に単独名義の登記をして、
これを第三者 Y に売却し、Y が登記を備えた事案。　　　**A**

────────────────────────────────

1　まず、共有者は、その持分を自由に譲渡することができる。
　　したがって、A から Y への売買により、A の持分は当然に Y に移転する。
2　では、B の持分についてはどうか。
　⑴　そもそも、A は、B の持分については完全な無権利者である。したがって、AY 間の売買
　　は、B の持分については他人物売買にあたる。
　　　しかも、登記に公信力はない。
　　　よって、94 条 2 項類推適用の要件をみたす場合を除き、Y は B の持分を取得することは
　　できない。
　⑵　そして、B の持分は B の法定「相続分」（899 条の 2 第 1 項）を超えない部分であるか
　　ら、B は、登記なくして、B の持分の取得を Y に対抗することができると解する（899 条の
　　2 第 1 項反対解釈）。
3　したがって、甲土地は、Y と B の共有となる。

備考：AY 間の譲渡後に、AB 間の遺産分割によって甲土地が B の単独所有とされても、A の持分につ
　　　き Y は遺産分割前の第三者として 909 条ただし書によって保護される。

論証 10　遺産分割と登記——遺産分割後の第三者

➡ 54 ページ（イ）

甲土地を所有する X が死亡し、その共同相続人として A と B がいる。
遺産分割の結果、甲土地は B の単独所有となったが、
B が登記を備える前に、A が A の持分を Y に譲渡した事案。　**B⁺**

━━━━━━━━━━━━━━━━━━━━━━━━━━━━━━━━━━━━

1　まず、遺産分割後の第三者である Y には、909 条ただし書は適用されない。

　　なぜなら、909 条ただし書の趣旨は、遺産分割の遡及効を制限し、第三者を保護する点にある以上、909 条ただし書の「第三者」は、遺産分割前の第三者に限定されるべきだからである。

2　では、B は、登記なくして遺産分割による甲土地の所有権の取得を Y に対抗できるか。

　　899 条の 2 第 1 項が「遺産の分割によるものかどうかにかかわらず」としている以上、本件でも同項が適用される。

　　そして、B にとって、B の持分は B の法定「相続分」を超えない部分だが、A の持分は B の法定「相続分」を「超える」部分である。

　　よって、B は、B の持分については登記なくして Y に対抗できると解されるものの、A の持分については、登記なくしてその取得を Y に対抗することができない（899 条の 2 第 1 項）。

備考：遺産分割前の第三者は、909 条ただし書で処理する。

➡ 56 ページ エ

甲土地を有する X が死亡し、その共同相続人として A と B がいるところ、A が相続を放棄したが、その前に、A の債権者 Y が甲土地の A の持分を差し押さえていた。① Y の差押えは有効か。② B は甲土地の取得を Y に対抗できるか。　**A**

1　①Y の差押えは有効か。

　　債務超過の相続財産の負担から相続人を保護するという相続放棄の趣旨を実現するべく、相続放棄の遡及効（939 条）は徹底されるべきである。相続放棄に第三者保護規定が存在しない（909 条ただし書対照）のも、かかる趣旨と解される。

　　したがって、Y の差押えは、遡及的に他人物に対する差押えとなり、無効である。

2　②B は、登記なくして甲土地の取得を Y に対抗できるか。

　　相続放棄の遡及効は徹底されるべきであるから、899 条の 2 第 1 項の「相続分」は、相続放棄を受けて定められる相続分をいうと解するべきである。

　　したがって、B は、登記なくして甲土地の所有権の取得を Y に対抗することができる（899 条の 2 第 1 項反対解釈）。

備考：①相続放棄と差押えの順番が前後しても同様。

　　　②A が持分を譲渡した場合は、単純承認が擬制される(921 条 1 号、3 号)。

論証 12　中間者の同意を得ずになされた中間省略登記の効力

➡ 61 ページ イ

Ａ所有の不動産が、Ａ→Ｂ→Ｃと順次譲渡されたが、
その登記はＡからＣに直接移転された。
かかる登記につき、Ｂは同意しておらず、
ＣからＢへの代金も未だ支払われていない事案。　　**B**⁺

1　まず、本件登記は有効か。

　　確かに、本件のごときいわゆる中間省略登記は、不動産物権変動の過程を忠実に再現した登記ではない。

　　しかし、現在の権利を反映したものではある以上、とりあえずは有効と解するべきである。

2　では、本件登記につき同意していない中間者Ｂは、Ｃに対して本件登記の抹消手続を請求できるか。

　　この点、中間者が抹消手続を請求する正当の利益を有する場合は、中間者は抹消手続を請求できるが、かかる利益を有しない場合は、中間者は抹消手続を請求できないと解する。

　　本件では、ＣからＢへの代金支払が未了であるから、Ｂは、本件登記を抹消したうえで、登記移転手続と代金支払との同時履行の抗弁権（533条）を行使する必要がある。

　　よって、Ｂには上記利益が認められ、抹消手続を請求できる。

論証 13　中間省略登記請求の可否

➡ 62 ページ 3

Ａ所有の不動産が、Ａ→Ｂ→Ｃと順次譲渡されたが、
登記は未だＡのもとにある。Ｃは、Ａに対してＣへの
移転登記手続を請求することができるか。　　**B**⁺

　　確かに、本件の登記請求は、実体的な権利変動の過程と異なる登記の請求であるから、当然には認められないというべきである。

　　しかし、Ｃ名義の登記は、現在の権利関係には合致している以上、ABC 全員の合意がある場合は、かかる請求も認められると解する。

備考：Ｃは、423条の7に基づき、ＢのＡに対する登記請求権を代位行使することができる。この場合、Ｂが無資力である必要はない（➡ 60 ページ エ）。

論証 14　立木所有権の留保

➡ 67 ページ **4**

土地の所有者 A が、その土地上の立木の所有権は自らに留保しつつ、土地だけを B に譲渡したところ、
B は、立木を含めて土地を C に転売した。
A は立木の所有権を C に対抗できるか。　　　　　　　　**B⁺**

―――――――――――――――――――――――――

　確かに、立木の所有権を留保して土地を譲渡することは認められると解される。

　しかし、かかる留保付きの譲渡は物権変動の例外である以上（86 条 1 項参照）、取引安全の見地から、その旨の公示が必要というべきである。

　具体的には、立木の所有権を対抗するには、明認方法が必要と解する。

　本件でも、A が立木に明認方法を施している場合に限り、A は立木の所有権を C に対抗できる。

論証 15　占有改定と即時取得の可否

➡ 75 ページ ア

A 所有のカメラを、A が B に譲渡し、B が占有改定を備えた。
その後、A が同じカメラを善意無過失の C に譲渡し、C も
占有改定を備えた。C はカメラの所有権を取得するか。　　　**A**

―――――――――――――――――――――――――

1　本件で、B は占有改定（183 条）を備えている。よって、178 条の「引渡し」があったといえ、その後の AC 間の売買は、他人物売買にあたる。

　　したがって、C はカメラの所有権を A から承継取得することはできない。

2　もっとも、C に即時取得（192 条）が成立しないか。C が占有改定を備えたことが、192 条の「占有を始めた」にあたるかが問題となる。

　(1)　占有改定は、占有の外観に一切変化がない。にもかかわらず、占有改定による即時取得を認めては、あまりに所有者の静的安全を害する。

　　　そこで、占有改定を備えたことは、「占有を始めた」にはあたらないと解する。

　(2)　よって、本件の時点では、C に即時取得は成立しない。

3　したがって、C はカメラの所有権を取得しない。

備考：①その後に A から現実の引渡しを受けた時点でも C が善意無過失なら、C はカメラを即時取得する。

　　　②B が占有改定すら備えていなかった場合は、二重譲渡にあたり、178 条で処理する。

論証 16　指図による占有移転と即時取得の可否

➡ 77 ページ イ

X 所有のカメラを、A が無権限で善意無過失の B に売却し、B は指図による占有移転を備えた。B はカメラの所有権を取得するか。　**B⁺**

───────────────────────────────

1　本件売買は、いわゆる他人物売買にあたる。よって、B はカメラの所有権を承継取得することはできない。

2　では、即時取得（192 条）は成立するか。B が指図による占有移転（184 条）を備えたことが、192 条の「占有を始めた」にあたるかが問題となる。

　⑴　指図による占有移転は、占有改定と比べて、外部から占有移転を認識しやすいといえる。

　　　よって、指図による占有移転（184 条）は、「占有を始めた」にあたると解する。

　⑵　したがって、善意無過失の B は、本件カメラの所有権を即時取得によって原始取得する。

論証 17　取得時効と相続①　占有の継続

➡ 86 ページ 2

X 所有の甲建物につき、A が悪意で 15 年間にわたって勝手に居住した後、死亡した。A の死亡から 1 年後、A の死亡ないし相続の事実を初めて知った相続人 B は、甲建物への居住を開始し、それから 4 年が経った。甲建物の所有権関係如何。　**B**

───────────────────────────────

1　B は、甲建物の所有権を時効により取得（162 条 1 項）できるか。

　⑴　確かに、A の死亡から 1 年間、甲建物の現実の占有は中断している。よって、B が A の従前の占有をあわせて主張したとしても（187 条 1 項後段）、B の取得時効は認められないとも思える（164 条）。

　　　しかし、被相続人による取得時効のための占有が、相続開始によって無意味なものになってしまうのは妥当でない。

　　　そこで、相続人の知・不知を問わず、占有も相続の対象になると解するべきである。

　　　したがって、B は、A の死亡により A の占有を相続によって承継したといえ、AB あわせて 20 年間の占有が認められる。

　⑵　そして、A ないし B の占有は、所有の意思のある、平穏・公然の占有といえる。

　⑶　よって、取得時効は完成している。

2　したがって、取得時効を援用すれば（145 条）、B は甲土地の所有権を A の占有開始時にさかのぼって取得する（144 条、162 条 1 項）。

備考：このように、占有の相続は、取得時効の要件である「占有の継続」との関係で論じる。

論証 18　取得時効と相続②　善意無過失

➡ 87 ページ **2**

Ｘ所有の甲建物につき、Ａが悪意で 7 年間にわたって勝手に居住した後、死亡した。その後、Ａの相続人Ｂが、善意無過失で 10 年間居住した。
甲建物の所有権関係如何。　　　　　　　　　　　　　　　　**B**

───────────────────────────────

　Ｂ自身は、所有の意思をもって平穏・公然と、しかも善意無過失で甲建物を 10 年間占有している。

　そこで、Ｂは、自らの 10 年間の占有のみを主張し、甲建物を時効により取得（162 条 2 項）することができるか。

　占有の分離主張を認める 187 条 1 項前段が、相続の場合にも適用されるかが問題となるが、同項が単に「占有者の承継人」とだけ規定している以上、同項前段は相続の場合にも適用されると解するべきである。

　よって、Ｂは自らの 10 年間の占有のみを主張することができ、取得時効が完成している。

　したがって、取得時効を援用すれば（145 条）、Ｂは甲土地の所有権をＢの占有開始時にさかのぼって取得する（144 条、162 条 2 項）。

備考：このように、187 条 1 項前段が相続の場合に適用されるかは、10 年間の占有による取得時効の要件である「善意無過失」との関係で論じる。

➡ 90 ページ（イ）

X 所有の甲建物につき、A が X との賃貸借契約に基づき 7 年間
居住した後、死亡した。その後、相続人 B が居住を開始し、
10 年間が経った。B は、甲建物は A の所有物であったと無過失で
誤信しており、甲建物の固定資産税を支払い続けていた。
甲建物の所有権関係如何。　　　　　　　　　　　　　　　　**B⁺**

ー ー

1　B は甲建物を時効により取得（162 条 2 項）するか。

2(1)　まず、B 自身は、10 年間、善意無過失で、平穏・公然と甲建物を占有している。

　　　そして、187 条 1 項が単に「占有者の承継人」とだけ規定している以上、相続人による占
有の分離主張も認められると解される。

　(2)　しかし、「所有の意思」（162 条 2 項）の有無は、占有取得原因によって客観的に判断する
べきであるところ、A の占有は、賃貸借契約に基づく占有であるから、所有の意思のない他
主占有にあたる。

　　　そして、B の占有は、かかる A の他主占有の相続によって開始しているため、やはり他主
占有にあたる。

　　　よって、取得時効は認められないのが原則である。

　(3)　もっとも、相続を 185 条の「新たな権原」と解し、自主占有への転換が認められないか。

　　　この点、真の権利者保護の要請と、相続人保護の要請の調和の見地から、①相続人が新た
に相続財産を事実上支配することによって占有を開始し、②その占有に所有の意思が認めら
れる場合は、相続も「新たな権原」にあたると解する。

　　　本件では、① B は甲建物に居住することで占有を開始している。また、甲建物の固定資産
税を支払い続けていることからして、② B の占有には所有の意思が認められる。

　　　したがって、相続は「新たな権原」にあたり、自主占有への転換が認められる。

3　以上より、甲建物の取得時効は完成している。

　　よって、取得時効を援用すれば（145 条）、B は甲土地の所有権を B の占有開始時にさかの
ぼって取得する（144 条、162 条 2 項）。

備考：このように、相続が「新たな権原」にあたるか否かは、取得時効の要件である「所有の意思」との関係
　　で論じる。

論証 20　建物買取請求権に基づく敷地の留置の可否

➡ 157 ページ イ

Bは、Aから甲土地を賃借し、その上に乙建物を建築して居住していたが、賃貸借契約が終了したため、建物買取請求権を行使した。
AがBに対して乙建物の引渡しと甲土地の引渡しを請求した場合、Bはこれらの請求を拒めるか。　　　　　　　　　　　　　　　**A**

1　Bは、建物買取請求権（借地借家法 13 条）の行使により、乙建物についての代金債権を取得している。そして、Bはこれを被担保債権とする乙建物に対する留置権を取得している（295条 1 項）。

　　よって、Bは代金の支払があるまでは、留置権に基づき乙建物の引渡しを拒める。

2　では、甲土地の引渡しまで拒めるか。

　　確かに、Bが有する留置権は建物に対するものであるところ、建物とその敷地とは別個の不動産である。

　　しかし、建物の引渡しは拒絶できるけれどもその土地の引渡しは拒絶できないと解しては、建物に対する留置権の意味を没却する。建物を留置しつつその敷地は引き渡すのは、現実問題として不可能だからである。

　　そこで、建物の引渡しを拒絶できることの反射的効力として、敷地の引渡しも拒めると解する。

　　よって、Bは甲土地の引渡しも拒める。

備考：この場合も、BはAに対して、地代相当額の不当利得返還債務は負う。

論証 21　造作買取請求権に基づく建物の留置の可否

➡ 159 ページ ウ

Aから甲建物を賃借しているBが、Aの同意を得て甲建物にエアコンを取り付けた。その後、賃貸借契約が終了したため、Bは造作買取請求権を行使した。AがBに対してエアコンの引渡しと甲建物の引渡しを請求した場合、Bはこれらの請求を拒めるか。　　**A**

1　Bは、造作買取請求権（借地借家法33条1項）の行使により、本件エアコンについての代金債権を取得している。そして、Bはこれを被担保債権とする本件エアコンに対する留置権を取得している（295条1項）。

　　よって、Bは代金の支払があるまでは、本件エアコンの引渡しを拒める。

2　では、甲建物の引渡しまで拒めるか。

　　そもそも、留置権の目的である造作と建物とは別個の物である。

　　また、造作と建物には大きな価値の違いがある。にもかかわらず、建物の引渡しまで拒めると解しては、公平に反する。

　　したがって、甲建物の引渡しまでは拒めないと解する。

論証 22　二重譲渡で負けた者による留置権主張の可否

➡ 161 ページ（イ）

X 所有の土地が X から Y に譲渡され引き渡されたが、Y がその登記を備える前に、X が善意の Z にもその土地を譲渡し、Z が登記を備えた。Z は、Y に対して土地の引渡しを請求した。
Y は土地の引渡しを拒めるか。　　　　　　　　　　　　　　　　**A**

――――――――――――――――――――――――――――――――

（所有権に基づく返還請求権の要件をみたすことを認定）

　もっとも、Y は、X に対する損害賠償請求権（415 条 1 項本文）を理由とする留置権（295 条 1 項）を主張し、土地の引渡しを拒めないか。かかる損害賠償請求権と土地との間に牽連性が認められるかが問題となる。

　留置権の機能は、間接的に債務の弁済を促す点にある。

　そうだとすれば、留置権が成立するべき時点において、返還請求権者と被担保債権の債務者とが同一人である場合に限り、牽連性が認められると解する。

　本件では、留置権が成立するべき時点において、返還請求権者は Z である一方、被担保債権の債務者は X である。

　よって、牽連性が認められず、留置権は成立しない。

　したがって、Y は引渡しを拒めない。

備考：留置権が成立した後に、返還請求権者と債務者とが異なるに至った場合は、留置権者はその者に対しても留置権を主張できる（∵絶対性）。

論証 23　占有開始後に不法行為となった場合の留置権の成否

➡ 163 ページ イ

AB 間で締結された甲建物の賃貸借契約に基づき、B は甲建物を
占有し始めた。その後、賃貸借契約が終了したにもかかわらず、
B は甲建物を占有し続けたうえ、甲建物につき必要費を支出した。
A は、B に対して甲建物の明渡しを請求した。
B は甲建物の明渡しを拒めるか。　　　　　　　　　　　　**B**

────────────────────────────────

（明渡請求の要件をみたすことを認定）

　もっとも、B は、甲建物についての必要費償還請求権（196 条 1 項本文）を取得している。そ
こで、これを被担保債権とする留置権（295 条 1 項）を主張し、甲建物の明渡しを拒めないか。

　確かに、B の占有は賃貸借契約により適法に始まっているから、295 条 2 項は直接適用できな
い。

　しかし、295 条 2 項の趣旨は、不法占有者は保護に値しないという点にあるところ、この趣旨
は、途中から不法占有者となった者にも妥当する。

　したがって、不法占有者に故意または過失がある限り、295 条 2 項の類推適用により、留置権
は成立しないと解する。

　本件 B は、賃貸借契約の終了後の不法占有につき、少なくとも過失がある。

　よって、留置権は成立せず、B は明渡しを拒めない。

論証 24　抵当権設定登記の流用の可否

➡ 196 ページイ

　AからBに対する債権の担保として、B所有の建物にAの抵当権が設定され、その旨の登記がなされた。さらに、同じ建物にCの2番抵当権が設定され、その旨の登記がなされた。その後、BはAに1番抵当権の被担保債権を弁済した。ところが、1番抵当権の設定登記を抹消する前に、再度AからBに対する同額の債権が発生したため、AB間で抵当権設定契約が締結され、従前の登記を流用する旨の合意が成立した。この登記は対抗力を有するか。　　　　　　　**B**⁺

―――――――――――――――――――――――――――――――

　確かに、本件流用登記は、現在の権利関係には合致している。

　しかし、正当な利害関係のある第三者が流用以前に出現していた場合にまで対抗力を有すると解しては、その第三者の利益を害する。

　そこで、かかる場合は、流用登記に対抗力が認められないと解する。

　本件でみるに、後順位抵当権者であるCが、登記の流用以前に出現している。しかるに、本件流用登記の対抗力を認めては、Cの順位上昇の利益が害される。

　よって、本件流用登記は対抗力を有しない。

➡ 201 ページ ア

AからBに対する債権の担保として、B所有の甲建物にAの抵当権が設定された。その後、甲建物に、B所有のエアコンが設置された。かかるエアコンにAの抵当権の効力が及ぶか。　　　**A**+

――――――――――――――――――――――――――――――――――

　本件エアコンは、甲建物の従物（87条1項）にあたる。では、抵当権の効力は、抵当不動産の従物に及ぶか。

　判例は、抵当権の及ぶ付加一体物（370条本文）とは、抵当不動産と物理的一体性を有する物と解している。

　しかし、抵当権の本質は、目的物の占有を設定者のもとにとどめつつその交換価値を把握する点にある以上、抵当権の効力が及ぶ付加一体物（370条本文）とは、抵当不動産と経済的価値的一体性を有する物をいうと解する。

　そして、従物は主物の経済的価値を高める物であるから（87条1項参照）、抵当不動産と経済的価値的一体性を有する物といえる。

　よって、従物も付加一体物にあたり、抵当権の効力が及ぶと解する。

　したがって、本件エアコンにも、Aの抵当権の効力が及ぶ。

備考：①付合物（242条本文）は、当然に付加一体物に含まれる（争いなし）。
　　　②付加一体物を物理的一体物とする見解からは、ⓐ抵当権の設定を「処分」（87条2項）と捉えると本件エアコンには効力が及ばず、ⓑ抵当権の設定から実行までの過程を「処分」と捉えると本件エアコンに効力が及ぶ。
　　　③自説からは、従たる権利にも370条本文を類推する。

論証 26　分離物への抵当権の効力

➡ 205 ページ エ

ＡがＢに対して有する債権を被担保債権として、
Ｂ所有の山林に抵当権が設定され、その旨の登記がなされた。
その後、Ｂがその山林上の立木を伐採し、
山林外に搬出して、占有している事案。　　　　　**A**

　Ａは、抵当権に基づく妨害排除請求権を行使し、Ｂに対して、伐木を本件山林に戻すよう請求すると思われる。

　しかし、本件伐木は、抵当権の目的である本件山林から分離し、かつ搬出されている。そこで、Ａの抵当権の効力は、もはや本件伐木には及ばず、Ａの請求は認められないのではないか。

　まず、土地に付合している立木には、抵当権の効力が及ぶ（370条本文）。

　そして、抵当権は目的物の全部を支配する物権である以上、立木が伐採されて動産となっても、また、抵当山林から搬出されても、当該伐木に抵当権の効力は及んでいると解される。

　もっとも、抵当権は登記を対抗要件とする物権である（177条）。

　したがって、抵当権の効力が及んでいることを177条の「第三者」に対抗するには、伐木が登記された不動産の上に存することが必要と解する。

　本件でみるに、請求の相手方たるＢは、抵当権設定契約の当事者であるから、177条の「第三者」にあたらない。

　よって、Ａは抵当権の効力が及んでいることをＢに対抗でき、上記請求は認められる。

論証 27　転貸賃料債権への物上代位の可否

➡ 208 ページ（ア）

ＡがＢ所有の建物に抵当権の設定を受け、その旨の登記が
なされていたところ、その建物をＢがＣへ賃貸し、
さらにＢの承諾を得てＣがその建物をＤへ転貸した事案。　　**B**

　Ａは、ＣのＤに対する転貸賃料債権に対して物上代位権（372条・304条１項）を行使できるか。

　まず、304条１項の「債務者」に転貸人を含めることは、文理上無理がある。

　また、仮に物上代位を認めると、正常な取引により成立した転貸借関係における転貸人の利益を害する。

　よって、転貸人を賃貸人（抵当権設定者）と同視するべき例外的な場合を除き、抵当権者は、転貸賃料債権に対して物上代位権を行使することはできないと解する。

　本件でも、ＣをＢと同視するべき例外的な場合を除き、Ａは、転貸賃料債権に対して物上代位権を行使できない。

➡ 209 ページ（イ）

ＡがＢ所有の土地に抵当権の設定を受け登記を備えた後、その土地がＣに賃貸された。その後、ＣがＢに対する金銭債権を取得したが、Ｃがかかる金銭債権と賃料債務とを相殺するより前に、Ａが物上代位権を行使するべくＢからＣへの賃料債権を差し押さえた。これに対し、Ｃが相殺の意思表示をした事案。　　**B**

Ｃの相殺（505条）は認められるか。

まず、物上代位（372条・304条1項）により抵当権の効力が賃料債権に及ぶことは、抵当権設定登記（177条）により公示されているといえる。

とすれば、Ａの抵当権設定登記の後に賃借人Ｃが取得した賃貸人Ｂに対する債権と自らの賃料債務とを相殺することに対する賃借人Ｃの期待を、先に公示されているＡの抵当権の効力に優先させる必要はない。

よって、抵当権者Ａが物上代位権を行使して賃料債権を差し押さえた後は、賃借人Ｃは、抵当権設定登記の後に賃貸人Ｂに対して取得した債権を自働債権とする賃料債権との相殺をもって、抵当権者Ａに対抗することができないと解する。

したがって、Ｃは、Ａに対して賃料を現実に支払わなければならない。

備考：差押え前であれば、Ｃは相殺できる。かかる相殺が行われた場合、Ａは賃料債権に対して物上代位権を行使できない。

論証 29　抵当権者自身による「差押え」の要否

➡ 212 ページ イ

Ａは、Ｂ所有の甲建物に対する抵当権の設定を受けた。
その後、甲建物が、何者かによる放火のため滅失した。所有者Ｂは、
保険会社Ｘに対する火災保険金請求権を取得したが、
Ａがこれを差し押さえる前に、Ｂの債権者Ｃが
これを差し押さえた事案。 **A**

1　Ａは、ＢのＸに対する火災保険金請求権に対して物上代位権（372条・304条1項）を行使できるか。

　(1)　まず、火災保険金は抵当権者の最後のよりどころであること、火災保険金も目的物の交換価値の具体化といいうることに照らし、同請求権も物上代位の対象となると解する。

　(2)　もっとも、Ａは自らこれを差し押さえていない。そこで、物上代位のための「差押え」（372条・304条1項ただし書）は、抵当権者が自らなすことが必要かが問題となる。

　　　法が払渡しまたは引渡しの前に「差押え」を要求した趣旨は、二重弁済を強いられる危険から第三債務者を保護するという点にあると解される。

　　　そうだとすれば、抵当権者は、自ら「差押え」をする必要があるというべきである。

2　よって、Ａは本件火災保険金請求権に対し、物上代位権を行使できない。

➡ 213 ページ（ア）

AはB所有の甲建物に抵当権の設定を受け、その旨の登記を備えた。その後、Bが甲建物をCに売却したうえ、その代金債権をDに譲渡し、その旨をCに内容証明郵便で通知した。その後、抵当権者Aが物上代位権を行使するべく、代金債権を差し押さえた事案。　**A**

1　抵当権者Aは、本件代金債権に対して物上代位権（372条・304条1項）を行使することができるか。抵当権設定者Bによる本件代金債権の譲渡が、304条1項ただし書の「払渡し又は引渡し」にあたるかが問題となる。

⑴　まず、法が払渡しまたは引渡しの前に差押えを要求した趣旨は、二重弁済を強いられる危険から第三債務者を保護するという点にある。そうだとすれば、たとえ債権譲渡がなされたとしても、第三債務者による弁済前であるならば、物上代位権の行使を認めても支障はない。

また、「払渡し又は引渡し」という文言は、当然には債権譲渡を含むものではない。

⑵　よって、債権譲渡は「払渡し又は引渡し」にはあたらないと解する。

2　ただし、抵当権の効力が物上代位の目的債権についても及ぶことは、抵当権設定登記により初めて公示される。

よって、抵当権者が物上代位権を行使するには、抵当権設定登記が債権譲渡の対抗要件具備よりも先になされていることが必要と解する。

3　本件では、Dへの債権譲渡の対抗要件具備に先立って、Aの抵当権の設定登記がなされている。よって、CによるDへの弁済前に、Aが本件代金債権を差し押さえた限り、Aは物上代位権を行使することができる。

備考：①動産売買先取特権に基づく物上代位については、その目的債権が譲渡され、第三者に対する対抗要件が具備された後においては、目的債権を差し押さえて物上代位権を行使することは認められない（➡ 214 ページのコラム）。

②一般債権者による差押え・転付命令後は、物上代位権の行使は認められない（➡ 215 ページ（イ））。

論証 31　更地への抵当権設定後に建物が建てられた場合の法定地上権の成否

➡ 220 ページア

Ａが、Ｂ所有の更地に抵当権の設定を受け、その旨の登記を備えた後、Ｂによって建物が建築された。その後、Ａの抵当権が実行された事案。　　　**A**

━━━━━━━━━━━━━━━━━━━━━━━━━━━━━━━━━━

　本件で、法定地上権（388条）が成立するか。

　抵当権者は、土地を更地として高く評価して抵当権の設定を受けている。にもかかわらず、その後の建物の建築によって法定地上権が成立すると解しては、かかる抵当権者の期待に反する。

　よって、法定地上権は成立しないと解する。

備考：建物の建築を抵当権者があらかじめ承諾していた場合も、買受人保護のため、法定地上権は成立しない（➡ 221 ページ **イ**）。

論証 32　土地・建物の共同抵当設定後の新建物のための法定地上権の成否

➡ 221 ページウ

Ａが、Ｂ所有の甲土地およびその上の乙建物に対する共同抵当の設定を受けたところ、乙建物が取り壊され、甲土地の上に新たな丙建物が建築された。その後に、甲土地の抵当権が実行された事案。　　　**B⁺**

━━━━━━━━━━━━━━━━━━━━━━━━━━━━━━━━━━

　本件で、法定地上権（388条）は成立するか。

　確かに、乙建物に対する抵当権は、乙建物の取壊しによって消滅している。そして、実行された土地に対する抵当権は、本来法定地上権の負担を前提としたものであったことからすれば、法定地上権は成立するとも思える。

　しかし、抵当権者は、土地と建物を共同抵当にとることによって、その全体の担保価値を把握していたというべきである。にもかかわらず、本件で法定地上権の成立を認めては、かかる抵当権者の利益が害される。

　したがって、法定地上権は成立しないと解する。

備考：新建物の所有者が土地の所有者と同一であり、かつ、新建物が建築された時点での土地の抵当権者が新建物について土地の抵当権と同順位の共同抵当権の設定を受けたときは、法定地上権が成立する（➡ 222 ページ（イ））。

論証 33　土地への 2 番抵当権の設定と法定地上権の成否

➡ 226 ページ ウ

A 所有の土地に X の抵当権が設定された当時、その土地には B 所有の建物が建っていた。その後、その建物が B から A へ譲渡された。さらにその後、土地に Y の 2 番抵当権が設定され、抵当権が実行された事案。　　**B**+

——————————————————————————

　本件で、法定地上権（388 条）は成立するか。

　確かに、後順位たる Y の抵当権との関係では、その設定当時、土地と建物の所有者はともに A だったため、法定地上権の要件はみたされている。

　しかし、先順位たる X の抵当権の設定当時、土地と建物の所有者は別人だったため、法定地上権の要件はみたされていなかった。したがって、X は、法定地上権の負担がないものとして土地を高く評価していたといえる。

　にもかかわらず、事後的な事情により、かかる X の期待が害されるのは妥当でない。

　そこで、土地の抵当権については、最先順位の抵当権を基準とし、法定地上権の成立を否定するべきである。

備考：弁済などにより X の 1 番抵当権が消滅した後に、Y の抵当権が実行された場合は、法定地上権が
　　　成立する（➡ 227 ページ（イ））。

論証34　建物への2番抵当権の設定と法定地上権の成否

➡ 228 ページ エ

B所有の建物にXの抵当権が設定された当時、その敷地はA所有だった。その後、その土地がAからBへ譲渡された。さらにその後、建物にYの2番抵当権が設定され、抵当権が実行された事案。　**B⁺**

――――――――――――――――――――――――――

　本件で、法定地上権（388条）は成立するか。

　確かに、Xの1番抵当権の設定当時は、土地と建物は別人所有だったため、法定地上権の要件はみたされていなかった。

　しかし、Yの2番抵当権が設定された時点では、土地と建物はともにB所有であったため、同抵当権は法定地上権の要件をみたしている。

　また、法定地上権の成立を認めても、Xは害されず、むしろ利益となる。

　そこで、建物の抵当権についてはYの2番抵当権を基準とし、法定地上権の成立を肯定するべきである。

論証35　抵当権設定後に、土地と建物が別人所有となった場合

➡ 229 ページ オ

Xの抵当権がA所有の土地に設定された当時、その土地の上にA所有の建物が建っていた。その後、建物がAからBに譲渡され、抵当権が実行された事案。　**B**

――――――――――――――――――――――――――

　本件で、法定地上権（388条）は成立するか。

　確かに、実行の時点では、土地と建物は別人所有となっている。

　しかし、Xの抵当権設定当時、法定地上権の要件はみたされていた以上、Xは、法定地上権の発生を予測し、それを覚悟していたといえる。

　よって、法定地上権は成立すると解する。

備考：建物に対する抵当権の場合は、抵当権者が法定地上権の成立を期待していたとの理由から、同様の結論を導く。

論証 36　抵当権に基づく妨害排除請求の可否

➡ 237 ページ **2**

ＡがＢ所有の甲建物に抵当権の設定を受け登記を備えた。その後、競売妨害を目的として、Ｂが暴力団構成員であるＣに甲建物を賃貸し、Ｃが甲建物を占有している事案。　**A⁺**

─────────────────────────────

1　抵当権者Ａは、抵当権に基づき、Ｃに対して甲建物の明渡しを請求できるか。

　⑴　確かに、抵当権は非占有担保物権であるから、抵当不動産の使用・収益は抵当不動産の所有者に委ねられているのが原則であるところ、Ｃは抵当権設定者Ｂから占有権原の設定を受けている。

　　　したがって、当然には、上記請求は認められない。

　⑵　しかし、抵当不動産の所有者は、抵当不動産を使用または収益するにあたり、抵当不動産を適切に維持管理することが予定されている。

　　　そこで、①占有権原の設定に抵当権の実行としての競売手続を妨害する目的が認められ、②その占有により抵当不動産の交換価値の実現が妨げられて抵当権者の優先弁済請求権の行使が困難となるような状態があるときは、抵当権者は、当該占有者に対し、抵当権に基づく妨害排除請求をすることができると解する。

　⑶　そして、③抵当不動産の所有者において抵当権に対する侵害が生じないように抵当不動産を適切に維持管理することが期待できない場合には、抵当権者は、占有者に対し、直接自己への抵当不動産の明渡しを求めることができると解する。

2　本件では、上記①ないし③の要件をみたす。

　　よって、Ａは、Ｃに対し、甲建物を直接自己へ明け渡すよう求めることができる。

備考：①答案では、あてはめもしっかりと書くこと。

　　　②何ら占有権原のない不法占有の場合は、上記論証中の①の要件は不要。

論証 37　譲渡担保の法的性質①　所有権的構成

➡ 265 ページ ア

債権者 A と債務者 B との間で、B 所有のカメラを譲渡担保に供する旨の合意が成立し、占有改定が行われた。その後、譲渡担保権者 A が、B の債務の弁済期前に、そのカメラを悪意の C に売却した。カメラの所有権関係如何。　　**A**

譲渡担保権者 A からの弁済期前の譲受人 C は、本件カメラの所有権を取得するか。

この点、譲渡担保権者は、その目的物につき担保権を取得するにとどまるとする見解がある（担保的構成）。この見解からは、譲渡担保権者 A は本件カメラの所有権を有さず、C はその所有権を承継取得できないこととなろう。

しかし、譲渡担保は所有権移転の形式をとる以上、譲渡担保権者は、少なくとも外部的にはその目的物の所有権を取得すると解するのが妥当である（所有権的構成）。

したがって、AC 間の売買は自己物売買といえ、C は A から本件カメラの所有権を承継取得する。

論証 38　譲渡担保の法的性質②　担保的構成

➡ 265 ページ イ

債権者 A と債務者 B との間で、B 所有のカメラを譲渡担保に供する旨の合意が成立し、占有改定が行われた。その後、譲渡担保権者 A が、B の債務の弁済期前に、そのカメラを悪意の C に売却した。カメラの所有権関係如何。　　**A**

譲渡担保権者 A からの弁済期前の譲受人 C は、本件カメラの所有権を取得するか。

この点、譲渡担保権者は、その目的物の所有権を取得するとの見解がある（所有権的構成）。この見解からは、C は A から本件カメラの所有権を承継取得することとなろう。

しかし、譲渡担保の実質は担保権の設定である以上、譲渡担保権者は、目的物に対する担保権を取得するにとどまると解するのが妥当である（担保的構成）。

したがって、AC 間の売買は他人物売買にあたり、C は A から本件カメラの所有権を承継取得することはできない。

また、C は悪意であるから、即時取得（192 条）の余地もない。

よって、C は本件カメラの所有権を取得しない。

論証 39　譲渡担保設定者の受戻権の時的限界

➡ 268 ページア

債権者 A と債務者 B との間で、B 所有のカメラを譲渡担保に供する旨の合意が成立し、占有改定が行われた。その後、B の債務の弁済期が到来したが、B が債務を弁済しない間に、A がそのカメラを C に譲渡した。C が B からカメラを買った目的は、B へのいやがらせだった事案。　　　　　**A**

　B は、A に債務を弁済することにより、本件カメラを受け戻すことができるか。

　確かに、譲渡担保の設定者は、弁済期後であっても、債務を弁済することによって目的物を取り戻すことができる場合がある。

　しかし、いわゆる処分清算型の場合はもとより、帰属清算型の場合であっても、弁済期後に譲渡担保権者が目的物を処分した場合は、その譲受人が背信的悪意者であると否とを問わず、設定者はかかる受戻権を失うと解する。

　なぜなら、かく解さないと、権利関係が確定しない状態が続くことになり、また、譲受人が背信的悪意者にあたるかどうか確知しうるとは限らない債権者に不測の損害を与えるおそれがあるからである。

　本件では、弁済期後に、譲渡担保権者 A が C に本件カメラを譲渡している。

　したがって、清算型の種類を問わず、B は本件カメラを受け戻すことはできない。

論証 40　受戻権の放棄による清算金請求の可否

➡ 269 ページウ

A から B に対する 100 万円の債権の担保の趣旨で、B 所有の 300 万円の土地を譲渡担保に供する旨の合意が成立し、その旨の登記がなされた。その後、弁済期が到来した。B が、債務を弁済せず、200 万円の清算金の支払を A に請求した事案。　　　　　**B**

　B の本件請求は認められるか。

　譲渡担保の設定者が、弁済期後に自ら受戻権を放棄して、清算金の支払を請求することができるかが問題となるも、できないと解するべきである。

　なぜなら、かかる請求を認めると、設定者が自由に譲渡担保権の実行時期を左右できることになり、譲渡担保権者の利益を害するからである。

　よって、設定者 B による本件請求は認められない。

➡ 272 ページ **10**

商店を営む B が銀行 A から融資を受けるにあたり、目的物を
「B の倉庫内に存在する一切の在庫商品」として譲渡担保を設定し、
占有改定がなされた。後日、B が動産 X を仕入れ、
B の倉庫内に搬入した事案。　　　　　　　　　　　　　　　**A**

1　本件のような、集合動産を目的する譲渡担保は有効か。

(1)　まず、かかる譲渡担保は一物一権主義に反するのではないかが問題となるも、反しないと解する。

　　なぜなら、そもそも物が 1 個か、それとも複数かは、取引通念によって決せられるところ、担保取引上の必要性に照らし、動産譲渡担保に関しては、集合物をもって 1 個の物と扱うことができるというべきだからである。

(2)　もっとも、およそ物権の客体は特定されていることが必要であるから、本件のごとき集合動産への譲渡担保の場合は、目的物の種類、所在場所および量的範囲を指定する等の方法で目的物の範囲が特定されることを要すると解する。

　　本件では、所在場所は「B の倉庫内」とされ、種類・量的範囲については「一切の在庫商品」とされているため、目的物の範囲は特定されている。

(3)　よって、本件譲渡担保は有効である。

2　もっとも、動産 X は、A が占有改定（183 条、178 条）を受けた後に搬入されている。そこで、A は、動産 X に譲渡担保の効力が及んでいることを、第三者に対抗できないのではないか。

(1)　この点、1 度集合物につき占有改定がなされれば、その後に新たに流入する動産についてもその対抗力が及ぶと解する。

　　なぜなら、本件譲渡担保の目的物は集合物 1 個と解されるところ、新たに流入した動産は、かかる集合物の構成部分となるというべきだからである。

(2)　よって、占有改定時に B の倉庫内に存した在庫商品に加え、その後搬入された動産 X についても、A は譲渡担保の効力が及んでいることを対抗できる。

備考：「債務者の倉庫内の乾燥ネギ 44 トン中 28 トン」という程度では、特定性は否定される。

論証 42　譲渡担保と動産先取特権との関係

→ 274 ページ オ

ＡのＢに対する債権の担保のため、Ｂが所有するカメラが譲渡担保に供され、占有改定が行われた。そのカメラはＢがＣから購入したものだったが、Ｂは代金を未だＣに支払っていない。
Ｃは、かかるカメラに対する先取特権を行使できるか。　　**B**⁺

***

1　Ｃの本件カメラに対する動産売買先取特権（311条5号、321条）は、本件カメラが第三取得者に引き渡されたときは行使することができなくなる（333条）。
　　そこで、本件でも、Ｃの先取特権は行使することができないのではないか。
2　まず、本件カメラにつき譲渡担保の設定を受けたＡが、333条の「第三取得者」にあたるかが問題となるも、肯定すべきである。
　　なぜなら、「第三取得者」とは目的物の譲受人をいうところ、譲渡担保は所有権移転の形式をとる以上、譲渡担保権者は、少なくとも外部的にはその目的物の所有権を取得すると解するのが妥当だからである（所有権的構成）。
3　次に、本件カメラにつき、333条の「引き渡し」があったといえるかが問題となるも、やはり肯定すべきである。
　　なぜなら、第三取得者は、譲り受けた動産に先取特権が付着しているか否か判断しにくい立場にある以上、同条の「引き渡し」には占有改定（183条）が含まれると解すべきところ、Ａは本件カメラにつき占有改定を受けているからである。
4　よって、Ｃの先取特権は行使できない。

備考：実際の試験では、集合物譲渡担保の問題(➡論証41)と組み合わされて出題される可能性がある。
　　　その場合は答案構成が難しくなるが、問題文の誘導に乗って答案構成をすれば足りる。

事項索引

判例索引

呉　明植（ごう　あきお）

　弁護士。伊藤塾首席講師（司法試験科）。慶應義塾大学文学部哲学科卒。2000年の司法試験合格直後から、慶應義塾大学法学部司法研究室および伊藤塾で受験指導を開始。「どんなに高度な理解があったとしても、現場で使えなければ意味がない」をモットーとした徹底的な現場至上主義の講義を行い、司法試験予備試験および司法試験において毎年多数の短期合格者を輩出。とりわけ、天王山である論文試験の指導にかけては他の追随を許さない圧倒的人気を博し、伊藤塾の看板講師として活躍を続けている。

　BLOG：「伊藤塾講師　呉の語り得ること。」
　　　　　（http://goakio.blog95.fc2.com/）

物権法・担保物権法 [第2版]【伊藤塾呉明植基礎本シリーズ5】

2015（平成27）年8月30日　物権法初版1刷発行
2019（令和元）年8月30日　初　版1刷発行
2024（令和6）年7月15日　第2版1刷発行

著　者　呉　明植
発行者　鯉渕友南
発行所　株式会社　弘文堂　　101-0062　東京都千代田区神田駿河台1の7
　　　　　　　　　　　　　　TEL 03（3294）4801　　振替 00120-6-53909
　　　　　　　　　　　　　　https://www.koubundou.co.jp

装　丁　笠井亞子
印　刷　三美印刷
製　本　井上製本所

ISBN978-4-335-31439-1

伊藤真試験対策講座

論点ブロックカード・フローチャートなど司法試験受験界を一新する勉強法を次々と考案し、導入した伊藤真が、全国の受験生・法学部生・法科大学院生に贈る、初めての本格的な書き下ろしテキスト。伊藤メソッドによる「現代版基本書」！

- ●論点ブロックカードで、答案の書き方が学べる。
- ●フローチャートで、論理の流れがつかめる。
- ●図表・2色刷りによるビジュアル化。
- ●試験に必要な重要論点をすべて網羅。
- ●短期集中学習のための効率的な勉強法を満載。
- ●司法試験をはじめ公務員試験、公認会計士試験、司法書士試験に、そして、大学の期末試験対策にも最適。

弘文堂

＊価格（税別）は2024年6月現在

伊藤塾試験対策問題集

●予備試験論文

伊藤塾が満を持して予備試験受験生に贈る予備試験対策問題集！
過去問と伊藤塾オリジナル問題を使って、合格への最短コースを示します。
合格者の「思考過程」、答案作成のノウハウ、復習用の「答案構成」や「論証」など工夫満載。出題必須論点を網羅し、この1冊で論文対策は完成。

1	刑事実務基礎[第2版]	3200円	6	民法[第2版]	2800円
2	民事実務基礎[第2版]	3200円	7	商法[第2版]	2800円
3	民事訴訟法[第2版]	2800円	8	行政法[第2版]	2900円
4	刑事訴訟法[第2版]	2800円	9	憲法[第2版]	2800円
5	刑法[第2版]	2800円			

●短答

短答式試験合格に必須の基本的知識がこの1冊で体系的に修得できる！
伊藤塾オリジナル問題から厳選した正答率の高い良問を繰り返し解き、完璧にマスターすれば、全範囲の正確で確実な知識が身につく短答問題集です。

1	憲法	2800円	4	商法	3000円
2	民法	3000円	5	民事訴訟法	3300円
3	刑法	2900円			

新 伊藤塾試験対策問題集

●論文

合格答案作成ビギナーにもわかりやすい記述試験対策問題集！
テキストや基本書で得た知識を、どのように答案に表現すればよいかを伝授します。
法的三段論法のテクニックが自然に身につく、最新の法改正に完全対応の新シリーズ。
「伊藤塾試験対策講座」の実践篇として、効率よく底力をつけるための論文問題集です。

1	民法	2800円	5	刑事訴訟法	2800円
2	商法	2700円	6	憲法	3000円
3	民事訴訟法	2900円	7	刑法	3000円
4	行政法	2800円			

弘文堂

＊価格（税別）は2024年6月現在

伊藤塾呉明植基礎本シリーズ

愛弟子の呉明植が「伊藤真試験対策講座」の姉妹シリーズを刊行した。切れ味鋭い講義と同様に、必要なことに絞った内容で分かりやすい。どんな試験でも通用する盤石な基礎を固めるには最適である。

伊藤塾塾長 **伊藤 真**

▶どこへいっても通用する盤石な基礎を固める入門書
▶必要不可欠かつ必要十分な法的常識が身につく
▶各種資格試験対策として必要となる論点をすべて網羅
▶一貫して判例・通説の立場で解説
▶シンプルでわかりやすい記述
▶つまずきやすいポイントをライブ講義感覚でやさしく詳説
▶書き下ろし論証パターンを巻末に掲載
▶書くためのトレーニングもできる
▶論点・項目の重要度がわかるランク付け
▶初学者および学習上の壁にぶつかっている中級者に最適

━━━ 弘文堂 ━━━

＊価格(税別)は2024年6月現在